Kai-Jürgen Lietz

Das Entscheider-Buch

Kai-Jürgen Lietz

Das Entscheider-Buch

15 ENTSCHEIDUNGSFALLEN
und wie man sie vermeidet

HANSER

Aktuelles zum Buch unter
www.entscheiderbuch.de

Bibliografische Information der Deutschen Nationalbibliothek
Die Deutsche Nationalbibliothek verzeichnet diese Publikation in der Deutschen Nationalbibliografie; detaillierte bibliografische Daten sind im Internet über http://dnb.d-nb.de abrufbar.

1 2 3 4 5 11 10 09 08 07

Internet: http://www.hanser.de
Lektorat: Martin Janik
Herstellung: Ursula Barche
Umschlaggestaltung: Büro plan.it, München,
unter Verwendung eines Bildmotivs von getty images
Satz: Presse- und Verlagsservice Erding
Druck und Bindung: Friedrich Pustet, Regensburg
Printed in Germany

ISBN 978-3-446-41139-5

Inhalt

Danksagung IX

1 Eine kleine Einführung in Entscheidungsfallen 1

2 Entscheidungsfallen in der Geschichte 5

2.1 Das salomonische Urteil 5
2.2 Auch Brutus 10
2.3 ... wäre ich Parmenion 13
2.4 Die Fugger 16
2.5 Herbert Quandt 21
2.6 Zusammenfassung 24

3 Rezept für gute Entscheidungen 25

3.1 Entscheidungsklarheit 27
3.2 Attraktive Entscheidungsalternativen 41
3.3 Sicherung der größtmöglichen Unterstützung für die Umsetzung 56
3.4 Zusammenfassung 65

4 15 Entscheidungsfallen 67

4.1 Vorteil-Nachteil-Falle 68
4.2 Die Angebotsfalle 79
4.3 Die Elefantenfalle 86
4.4 Die Faktenfalle 95
4.5 Die Randfalle 102
4.6 Die Entweder-oder-Falle 113
4.7 Die Wahllosfalle 118
4.8 Die Verwechslungsfalle 125
4.9 Die Treibjagdfalle 130

4.10 Die Akzeptanzfalle 135
4.11 Die Enigmafalle 140
4.12 Die Schneckenfalle 145
4.13 Die Bärenfalle 151
4.14 Die Vorwärts-Falle 156
4.15 Die Infofalle 160
4.16 Zusammenfassung 164

5 Entscheidungsweg ohne Fallen 165

5.1 Entscheidungsklarheit erzielen 167
5.2 Attraktive Alternativen schaffen 179
5.3 Sich die größtmögliche Unterstützung sichern 189
5.4 Der Bewertungsmaßstab 189
5.5 Alternativen bewerten 196
5.6 Abschluss der Entscheidung 202
5.7 Zusammenfassung 205

6 Mitten im Pulverdampf – die Entscheidungssituation 207

6.1 Das Design von Entscheidungssituationen . . 207
6.2 Die Vision – Der Leitstern in dunklen Situationen 211
6.3 Ein Rezept für schwierige Entscheidungssituationen 211
6.4 Das Schnellentscheidungsverfahren 225
6.5 Zusammenfassung 228

7 Manager sind anders 229

7.1 Die Situation des Managers 229
7.2 Die Sandwich-Strategie 231
7.3 Zusammenfassung 235

8 Methode oder nicht Methode? 237

8.1 Der klassische Weg 237
8.2 Eine differenzierte Handlungsempfehlung . 241
8.3 Zusammenfassung 246

9 Der Entscheidungskompass 247

9.1 Mit dem Entscheidungskompass arbeiten . . 248
9.2 Zusammenfassung 253

10 Checkliste 255

10.1 Zielsetzung 255
10.2 Entscheidungssituation 256
10.3 Entscheidungsauslöser 256
10.4 Entscheidungskriterien 257
10.5 Entscheidungsalternativen 259
10.6 Entscheidung 260
Anleitung Entscheidungs-Kompass 261

Danksagung

Dieses Buch ist aus der Arbeit mit vielen Menschen entstanden. Daher möchte ich meinen Kunden für die letzten Jahre danken, die es mir ermöglicht haben, ein so tief gehendes Verständnis für unternehmerische Entscheidungen zu entwickeln. Die meisten in diesem Buch geschilderten Fälle und Beispiele sind aus dem realen Leben gegriffen. Ich habe allerdings jeweils die Branchen, Namen und Umstände so verändert, dass keine Rückschlüsse auf lebende Personen mehr möglich sind.

Bei bereits verschiedenen Personen, wie König Salomon, Julius Cäsar und anderen, war ich nicht so diskret. Ich gebe allerdings freimütig zu, nicht für diese Personen als Coach tätig gewesen zu sein.

In diesem Buch finden Sie ein Arbeitswerkzeug zum Ausschneiden, den Entscheidungskompass. Das sehr praktische Design und viele Anregungen dazu verdanke ich der Mediendesignerin Bettina Knell.

In besonderer Weise möchte ich meiner unerhört tüchtigen Literaturagentin Frau Bettina Querfurth danken und meinem Lektor Martin Janik für die angenehme Zusammenarbeit.

Natürlich darf auch die Fraktion der Versuchskaninchen (Testleser) nicht fehlen, hier danke ich ganz besonders Herrn Dr. Andreas Noack, Vorstand der VINNA AG.

Am Anfang steht immer ein Stück weit Prägung. Diese habe ich in wesentlichen Teilen von meinem Vater Jürgen H. Lietz bezogen, der schon immer ein großer Fan von Methoden und Werkzeugen gewesen ist. Ich verdanke ihm sehr viel.

Ich danke meiner Frau Amanda Lietz für die zahlreichen Anregungen und zahllosen Korrekturstunden, die sie in dieses Werk investiert hat.

Ich widme dieses Buch allen Entscheidern.
Bad Homburg im April 2007

1 Eine kleine Einführung in Entscheidungsfallen

Entscheider: „Lassen Sie mich zuerst einmal die Alternativen betrachten, dann sage ich Ihnen, was ich aus dieser Situation machen werde.“

Coach: „Könnte es nicht sinnvoll sein, zuerst den eigenen Bedarf zu kennen, bevor Sie sich von den verfügbaren Alternativen beeinflussen lassen?“

Entscheider: „Nein, woher soll ich denn wissen, was ich brauche, wenn ich nicht weiß, was es gibt?“

Entscheiden lernt man durch Erfahrung. Mit dieser Überzeugung kann ich zwar alt werden, aber bestimmt nicht erfolgreich.

Der Grund, warum Sie dieses Buch heute lesen können, liegt in einem Entschluss, den ich selbst vor einem Jahr gefasst habe. In meiner Coaching-Praxis war ich immer wieder über Entscheidungsverhalten gestolpert, das mir anfänglich nicht wirklich falsch vorgekommen ist. Aber bei genauer Analyse wurden die Entscheidungsergebnisse dadurch teilweise massiv beeinträchtigt. Im Laufe der Zeit habe ich 15 dieser mir immer wieder begegnenden Muster identifiziert. Dieses Wissen will ich an Sie weitergeben.

Besonders erstaunlich war für mich: Wenn ich einen Entscheider auf seinen Fehler aufmerksam machte, stufte er sein Verhalten oft nicht als falsch ein. Denn viele andere Kollegen machten es ganz genauso. Mit anderen Worten, Erfahrung konnte diesen Entscheidern nicht weiterhelfen. Es waren gerade die erlernten Pseudomethoden von Eltern, Schule, Kollegen, Büchern und vieles mehr, warum meine Gesprächspartner sich so sicher mit ihren Entscheidungsmustern fühlten.

Daher bin ich davon abgekommen, von Entscheidungsfehlern zu sprechen. Einen Fehler kann ich als Entscheider im

Nachhinein erkennen und beim nächsten Mal vermeiden. Wenn ich mein Entscheidungsverhalten aber als richtig einschätze, obwohl es mich meine unternehmerischen Chancen kostet, dann nenne ich das eine Entscheidungsfalle.

Die 15 Fallen, die Sie hier kennenlernen werden, sind alle mittels guter Methodik vermeidbar. Sie werden dieses Wissen in Ihrem Arbeitsalltag als Entscheider praktisch umsetzen können.

Kein Rechnen mit Wahrscheinlichkeiten

Vor Jahren habe ich mich an der Universität mit großer Begeisterung in die Fächer Entscheidungstheorie und Spieltheorie gestürzt. Dieses Wissen wollte ich als junger Berater bei mittelständischen Unternehmen einsetzen. Spätestens als ich anfing, mit Eintrittswahrscheinlichkeiten zu rechnen, fingen die Kunden an, mit den Augen zu rollen. Denn zum einen sind die statistischen Verfahren zur Berechnung von Wahrscheinlichkeiten für viele Praktiker jenseits von Gut und Böse, zum anderen täuschen sie eine Genauigkeit vor, die es nicht gibt. Die berechneten Wahrscheinlichkeiten sind in den seltensten Fällen zutreffend.

Meine Wahrnehmung: Der mittelständische Entscheider geht ohnehin nicht davon aus, dass seine Planungen aufgehen. Er gleicht das durch große Flexibilität wieder aus.

Ich halte es inzwischen für wesentlich wichtiger, dass ein Entscheider seine Entscheidungen auf der Grundlage seines Bedarfs gestaltet. Wenn ihm das gelingt, wird er auch mit den Wechselfällen des Unerwarteten fertig. Deshalb werden Sie in diesem Buch an keiner Stelle mit der Berechnung von Wahrscheinlichkeiten in Berührung kommen.

Wer sollte dieses Buch lesen?

Die meisten meiner Beispiele beschäftigen sich mit mittelständischen Unternehmen. Das hat den Grund, dass sowohl der Manager im Großunternehmen etwas damit anfangen kann als auch der Selbstständige. Entscheidungen sind der Ursprung jeden Erfolgs und Misserfolgs. Daher eignet sich dieses Buch für jeden, der Entscheidungen zu treffen hat.

Im nächsten Kapitel zeige ich Ihnen an einigen historischen Persönlichkeiten, dass wir mit unseren Entscheidungsfallen nicht allein sind. Manche ansonsten großartige Entscheider sind darauf reingefallen und andere haben gezeigt, wie man es richtig macht.

Ab Kapitel 3 gehen wir dann mitten hinein in die Zutaten für gute Entscheidungen. Unter anderem geht es dabei um Entscheidungsklarheit, attraktive Entscheidungsalternativen und die Sicherung der größtmöglichen Unterstützung für die Umsetzung.

Dann sind wir bereit, in Kapitel 4 die 15 Entscheidungsfallen kennenzulernen. Das hilft allein natürlich noch nicht so viel, daher lesen Sie in Kapitel 5, wie Sie diese Fallen über eine durchgehende Entscheidungsmethodik vermeiden können.

Stehen Sie auch häufig im Pulverdampf und müssen Entscheidungen aus der Situation heraus treffen? Für alle diejenigen, die die Ruhe des Feldherrnhügels nur aus Erzählungen kennen, habe ich Kapitel 6 „Mitten im Pulverdampf – Die Entscheidungssituation" geschrieben.

Wie Sie als Manager trotz geringer Gestaltungsmöglichkeiten über die Sandwichstrategie zu erfolgreichen Entscheidungen kommen, lesen Sie in Kapitel 7 „Manager sind anders".

Nachdem Sie so viele Strategien und Methoden kennengelernt haben, beantworte ich in Kapitel 8 die ultimative Frage, wann Sie in Ihrem Arbeitsalltag wie viel Methodik einsetzen sollten.

Ein besonderes Geschenk mache ich Ihnen in Kapitel 9. Sie finden dort meinen Entscheidungskompass, ein handliches Entscheidungswerkzeug für alle Lebenslagen.

Das Ende dieses Buches bildet schließlich eine Checkliste, mit der Sie zukünftig die 15 Entscheidungsfallen leicht erkennen und vermeiden werden.

2 Entscheidungsfallen in der Geschichte

Viele Unternehmer und Manager vergleichen sich gerne mit Feldherrn aus der Antike oder später. Dieses Kapitel soll Ihnen einen Einblick geben, dass auch große Persönlichkeiten in Entscheidungsfallen geraten sind. Manche haben sie gemeistert, andere nicht. Da die Entscheidungsfallen erst in Kapitel 4 beschrieben sind, habe ich sie lediglich an ihren Merkmalen dargestellt. Es kann sich daher für Sie lohnen, nach der Lektüre von Kapitel 4 hierher zurückzukehren und den entsprechenden Geschichten die jeweiligen Entscheidungsfallen zuzuordnen.

2.1 Das salomonische Urteil

Stellen Sie sich vor, Sie sind ein überaus beliebter König, ca. 950 Jahre vor Christus. Eine Ihrer Aufgaben ist es, Recht über Ihre Untertanen zu sprechen.

Eines Tages kommen zwei Frauen zu Ihnen und tragen einen Streitfall vor, der wohl einmalig in der Weltgeschichte ist.

Danach leben beide Frauen in einem Haus. Andere Mitbewohner gibt es nicht. Beide habe vor Kurzem ein Kind entbunden. Eine der Frauen, die Klägerin, erzählt Ihnen die Geschichte eines häuslichen Dramas. Danach hat die Beklagte ihr eigenes Kind in der Nacht aus Versehen im Schlaf erdrückt. Unter dem Eindruck dieses tragischen Ereignisses hat sie der Klägerin ihr Kind entwendet, während diese schlief und ihr dafür das tote Kind untergeschoben. Am nächsten Morgen merkt diese natürlich den Tausch. Sie möchte ihr Baby zurückhaben.

Anstatt alles zuzugeben, behauptet die so Beklagte jedoch, dass es genau umgekehrt sei und ihr Baby lebt, während die Klägerin nun versuchen würde, an ihr Kind zu kommen.

Während Sie noch diese Abgründe verarbeiten, entwickelt sich ein handfester Streit zwischen den beiden Frauen, wer nun die Wahrheit sagt.

Natürlich können Sie das nicht dulden. Ihr Amt als König würde beschädigt werden, wenn der Streit weiter eskaliert. Sie müssen also eine Entscheidung treffen.

Als König haben Sie eine klare Zielsetzung. Ihr Urteil als oberster Richter soll das Vertrauen in Ihre Herrschaft unabhängig von Kriegen erhalten.

Daher muss jeder Ihre Urteile als gerecht empfinden. Es kann zwar sein, das der eine oder andere nicht zufrieden mit dem Ergebnis ist, aber er darf es nicht als grobe Ungerechtigkeit empfinden.

Das trifft insbesondere auf Ihr Königtum zu. Denn als sehr junger König hatten Sie einen Traum, in dem Sie Gott begegneten. Wie in solchen Geschichten üblich, haben Sie einen Wunsch frei. Aber anstatt sich Reichtum und ein langes Leben zu wünschen, entscheiden Sie sich für die Weisheit, das zu erkennen, was richtig ist. Gott ist von dieser Wahl so beeindruckt, dass er Ihnen neben der Weisheit auch den Reichtum und das lange Leben schenkt.

Diese Geschichte ist sicherlich kein schlechter PR-Coup, bewirkt aber auch, dass Sie genau in diesem Moment unter sehr großem Druck stehen.

Die beiden Frauen erzählen jeweils ihre eigene Version des häuslichen Dramas und Sie müssen entscheiden, welche davon wahr ist. Eine wahrhaft königliche Aufgabe, denn kein normaler Mensch kann in diesem Moment wissen, wer die Wahrheit spricht.

Wegen der ihnen nachgesagten Fähigkeiten können Sie die Entscheidung auch nicht vertagen. Denn Gott soll Ihnen ja die Macht gegeben haben, zu erkennen, wer die Wahrheit spricht.

Die Entscheidungssituation selbst ist durch zwei Fallen gekennzeichnet. Zum einen haben Sie nur zwei Alternativen, über die Sie entscheiden können. Diese haben Sie nicht selbst ausgewählt, sondern wurden Ihnen mehr oder weniger vorgegeben. Die beiden Alternativen sind:

- Die Klägerin ist die Mutter und bekommt ihr Kind zurück.
- Die Beklagte ist die Mutter und behält ihr Kind.

Gleichzeitig gibt es vier mögliche Ausgänge für Ihre Entscheidung:

Ergebnismatrix der Entscheidungssituation

Kind geht an Klägerin	**Kind geht an Beklagte**
Die Klägerin ist die Mutter und Sie geben ihr recht.	Die Beklagte ist die Mutter und Sie geben ihr recht.
Die Klägerin ist zwar nicht die Mutter, aber Sie geben ihr trotzdem recht.	Die Beklagte ist nicht die Mutter, aber Sie geben ihr trotzdem recht.

Dabei ist noch nicht einmal der Fall berücksichtigt, dass keine der beiden Frauen die Mutter des Kindes ist. Aber das wäre vielleicht auch zu unwahrscheinlich.

Die Auswirkungen Ihrer Entscheidung leiten sich für Sie direkt daraus ab.

Wenn Sie der falschen Frau das Kind zusprechen, wird die wahre Mutter darüber nicht schweigen. Das mag zunächst nicht weiter dramatisch sein. Aber mit jedem Jahr, das der Junge älter wird, besteht die Gefahr, dass der Junge seiner Mutter äußerlich immer mehr ähnelt. In dem Fall leben Sie also mit einer potenziellen Zeitbombe, auch wenn Ihnen der Begriff in diesem Zeitalter nicht bekannt sein dürfte.

Die Herausforderung in der Entscheidung liegt zum einen in der limitierten Alternativenzahl und zum anderen in Ihrer geringen Informationsbasis. Wie sollen Sie da eine gute Entscheidung fällen und ein gutes Urteil sprechen?

Für das, was der Welt in 3 000 Jahren noch als das *salomonische Urteil* bekannt sein wird, gibt es daher zwei mögliche Deutungen.

Es könnte sein, dass Salomon sich zunächst eine weitere mögliche Alternative schaffen wollte, die ihn in jedem Fall unbeschadet aus der Situation hervorgehen lassen würde. Diese Alternative sieht vor, das Kind mit dem Schwert in der Mitte zu teilen. Sicher eine sehr grausame Alternative, aber durchaus im Rahmen des damals Üblichen. So kann sich keine der Mütter beschweren, denn keine von Ihnen wäre davon bevorzugt.

Die andere Möglichkeit nennt sich „explorative Entscheidung". Salomon war ganz sicher ein Frauenkenner. Wie andere heute Briefmarken sammeln, heiratete er immer neue Frauen für seinen Harem. So konnte er auf eine üppige Ausstattung von ca. 700 Ehefrauen und 300 Nebenfrauen blicken. Es könnte ihm daher auch klar gewesen sein, dass die echte Mutter es niemals zulassen würde, ihr Kind sterben zu lassen. Für sein Überleben hätte sie jedes Opfer erbracht.

Die explorative Entscheidung ist ein gutes Mittel, festzustellen, ob es Aspekte gibt, die ich mir vorher nicht klargemacht habe. Insbesondere dann, wenn die Informationsbasis nicht ausreichend ist. Denn sobald die Entscheidung getroffen wurde und sie sich nicht „richtig" anfühlt, weiß ich bereits, dass die Alternativen nicht wirklich gleichwertig sind.

In beiden Fällen sieht die Ergebnismatrix für Salomon jetzt folgendermaßen aus:

Ergebnismatrix mit neuer Alternative

Kind geht an Klägerin	Kind geht an Beklagte	Kind wird zerteilt
Die Klägerin ist die Mutter und Sie geben ihr recht.	Die Beklagte ist nicht die Mutter, aber Sie geben ihr trotzdem recht.	Die Klägerin ist die Mutter, aber das Kind wird „geteilt“.
Die Klägerin ist zwar nicht die Mutter, aber Sie geben ihr trotzdem recht.	Die Beklagte ist die Mutter und Sie geben ihr recht.	Die Beklagte ist die Mutter, aber das Kind wird „geteilt“.

Es spricht viel dafür, dass Salomon mit seinem berühmten Urteil eine explorative Entscheidung getroffen hat, um aus den Reaktionen der beiden Frauen zusätzliche Informationen zu gewinnen. Selbst wenn dann beide das Urteil kommentarlos ertragen hätten, wäre es für Salomon (siehe oben) nicht schädlich gewesen.

Er fällte also das Urteil, das Kind mit einem Schwert in der Mitte zwischen beiden Frauen gerecht zu teilen.

Als Reaktion auf das Urteil rief die Klägerin: „Bitte lasst das Kind leben und gebt es der anderen Frau!“

Die Beklagte hingegen: „Es soll weder dir noch mir gehören. Zerteilt es!“

Daraufhin beendet Salomon das Ganze mit dem Beschluss: „Gebt jener das lebende Kind, tötet es nicht; denn sie ist seine Mutter.“

Ganz unabhängig davon, welche der beiden Frauen die biologische Mutter war, dürfte danach klar gewesen sein, wer als Mutter geeigneter war.

Entscheidungen können eine enorme Auswirkung haben. Ob es Salomon bewusst war, dass wir ca. 3000 Jahre später immer noch darüber nachdenken? Eines ist jedoch sicher. Ohne die Vorgeschichte seines Traums von Gott hätte diese Geschichte sicher nicht dieselben Wellen geschlagen. So aber war es für viele ein Zeichen von Gott und der Weisheit, die er verleiht.

Ich spreche bei solchen Entscheidungen gerne vom *Daumenabdruck des Entscheiders.* Denn wenn sich Ihre Entscheidungen an einem roten Faden orientieren, dann können Sie damit Geschichte machen.

2.2 Auch Brutus

Auf ähnliche Weise machte auch eine andere Person Geschichte. Ca. 900 Jahre nach Salomon war Gaius Julius Cäsar der unumstrittene Machthaber in Rom.

Stellen Sie sich vor, im Jahre 44 vor Christus haben Sie alles geschafft, was ein römischer Edelmann zur damaligen Zeit erreichen konnte und noch viel mehr. Sie waren nicht nur Konsul, sondern haben das herrschende republikanische System völlig auf den Kopf gestellt. Damit eine einzelne Person nicht zu viel Macht anhäufen konnte, wurden wichtige Positionen wie das Amt des Konsuls nur im Doppelpack vergeben. So hatten die Väter der römischen Republik einen eingebauten Machtausgleich geschaffen. Allerdings war man zur damaligen Zeit auch sehr pragmatisch, wenn es die Lage erforderte.

So hatte es auch Konsuln gegeben, die ohne Gegenpart regierten, bzw. in militärisch schwierigen Situationen einen Diktator auf Zeit. Für Sie als erfolgreichsten Feldherrn der damals bekannten Welt und dem Sieger eines Bürgerkriegs hatte man so viele Ausnahmen geschaffen, dass die republikanische Ordnung nicht mehr existierte. Das passt allerdings durchaus zu Ihnen, denn angepasst konnte man Sie nie nennen.

Das illustriert schon eine Begebenheit aus Ihrer Jugend, die mit zu Ihrer Legendenbildung beitrug. Als junger Mann wurden Sie auf einer Studienreise von Piraten entführt. Als Sie von der Lösegeldforderung erfuhren, ermutigten Sie die

Piraten, eine wesentlich höhere Summe zu fordern, da Sie ja wohl bedeutend mehr wert seien.

Nach Ihrer Freilassung stellten Sie dann eine private Seestreitmacht auf und revanchierten sich in der damals üblichen Weise, indem Sie Ihre vormaligen Peiniger einfangen und kreuzigen ließen.

Als Feldherr sind Sie so erfolgreich, dass sich im Bürgerkrieg (49 bis 45 vor Christus) gegen den Senat und dessen Feldherrn Pompeius ganze Heere kampflos ergaben und deren Führer Ihrer Gnade auslieferten.

Bis dahin galt im alten Rom die Maxime: „Wehe dem Besiegten." Sie hingegen vergrößerten Ihren Einfluss, indem Sie während des Bürgerkriegs mit dieser Tradition brachen. Sie gewährten Ihren besiegten Gegnern nicht nur Pardon sondern verliehen Ihnen auch noch einflussreiche Positionen in Ihrem eigenen politischen Apparat. Auf diese Weise verpflichteten Sie sich die Netzwerke Ihrer besiegten politischen Gegner.

Auf dem Höhepunkt Ihrer Macht haben Sie das republikanische System der Römer vollständig übernommen. Der Senat, der bis dahin alles bestimmt hatte, war nur noch Staffage. Man hatte Sie zum Diktator auf Lebenszeit ernannt und Ihnen das Recht zuerkannt, jeden beliebigen Posten im römischen Staat einzunehmen, wenn Ihnen gerade danach war.

Faktisch existiert das republikanische System daher nicht mehr. Sie haben die Machtfülle eines Königs, dürfen sich aber nicht so nennen.

Denn als die Römer sich 450 Jahre zuvor ihrer Könige entledigt haben und das republikanische System an ihre Stelle setzten, ließ der damalige Befreier alle Römer schwören, niemals wieder zuzulassen, dass es einen König in Rom geben werde.

Ihre Machtfülle passt nicht mehr in das seit Jahrhunderten bestehende republikanische System. Das ist sowohl für den Senat wie auch für die Bevölkerung sichtbar. Ihre Position bricht mit jeder Regel, die das politische System vorsieht. Das macht Sie angreifbar. Vielleicht nicht in der offiziellen Politik, aber ganz sicher in den geheimen Zirkeln der Senatoren, die es nicht hinnehmen wollen, dass römisches Recht dauerhaft mit Füßen getreten wird. In dieser Situation müssten Sie eigentlich eine Entscheidung treffen.

Als Sie den Bürgerkrieg im Jahre 49 vor Christus begonnen haben, der Sie in die heutige Situation geführt hat, handelten Sie aus Selbstschutz. Sie wollten einem politischen Prozess und dem Verlust Ihrer Privilegien entgehen.

Ein langfristiges Ziel war damit nicht verbunden. Doch das Ergebnis ist eine Entscheidung, die Sie nicht treffen wollen. Aus Ihrer Anhängerschaft wird Ihnen angetragen, König der Römer zu werden. Die republikanische Tradition fordert hingegen von Ihnen, auf die offizielle Macht zu verzichten und zurück ins Glied der ehrenhaften Politiker zu treten.

Aus heutiger Sicht sehen viele Historiker Cäsars Hauptfehler darin, nicht für die Zeit nach dem Gewinn des Bürgerkriegs geplant zu haben. In seinem Lager gab es durchaus starke Kräfte, die ihn zur Ergreifung der Königswürde drängen wollten. Dies hätte allerdings unweigerlich zu einem weiteren Bürgerkrieg geführt, mit all den in seiner Karriere bereits geschlagenen und inzwischen offiziell für ihn arbeitenden politischen Gegnern.

Das andere Extrem, die freiwillige Rückgabe der Macht an das republikanische System, hätte für Cäsar auch nicht funktionieren können. Denn sehr bald hätten seine korrupten Vertreter alles darangesetzt, ihn offiziell anzuklagen und wenn möglich ins Exil zu schicken. An beiden Alternativen konnte Cäsar kein Interesse haben.

Der Politiker und Feldherr Cäsar hatte über lange Zeit die richtigen Entscheidungen für seine Karriere getroffen. Aber jetzt am Höhepunkt seiner Macht zögerte er die Entscheidung hinaus, bis es zu spät war. Das Ziel seiner Entscheidung hätte sein müssen, seine Rolle systemkonform zu machen.

Dafür hatte er zu diesem Zeitpunkt eine nahezu unendliche Anzahl von Handlungsalternativen neben den beiden Extrempositionen. Darunter sicher auch Lösungen, die ihm eine weniger schwere Entscheidung ermöglicht hätten.

Da er sich offensichtlich nicht im Klaren war, was er aus dieser Situation machen wollte, hatte er wohl auch keine geeigneten Alternativen entwickelt.

So zögerte Cäsar die Entscheidung immer weiter hinaus. Während ihm das offizielle Rom ständig neue Ehrentitel verlieh, bildete sich im Stillen ein Kreis von Senatoren, der aufgrund Cäsars Unschlüssigkeit die Herrschaft des Diktators auf Lebenszeit schnell verkürzen wollte. Am 15. März 44 vor Christus lockten ihn 60 Senatoren während einer Senatssitzung unter einem Vorwand in einen Nebenraum und erstachen ihn mit Dolchen, die sie unter ihrer Tunika verborgen gehalten hatten.

Als Cäsar sah, dass einer seiner engsten Vertrauten und Freunde, Marcus Junius Brutus den Verschwörern angehörte, soll er gesagt haben: „Auch du mein Sohn Brutus?“

Die Entscheidung wurde ihm abgenommen, nur vermutlich nicht so, wie er sich das gedacht hatte.

2.3 … wäre ich Parmenion

Noch nicht auf dem Höhepunkt seiner Macht, aber in seiner Entscheidung von demselben geschichtlichen Ausmaß erging es einem großen Vorbild Cäsars 300 Jahre früher.

Alexander der Große hatte innerhalb von nur zwei Jahren die Herrschaft des persischen Großkönigs Dareios III. im östlichen Mittelmeer gebrochen. Dabei fiel ihm auch die Familie seines Feindes in die Hände. Dareios III. hatte kurz zuvor bei der Schlacht von Issos erkennen müssen, dass er selbst mit einem zahlenmäßig weit überlegenen Heer Alexander nicht gewachsen war.

Daher schlug er Alexander vor, dass dieser alle Gebiete westlich des Euphrat bekommen sollte, bot ihm die Hand einer seiner Töchter an und wollte ihn als gleichberechtigten Großkönig anerkennen. Im Gegenzug solle Alexander die Familie des Perserkönigs freigeben und einem dauerhaften Frieden zustimmen.

Wie würde sich Alexander der Große entscheiden?

Alexander hatte seinen persischen Gegner innerhalb kürzester Zeit in die Knie gezwungen. Sein Herrschaftsgebiet hatte eine Größe erreicht, die Makedonien eine lange Dominanz versprechen würde. Hätte er jetzt seine Eroberungen konsolidiert, wäre Makedonien vielleicht ein ernst zu nehmender Gegner des späteren Römischen Reiches geworden. Es ist allerdings fraglich, ob Alexander sich ein Leben in Frieden mit dem größten aller Gegner der damals bekannten Welt überhaupt vorstellen konnte.

Die Perser waren lange Jahre immer wieder der Angstgegner der griechischen Stadtstaaten gewesen. Die Invasionsarmeen der persischen Könige sprengten mit ihrer schieren zahlenmäßigen Überlegenheit immer die Vorstellungskraft der in Stadtstaaten zersplitterten Griechen. Deren ökonomische Grundlagen waren weitaus schlechter als die des übermächtigen Gegners.

Mit seinen 23 Jahren hatte Alexander der Große extrem viel erreicht. Als Fan der Ilias, also der Sage über den Trojanischen Krieg, wusste er, dass Helden durch ihre Gegner gemacht werden. Wenn der Gegner unbedeutend ist, gibt es keine Heldensagen. Erscheint er dagegen übermächtig und unbezwingbar, dann entstehen neue Helden. Für Alexander gab es in der damaligen Welt nur einen wirklich mächtigen Gegner, an dem er sich messen konnte, und das war das persische Großreich.

So begabt Alexander der Große auch gewesen sein mag,

so beruhten seine Erfolge auch zum großen Teil auf seinem fähigen Heer und dessen Generälen.

Parmenion, sein erfahrenster und treuester General, war ein Traditionalist. Mit dem östlichen Mittelmeer war das klassische griechische Einflussgebiet mit allen ehemaligen Gründungen griechischer Siedler fest in griechischer Hand. Darunter viele reiche Hafenstädte. Den Euphrat zu überqueren hieße tief in das Land einer vollkommen fremden Mentalität einzutauchen, den Orient. Er hatte keine große Vision der Zukunft, sein Einflussgebiet war Alexanders Heer.

Alexander wiederum hatte von seinem Vater Philipp II. als Handlungsmotivation die Idee einer Strafexpedition gegen die Perser als Revanche für deren Angriffe auf das griechische Kernland 150 Jahre zuvor geerbt. Diese diente ihm zum einen als guter Vorwand, seine griechischen Bündnispartner bei der Stange zu halten, sie dürfte zum anderen aber auch als Grundlage für seine Vision einer Herrschaft über Griechenland und Persien gegolten haben.

Beide waren fähige Entscheider. Doch aufgrund ihrer unterschiedlichen Vorstellungen würden sie in der gleichen Situation jeweils unterschiedlich handeln.

Nachdem die persischen Unterhändler ihr Angebot unterbreitet haben, soll Parmenion gesagt haben: „Wäre ich Alexander, würde ich akzeptieren." Alexander soll daraufhin geantwortet haben: „Das würde ich auch, wäre ich Parmenion."

Die Entscheidungsfalle liegt hier darin, dass Alexander sich durchaus die Logik Parmenions hätte zu eigen machen können. Nur wäre diese Entscheidung nicht mehr seine eigene gewesen. Er hätte als Entscheider seine Wertvorstellungen und Ziele missachtet. Alexander wäre dann vermutlich wesentlich älter als nur 32 Jahre geworden, aber die Geschichte hätte ihn vergessen.

So wurde er mit seinen zahlreichen Eroberungen, angefangen von dem persischen Großreich bis hinein nach Indien, ein Wegbereiter für alle nachfolgenden Weltreiche, insbesondere der Römer.

Sein militärisches Genie ließ ihn bereits zu Lebzeiten zur Legende werden.

2.4 Die Fugger

Der Name Fugger steht für eine überaus einflussreiche Kaufmannsfamilie im 15. Jahrhundert. Allerdings gibt es zwei Familienstränge, die sich unterschiedlich entwickelten.

Zum einen die Fugger vom Reh, die durch Handelsgeschäfte schnell reich geworden sind, und zum anderen die Fugger von der Lilie, die zunächst als Weber und später als Tuchhändler unterwegs waren und es so zu einem bescheideneren Wohlstand gebracht hatten.

Beide Linien gehen auf Hans Fugger im 14. Jahrhundert zurück, der vom einfachen Weber in Augsburg bis zum Zunftmeister aufstieg und damit die Grundlage für den weiteren familiären Wohlstand schuf.

Zum großen Konkurrenzkampf kommt es in der dritten Generation. Auf der einen Seite Lukas Fugger für die Fugger vom Reh und auf der anderen Seite die Brüder Ulrich und Jakob Fugger für die Fugger von der Lilie.

2.4.1 Lukas Fugger

Stellen Sie sich vor, Sie sind Lukas Fugger und gehören dem bislang erfolgreicheren Familienstamm an. In Ihren ersten Jahren als Kaufmann haben Sie den Erfolg Ihres Vaters noch übertreffen können. Sie waren derjenige, der dafür gesorgt hatte, dass dem Familienstamm das Wappen mit dem Reh verliehen wurde. Allerdings holen seit einigen Jahren die Fugger von der Lilie stark auf. Durch Darlehen an den König Maximilian I. konnten sich diese unter anderem wichtige Bergbaurechte sichern und mit diesen eine bedeutende Rolle im Edelmetallhandel in Europa aufbauen.

Auch Sie leihen den Habsburgern seit Ihren ersten Kontakten zu Kaiser Friedrich III. immer wieder Geld. Als König Maximilian I. wegen eines Darlehens auf Sie zukommt, scheint sich wieder ein lukratives Geschäft anzubahnen.

Der Monarch will sich mit der Summe von über 10000 Gulden fast Ihr ganzes Firmenvermögen leihen. Ein riskantes Geschäft, schließlich können Sie als Kaufmann schlecht Ihren obersten Landesherrn mahnen oder in Verzug setzen.

Maximilian macht Ihnen ein spannendes Angebot. Als Pfand soll die reiche belgische Stadt Leuven dienen. Eine ganze Stadt als Pfand! Das klingt doch so, also ob Sie diesmal Ihre Vettern übertrumpfen können.

Wofür sollen Sie sich entscheiden?

Maximilian I. ist bereits bei Ihren Vettern hoch verschuldet. Wenn der Kaiser seine Schulden nicht zurückzahlen kann, dann gehört die belgische Stadt Ihnen. So eine Stadt muss doch viel mehr wert sein als eine Mine oder irgendwelche Handelsprivilegien, oder?

Auf der anderen Seite braucht ein Kaufmann sein Kapital. Denn damit verdient er sein Geld. Wenn das Geschäft schiefgeht, verlieren Sie alles. Genauso, wie die möglichen Gewinne kaum einschätzbar groß sind, verhält es sich also mit Ihrem Risiko.

Die große Verheißung, im Zweifelsfall eine Stadt zu besitzen, verleitete daher Lukas Fugger im zarten Alter von 50 Jahren, alles aufs Spiel zu setzen.

Was war passiert?

Der schlitzohrige König nutzte es aus, dass der Kaufmann keine Vorstellung über die langfristige Umsetzbarkeit seiner Erwartungen hatte. Leuven war eine reiche Stadt, allerdings war sie auch nicht verpflichtet, für die Schulden ihres Monarchen einzustehen. Die zur Verfügung gestellte Sicherheit hatte also nur einen symbolischen Wert. Lukas Fugger wusste das nicht.

Seine Entscheidung hatte schwerwiegende Konsequenzen für die Fugger vom Reh. Denn Maximilian I. bezahlte seine Schulden nicht und die Bürger von Leuven weigerten sich, Lukas Fugger etwas für sein Pfandrecht zu zahlen. Der Händler kämpfte über zehn Jahre darum, sein Geld wieder zu bekommen. Das Ende war jedoch unvermeidlich. Die Fugger vom Reh gingen Bankrott. Mit einer gewissen Häme verlieh Maximilian I. der Familie daraufhin den offiziellen Titel „Titularkönige von Atlantis". Eine Anspielung auf den finanziellen Untergang der Familie.

Lukas Fugger musste scheitern, weil er keine klare Vorstellung davon hatte, was er wollte. Selbstverständlich wollte er Geld verdienen, das möchte jeder. Entscheidend ist das „Wie".

In der Vergangenheit hatte er sich die Rechte an Edelmetallminen als Sicherheit für seine Kredite geben lassen. Er wusste genau, wie er diese versilbern konnte. Anders verhielt es sich mit Leuven. Er hatte keine klare Vorstellung, was damit anzufangen sei, und deshalb traf er die folgenschwere Fehlentscheidung.

2.4.2 Jakob der Reiche

Auch die Fugger von der Lilie liehen Maximilian I. viel Geld. Allerdings begnügte sich Jakob Fugger mit damals üblichen Pfandrechten auf Edelmetallminen. Die damit verbundenen Vermarktungsmöglichkeiten sorgten dafür, dass die Fugger von der Lilie reicher und einflussreicher wurden als die de' Medicis seinerzeit in Florenz.

Nach dem Bankrott der Fugger vom Reh kaufte Jakob der Reiche deren verbliebene Immobilien billig auf.

Allerdings waren auch die Geschäfte der Fugger von der Lilie nicht ohne Risiko. Denn nach dem Tode Maximilians I.

sollten alle diese Pfandrechte mit der Wahl eines neuen Kaisers verfallen. Der Habsburger hatte seine Nachfolge nicht geregelt. Daher war es an den Mächtigen der damaligen Zeit, einen neuen Kaiser zu küren. Den Fuggern drohte ein Desaster.

Ungewöhnliche Zeiten erfordern ungewöhnliche Maßnahmen. Daher entschloss sich Jakob Fugger, Karl V. anzubieten, ihn bei der Wahl zum Kaiser zu unterstützen. Dieser sollte dafür die Schulden seines Vorgängers übernehmen plus der „Handsalben" (Bestechungsgelder), die der Fugger Clanführer aufbringen würde.

Karl V., König von Spanien und ein Enkel Maximilians I., willigte ein. Insgesamt mobilisierte der Fugger in der Folge 852 000 Gulden. Eine für damalige Zeiten unvorstellbar große Summe. Allein 544 000 Gulden stammten aus dem Geschäftsvermögen der Fugger. Damit hatte Jakob Fugger alles auf eine Karte gesetzt, denn wenn es schiefging, hätte er alles verloren.

Und tatsächlich ging alles schief. Die sieben deutschen Kurfürsten in der Frankfurter Bartholomäuskirche entschieden sich zunächst für einen Kandidaten aus ihrer Mitte und gegen Karl V. und dessen Konkurrenten Franz I., den König von Frankreich.

Der neue Kaiser sollte Friedrich von Sachsen sein. Dieser entschied sich allerdings dagegen, die Wahl anzunehmen, als ein habsburgischer Truppenaufmarsch vor der Stadt ihm seine bescheidenen Möglichkeiten vor Augen führte.

Im zweiten Wahlgang entschieden sich die Kurfürsten im Interesse ihrer Finanzen und wählten Karl V. zum Kaiser, da dieser wesentlich mehr Geld zahlen konnte als Franz I., der lediglich 300 000 Gulden aufbrachte.

Angesichts dieser großen Lust am Risiko könnte man meinen, der Unterschied zwischen Jakob Fugger und Lukas Fugger besteht darin, dass der Erste das Glück hatte, was dem anderen abging.

Denn auch Jakob hatte sich im Vorfeld nicht ausreichend auf einen Fall eingestellt, der irgendwann kommen musste. Die Frage ist, ob das fuggersche Geschäftsmodell eine Absicherung zulassen würde. Die Macht der Fugger bestand ja darin, dass sie Geldgeber für die kostspieligen Kriege ihrer habsburgischen Kunden waren. Nur weil sie auch zukünftig Geld von ihnen leihen wollten, akzeptierten die Könige und Kaiser ihre Verpflichtungen. Mit anderen Worten, die Schulden der Habsburger waren nur so lange bindend, wie sie auch in Zukunft Schulden machen wollten oder konnten. Genau deshalb hatte Lukas Fugger scheitern müssen. Da er dem Kaiser sein gesamtes Geschäftsvermögen geliehen hatte, war er für keine weiteren Kredite gut. Daher konnte Maximilian I. sich leisten, ihn fallen zu lassen.

Eine Absicherung für die Fugger von der Lilie hätte geheißen, die offenen Schulden beim Kaiser kurz vor dessen Ableben einzutreiben. In dieser Situation brauchte dieser allerdings keine wesentlichen Mittel mehr und hätte seine Verpflichtung gegenüber den Fuggern überdenken können. Daher gab es für Jakob keine Alternative. Auch wenn das Geschäft mit Karl V. ein gutes Ende fand, hatte Jakob die Situation damit noch mehr zementiert. Denn der Spanier war damit noch höher verschuldet als sein Großvater. Allerdings tilgte er große Teile seiner Schulden, indem er später den Fuggern Bergwerke in Spanien übereignete.

Somit hatte Jakob einen chronischen Mangel an Entscheidungsalternativen, der zu einem sehr hohen Geschäftsrisiko führte.

Jakobs Neffe und Nachfolger Anton war weitsichtiger und setzte das Vermögen der Fugger weitestgehend in Ländereien um. Damit hatten die Fugger zwar keinen politischen Einfluss mehr, aber die Risiken für ihr Vermögen sind im selben Maß zurückgegangen.

2.5 Herbert Quandt

Nicht ganz in der gleichen Position war Herbert Quandt Ende der 50er-Jahre. Sein Vater Gustav hatte über zwei Weltkriege ein riesiges Industrievermögen aufgebaut. Sein Sohn Herbert war bei ihm über viele Jahre in die Lehre gegangen und hatte somit sicherlich von einem der Besten gelernt. Nach dem Tod des Vaters teilt sich Herbert Quandt zusammen mit seinem Bruder Harald die Führung des Industrievermögens.

Bereits Gustav Quandt hatte die wachsende Bedeutung der Automobilindustrie erkannt und an der Renommierfirma Daimler-Benz einen kleinen Anteil erworben. Diesen bauten die beiden Brüder weiter aus, waren aber gegenüber dem Konkurrenten im Spiel der Großindustriellen, Friedrich Flick, im Nachteil. Dieser hatte aufgrund der Auflagen der Alliierten große Teile seiner Kohlebetriebe verkaufen müssen und investierte jahrelang in den „Stern aus Untertürkheim“. Neben den Anteilseignern Deutsche Bank (25 %) und Friedrich Flick (40 %) waren die Quandts mit ca. 10 % der Anteile von nachrangiger Bedeutung.

Herbert Quandt war zwar Erbe eines großen Vermögens, konnte bis dahin aber keine unternehmerische Großtat vorweisen. Neben seinem Vater war er immer der Junior gewesen und musste sich den Beschlüssen des Seniors beugen.

Er suchte nach einer Möglichkeit, sich wie die beiden Generationen vor ihm als Unternehmer zu beweisen.

Diese sollte er ganz unerwartet erhalten. Herbert Quandt hatte neben der Daimler-Beteiligung parallel eine größere Beteiligung an den damals hoch defizitären Bayerischen Motoren Werken (BMW) erworben. Ende 1959 wurde die Situation für den Autobauer prekär. Das Unternehmen hatte aufgrund einer verfehlten Modellpolitik so hohe Verluste aufgetürmt, dass alle Reserven und die Hälfte des Eigenkapitals aufgebraucht waren.

In einer Zeit, als der schwäbische Konkurrent einen Rekordgewinn nach dem anderen einfuhr, gelang es dem weitgehend unfähigen Management nicht, einen Plan vorzulegen, der BMW den Fortbestand der Marke versprach.

Stattdessen setzten das Management, der Aufsichtsrat und die Großaktionäre auf den Vorschlag, BMW durch Daimler vereinnahmen zu lassen. Denn die zusätzliche Produktionskapazität hätten die Stuttgarter gut gebrauchen können. Als Daimler-Aktionär unterstützte Quandt diesen Plan, als Aktionär von BMW und Liebhaber deren sportlicher Modelle ging er ihm gegen den Strich. Das Angebot für diesen einfachen Ausweg aus der Misere galt nur für die BMW-Hauptversammlung am 9. Dezember 1959. Danach würde es aufgrund eines Ultimatums verfallen.

Zwar waren die Kleinaktionäre dagegen, die Unabhängigkeit der bayerischen Traditionsmarke preiszugeben, aber die Mehrheit der Anteile lag bei den Befürwortern. Daher war es vielleicht ein Wink des Schicksals, dass die Hauptversammlung wegen eines Formfehlers vertagt werden musste. Damit war das Daimler-Angebot verfallen. Große Teile des Vorstands und des Aufsichtsrates erklärten ihren Rücktritt.

Für Herbert Quandt eröffneten sich damit eine Chance und ein großes Risiko. Als Investor hätte er seine Anteile mit einigem Verlust abstoßen müssen. Als Unternehmer fühlte er sich herausgefordert, den weitgehend führerlosen Pleitekandidaten zu sanieren. Das hieß auch, weiteres Geld in das Unternehmen zu investieren, um die Mehrheit der Aktien übernehmen zu können.

Herbert Quandt hatte mit seinem BMW-Engagement gegen den erklärten Willen seines gleichberechtigten Bruders Harald verstoßen. Wenn er dieses Abenteuer einging, dann auf eigene Rechnung.

Aus der Entscheiderperspektive gesehen stand der abenteuerlustige Quandt-Erbe vor der Wahl zwischen zwei Alternativen. Der risikolose Weg, die Anteile zu verkaufen, hätte ihm wegen der sicheren Verluste als Investor nicht gefallen.

Vielleicht auch deshalb nicht, weil sein jüngerer Bruder bezüglich der Investition recht behalten hätte. Der riskante Weg war schwer einzuschätzen. Daher benötigte Quandt weitere Informationen. So ließ er ein neues BMW-Modell vom Daimler-Vorstand Fritz Nallinger Probe fahren. Als der größte Konkurrent den Daumen hob, wusste Quandt, dass es noch Chancen gab.

Aus der Hauptversammlung des Autobauers wusste er, dass die Kleinaktionäre und der Betriebsrat ihn bei der Sanierung unterstützen würden. Die BMW-Händler brauchten ein Unternehmen mit eigenen Modellen. Mit anderen Worten, im Unternehmen würden alle an einem Strang ziehen.

Zusätzlich verschaffte er sich die Unterstützung der bayerischen Staatsregierung. Nachdem er wusste, dass er aus München mit Rückenwind rechnen konnte, machte er sich an die Sanierung von BMW. Später wird er sagen, dass er sich durch seine Entscheidung zum Glück gezwungen hat. Im Jahre 2007 besitzt die Familie Quandt noch ca. 47 % des Autobauers, der eine Börsenkapitalisierung von ca. 25 Milliarden Euro aufweist.

Auch wenn ihm der Erfolg recht gegeben hat, könnte man der Meinung sein, dass Herbert Quandt das Opfer einer Entscheidungsfalle geworden ist. Denn wenn ein Entscheider nur zwei Alternativen zur Auswahl hat, von denen eine auch noch einen Verlust verspricht, dann fallen selten gute Entscheidungen.

In diesem speziellen Fall ist es allerdings anders. Nach meiner Überzeugung hatte der 50-Jährige genau nach einer solchen Chance gesucht. Er wollte sich als Unternehmer beweisen und er wollte mit der großen Unterstützung seiner Mitstreiter den Erfolg schaffen. Genau diese Möglichkeit hat sich ihm geboten und er griff beherzt zu. Anders wäre es gewesen, wenn Herbert Quandt nicht an der unternehmerischen Aufgabe interessiert gewesen wäre und von zwei Übeln das geringere gewählt hätte.

2.6 Zusammenfassung

In diesem Kapitel haben wir Könige, Feldherren und Unternehmer in unterschiedlichen Entscheidungssituationen kennengelernt. Einige haben erfolgreich ihre Entscheidungsfallen gemeistert, andere hingegen nicht.

Obwohl die meisten dieser historischen Persönlichkeiten auf keine wissenschaftliche Entscheidungslehre zurückgreifen konnten, haben sie dennoch erstaunliche Entscheidungen getroffen. Das zeigt sich bereits im salomonischen Urteil knapp 1 000 Jahre vor unserer Zeitrechnung bis hin zu Herbert Quandt, einem der großen Industriellen des letzten Jahrhunderts.

3 Rezept für gute Entscheidungen

Für ein Rezept braucht es zum einen eine Zutatenliste und eine Handlungsanweisung. In diesem Kapitel geht es um die unverzichtbaren Zutaten für eine gute Entscheidung. Ich kenne viele Unternehmer, die ihr eigenes Entscheidungsverfahren lieb gewonnen haben und nicht davon lassen wollen. Daher präsentiere ich Ihnen hier einzelne methodische Komponenten, die Sie zu Ihrer eigenen Methodik kombinieren können. In Kapitel 5 zeige ich Ihnen dann meine eigene Methode, die dazu gedacht ist, die Entscheidungsfallen, die wir uns in Kapitel 4 ansehen werden, zu vermeiden.

Was braucht eine gute Entscheidung an Zutaten? Es kommt darauf an, was wir als Entscheidung definieren wollen. Meine Definition erhebt dabei keinen Vollständigkeitsanspruch:

„Eine Entscheidung ist die Wahl zwischen verschiedenen Alternativen auf der Grundlage des eigenen Bedarfs. Dieser manifestiert sich in Zielen, persönlichen Präferenzen, gewünschten und unerwünschten Ergebnissen sowie zu lösenden Problemstellungen und zu nutzenden Chancen. Eine Entscheidung, die nicht nur reines Gedankenspiel sein soll, setzt beim Entscheider den Willen und die Fähigkeit voraus, sie auch wirklich umzusetzen.“

Aus meiner Sicht benötigt eine gute Entscheidung drei Hauptkomponenten:

1. Entscheidungsklarheit,
2. attraktive Alternativen,
3. Unterstützung für die Umsetzung.

Wahrscheinlich werden Sie wegen meiner Wortschöpfung „Entscheidungsklarheit“ ein wenig die Stirn runzeln. Dahinter steckt schlicht und einfach, dass Sie in einer Entscheidungssituation wissen, was Sie wirklich wollen.

Die meisten Menschen, die ich kennenlerne, tun das zunächst relativ schnell ab. Das können Sie natürlich auch machen. Allerdings ist Entscheidungsklarheit genau das, was den meisten Entscheidern nach meiner subjektiven Erfahrung fehlt, um gute Entscheidungen zu treffen. Ich werde auf diesen Punkt gleich im Anschluss tiefer eingehen.

Attraktive Alternativen sind eine weitere Voraussetzung für eine gute Entscheidung. Denn was nutzt es mir, wenn ich genau weiß, was ich will, aber es nicht bekommen kann?

Auch die Umsetzungsplanung wird von den meisten Entscheidern unterschätzt. Was glauben Sie, ist der schwierigste Punkt bei der Umsetzung? Andere Personen für unsere Entscheidungen zu gewinnen.

Da wir als Unternehmer niemals allein existieren können, sondern immer von Mitarbeitern, Lieferanten, Kunden, Kapitalgebern usw. abhängig sind, müssen wir uns die größtmögliche Unterstützung aller einbeziehbaren Personengruppen für die Umsetzung sichern.

Denken Sie nur an diverse politische Reformen, die im Großen und Ganzen gescheitert sind, weil deren Gestalter sich nicht genügend Unterstützung sichern konnten. So z. B. die seinerzeit gescheiterte „Agenda 2010“ des damaligen Bundeskanzlers Gerhard Schröder. Am Ende ist ein sehr zaghafter Kompromiss herausgekommen, der niemanden überzeugt hat.

Alle drei Komponenten bauen aufeinander auf, so kann ich mir weder attraktive Alternativen noch die benötigte Unterstützung sichern, wenn ich nicht sehr genau weiß, was ich mit meiner Entscheidung erreichen will. Über die Umsetzung kann ich mir nur Gedanken machen, wenn ich weiß, was ich potenziell umsetzen könnte.

3.1 Entscheidungsklarheit

Wenn ich herausfinden möchte, was ich in einer Entscheidungssituation genau will, dann muss ich mir über meine Ziele klar sein.

Warum treffen wir Entscheidungen?

Das ist für viele eine seltsame Frage. Ich halte sie für immens wichtig. Entscheidungen haben keinen Eigenzweck. Natürlich kann man sagen, der Sinn einer Entscheidung ist es, eine Entscheidung zu treffen. Nur bringt uns diese Tautologie nicht weiter. Wenn wir eine Entscheidung treffen, dann kann das zwei verschiedene Auslöser haben. Möglicherweise treffen wir auf ein Problem, das wir lösen müssen, oder es gibt neue Chancen, die wir nutzen wollen. Wer ein Problem hat oder Chancen sieht, macht das nicht im luftleeren Raum. Probleme sind Hindernisse, die wir überwinden wollen, und Chancen sind Abkürzungen, die uns unseren Weg erleichtern. Jeder Weg sollte ein Ziel haben.

Wenn man nicht weiß, welchen Hafen man ansteuert, ist kein Wind günstig (Seneca)

Als unternehmerische Entscheider machen wir es uns oft etwas leicht. Denn als Ziel wird gerne der Verdienst eines möglichst großen Geldbetrags gesehen. Wer so denkt, begeht einen folgenschweren Fehler, denn es ist möglicherweise der Sinn unternehmerischer Tätigkeit, damit Geld zu verdienen. Das Ziel ist es jedoch nicht.

Die Unternehmer, die ich treffe, haben vielmehr die Möglichkeit gesehen, etwas anders zu machen als der Markt. Sie besetzen entweder eine Nische oder sind mit ihrem Angebot schlichtweg besser als die etablierte Konkurrenz.

Als Bill Gates zusammen mit Paul Allen Microsoft gründete, hatte er die Vision, dass Microsoft-Software einmal die wichtigste Arbeitsgrundlage für die PCs dieser Welt sein wird.

Bis auf wenige Ausnahmen gelang ihm dies auch. Für die kleine Ausnahme ist ein anderer Unternehmer verantwortlich, Steve Jobs. Seine Vision war es, die fortschrittlichsten und menschlichsten Computer zu bauen.

Und weil seine Firma Apple den ersten Computer mit grafischem Betriebssystem serienmäßig herstellte, musste Microsoft Windows entwickeln, um die eigene Vision überhaupt verwirklichen zu können. Beide Unternehmer haben damit die Welt verändert, weil sie ihre eigene Vision umgesetzt haben.

Die Grundlage für jede Entscheidung ist daher die unternehmerische Vision, was nichts anderes ist als ein sehr langfristiges Zielbild.

Wenn Sie der Unternehmer sind, dann ist es an Ihnen, diese Vision zu formulieren.

Wie formulieren Sie Ihre unternehmerische Vision?

Natürlich reicht es nicht, einen netten Satz zu formulieren wie: „Wir bauen die fortschrittlichsten und menschlichsten Computer."

Jede Unternehmervision ist immer auf seinen Verfasser zugeschnitten.

In den Hochglanzbroschüren der Unternehmen lese ich immer wieder von einer Vision, die das Unternehmen verfolgt. Ich wundere mich dann immer, denn der Kurs eines Unternehmens kann sich zwar an einer Vision orientieren, aber letztlich können das nur die Ziele von Personen sein.

Eine Organisation wie ein Unternehmen kann kein Ziel haben, da eine Organisation über keinen eigenen Willen verfügt.

Die Kunst für den Unternehmer ist es, dass seine Manager und Mitarbeiter sich seine Vision in wichtigen Teilen zur eigenen machen und mit ihrem persönlichen Zielbild verheiraten (siehe Kapitel 9).

Wenn Sie Manager sind und Ihnen die Vision vorgegeben wurde, dann ist es wichtig, dass Sie sich damit identifizieren können. Sträubt sich indessen alles in Ihnen dagegen, dann sind Sie am falschen Platz.

Was gehört zu einer Vision?

Ihre unternehmerische Vision stellt ihre Zukunft in zehn Jahren dar. Zehn Jahre sind eine lange Zeit. Daher werden sich Ihre Möglichkeiten bis dahin radikal verändern. Oftmals übersteigt das unser Vorstellungsvermögen. Schließlich sind wir von der Gegenwart geprägt. Wie die Zukunft genau aussehen wird, liegt im Verborgenen. Trotzdem ist es wichtig, diese Vision zu entwickeln. Denn nur so haben wir für unsere Entscheidungen einen Orientierungspunkt. Nur so gestalten wir unseren persönlichen Fortschritt.

In zehn Jahren kann sehr viel passieren, viel mehr, als wir uns heute vorstellen können. Daher darf unsere Vision nicht starr sein. Ich erlebe immer wieder Entscheider, die ihre Vision so perfekt formulieren möchten, als sollte sie in Stein gemeißelt werden. Das ist allerdings nicht sehr sinnvoll.

Machen Sie es sich nicht so schwer!

Stellen Sie sich vor, Sie sind wieder drei Jahre alt und Ihre Mutter setzt Sie in einen Sandkasten. Wie alle Kinder beginnen Sie sofort, einen Hügel aufzuschütten, Ihre Sandburg. Während Sie damit spielen, merken Sie, dass Sie einen Graben brauchen und ein Fenster, natürlich auch kleine Türmchen und Ihre Sandförmchen setzen Sie ebenfalls ein.

Plötzlich ist da kein einfacher Sandhügel mehr, sondern ein Bauwerk, das Ihre spielerischen Bedürfnisse voll erfüllt.

Genauso ist es mit Ihrer unternehmerischen Vision. Sie brauchen erst einmal nur ein grobes Bild davon. Dies ist dann der Orientierungspunkt für Ihre Entscheidungen. Während Sie sich darauf zubewegen, wird das Bild immer klarer. Mit jedem Schritt wissen Sie mehr, wie die einzelnen Aspekte ausgestaltet sein müssen, um Ihre persönlichen Bedürfnisse zu erfüllen.

Mit anderen Worten, Ihre unternehmerische Vision ist sehr anpassungsfähig und wird von Ihnen ständig in den einzelnen Ausprägungen verändert.

Welche Aspekte deckt Ihre unternehmerische Vision ab?

Ihre Vision soll ein Bild der eigenen persönlichen Zukunft entwerfen. Der Schwerpunkt liegt dabei natürlich auf Ihrem Unternehmen. Sie sollte dennoch auch andere Aspekte, wie Work-Life-Balance, Ihre Wertvorstellungen, persönliches Einkommen etc. abdecken. Konzentrieren Sie sich dagegen nur auf Ihr Unternehmen, haben Sie die Selbstsabotage bereits eingebaut. Denn wer wird als Unternehmer glücklich sein, wenn sein Privatleben ein Chaos ist?

Besonders wichtig ist deshalb auch immer der Grund, warum Sie diese Vision umsetzen wollen. Vielleicht kennen Sie den angelsächsischen Ausdruck „a man with a mission" (ein Mann mit einer Mission). Gemeint sind damit Menschen, die sich von einem einmal eingeschlagenen Kurs nicht mehr abbringen lassen. Ganz egal, wie groß die Widerstände auch sein mögen.

Das Wort „Mission" heißt eigentlich nur Aufgabe oder Auftrag. Und genau darum geht es. In jedem Ökosystem erfüllt jeder einzelne Organismus eine Aufgabe, die dem großen Ganzen dient. In der Natur gibt es nicht ein Teil, das keine Aufgabe hätte. Selbst im Tod dienen die Überreste des Organismus noch als Nahrung für Aasfresser, Kleinstlebewesen und Pflanzen.

Auf Märkten ist es genauso. Jeder Mensch sollte auf der Grundlage seiner individuellen Begabungen und Fähigkeiten seinen Auftrag erfüllen.

Da wir Menschen allerdings die Wahl haben, kann es durchaus sein, dass ein geborener Marketingexperte in der

Amtsstube eines Finanzamts sitzt. Das ist natürlich Verschwendung und macht denjenigen nicht glücklich.

Genau das Gleiche kann einem Unternehmer passieren, der beispielsweise aus Traditionsgründen die falschen Produkte herstellt. Wenn Sie eine Vision formulieren wollen, dann sollten Sie daher als Erstes wissen, was Ihre Mission ist. Dabei brauchen Sie nichts Neues zu erfinden. Vielmehr müssen Sie lediglich das herausarbeiten, was schon immer da war, aber von Ihnen vielleicht nicht entsprechend gewürdigt wird.

Meine eigene Mission ist es beispielsweise, dafür zu sorgen, dass es mehr und bessere Unternehmer gibt. Das klingt vielleicht vermessen. Aber ich bin ja nicht der einzige Mensch, der diese Aufgabe hat. Ein Kleinstlebewesen hat vielleicht die Aufgabe, einen toten Baumstamm zu zersetzen, und es wird dies mit der Hilfe vieler anderer „Kollegen" über einen langen Zeitraum bewerkstelligen. Also, Ihre Mission darf durchaus anspruchsvoll sein!

In der folgenden Mindmap finden Sie die Bereiche, die meiner Meinung nach für die Beschreibung Ihrer Vision entscheidend sind.

Mit Ihrer unternehmerischen Vision haben Sie die Grundvoraussetzung für gute Entscheidungen geschaffen. Denn die Ziele, die Sie für Ihre jeweiligen Entscheidungen festlegen, leiten sich natürlich aus dieser Vision ab.

Ein Beispiel: Nach einem schwierigen Geschäftsabschluss sitzen Sie im Flugzeug nach Hause. Neben Ihnen sitzt ein sehr lebhafter Geschäftsmann. Eigentlich wollen Sie Ihre Ruhe haben, aber der andere ist sehr kommunikativ. Sie erfahren, dass Ihr Sitznachbar viele Jahre in Schweden gearbeitet hat und dort über vorzügliche Kontakte in Ihrer Branche verfügt. Allerdings, was interessiert Sie Schweden?

Sehr viel, denn Ihre Vision sieht vor, das Geschäft in den nächsten fünf Jahren auf die skandinavischen Länder auszudehnen. Daher tauschen Sie natürlich die Visitenkarten aus und vereinbaren einen Termin mit dem Schwedenkenner.

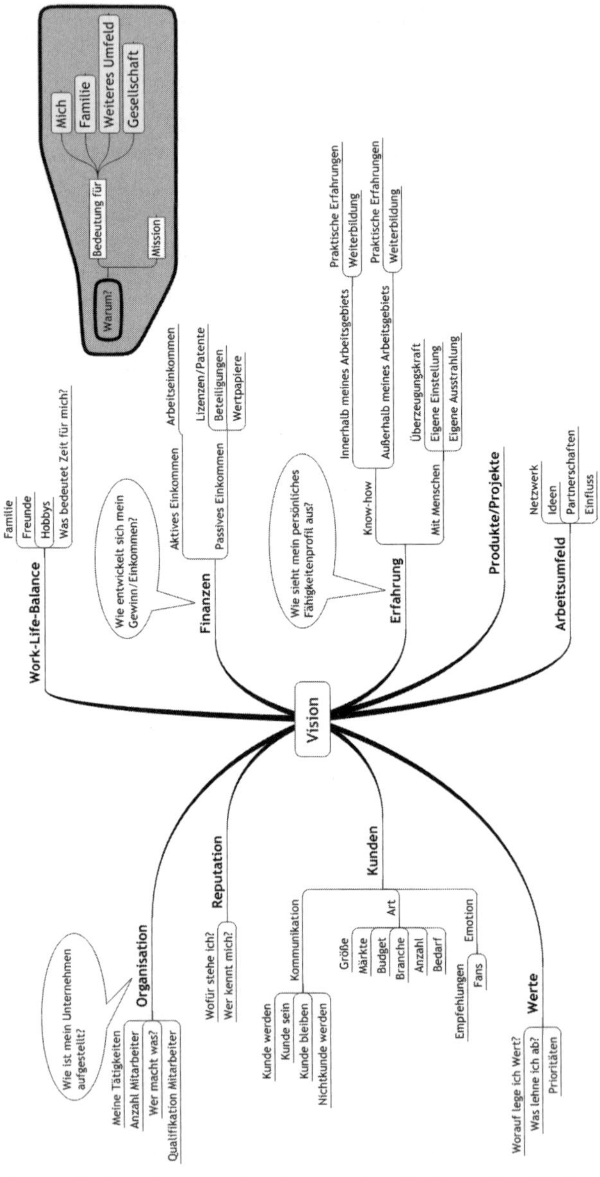

Mindmap mit den relevanten Aspekten zur Beschreibung Ihrer Vision

Hier schließt sich wieder der Kreis. Als ich am Anfang des Kapitels von Problemen und Chancen als Entscheidungsauslöser sprach, meinte ich bezüglich der Chancen genau so einen Fall. Als Entscheider sehen Sie die Möglichkeit, ein Teilziel Ihrer Vision schneller zu erreichen als über den Standardweg, und treffen Ihre Wahl.

Ist die unternehmerische Vision ausreichend, um die geforderte Entscheidungsklarheit herzustellen?

Wenn ich genau weiß, was ich in einer Situation will, dann bin ich entscheidungsklar. Die eigene Vision gibt Ihnen zwar die notwendige Orientierung. Aber wenn Sie sich im fremden Gelände befinden, reicht es auch nicht zu wissen, wo Norden ist. Sie brauchen eine Landkarte. Nur dann werden Sie auch dort ankommen, wo Sie hinwollen.

Jede Entscheidungssituation ist anders. Das liegt natürlich zum einen an dem jeweiligen Entscheidungsauslöser. Es liegt zum anderen aber auch daran, dass wir als Entscheider möglicherweise neue Erfahrungen in die Entscheidung mit einbringen wollen.

Entscheidungsklarheit definiert unseren eigenen Bedarf. Dieser orientiert sich zum großen Teil an der Situation.

Wenn Sie hungrig sind, dann ist „Nahrung" Ihr Bedarf. Dieser ist dann ausgesprochen augenblicksbezogen. Denn nach einem üppigen Mittagessen werden Sie einen ganz anderen Bedarf haben.

Jeder Entscheider weiß, dass er einen Maßstab für die Beurteilung verschiedener Entscheidungsalternativen braucht. Dieser Maßstab sind Ihre Entscheidungskriterien.

Wie entstehen Entscheidungskriterien?

Entscheidungskriterien müssen in erster Linie relevant sein. Wenn ich eine Dunkelkammer mit Geräten ausstatte, wird beispielsweise die Lackfarbe (Grau oder Schwarz) für die Entscheidung keine Relevanz haben. Nehme ich diesen Aspekt trotzdem in meine Kriterien auf, so kann das bei einer knappen Entscheidung ungerechtfertigt den Ausschlag geben.

Aus meiner Erfahrung macht es auch keinen Sinn, zu viele Entscheidungskriterien zu haben. Denn dies birgt die Gefahr, einer Entscheidungsfalle ins Netz zu gehen (siehe Elefantenfalle).

Wie stelle ich sicher, dass meine verwendeten Entscheidungskriterien relevant sind und ich keine wichtigen Aspekte vergesse?

Das Schlimmste, was einem Entscheider passieren kann, ist, die Kontrolle über seine Entscheidung zu verlieren. Wie kann das passieren? Wenn wir unseren eigenen Bedarf nicht genau kennen, haben beispielsweise pfiffige Verkäufer die Möglichkeit, uns etwas aufzuschwatzen, was wir nicht brauchen.

Ein gut erprobter Weg zur Entwicklung von Entscheidungskriterien führt über die von mir sogenannten Kontrollelemente der Entscheidung. Diese setzen sich aus gewünschten Ergebnissen, Status-quo-Ergebnissen und unerwünschten Ergebnissen zusammen.

Gewünschte Ergebnisse sind die Konsequenzen meiner Entscheidung, die ich anstrebe. Das könnte z. B. bei der Entscheidung über einen neuen Lieferanten die Zuverlässigkeit sein.

Status-quo-Ergebnisse sind Aspekte von heute, die nach meiner Entscheidung immer noch Bestand haben sollen. Zum Beispiel könnte bei der Entscheidung über einige flippige Marketingmaßnahmen ein Status-quo-Ergebnis die Erhaltung meiner Reputation sein.

Unerwünschte Ergebnisse sind alle diejenigen Konsequenzen, die ich als Ergebnis meiner Entscheidung auf keinen Fall sehen möchte. So könnte ein unerwünschtes Ergebnis bei der Einführung einer Standardsoftware sein, dass meine Verwaltung wegen einer fehlerhaften Implementierung nicht arbeiten kann.

In letzterem Punkt schlagen sich häufig die schmerzhaften Erfahrungen aus anderen Entscheidungen nieder. Als Entscheider müssen wir darauf achten, dass hier nur das unbedingt Erforderliche aufgenommen wird.

Was unterscheidet Ergebnisse von Zielen?

Im Rahmen von Entscheidungen sind Ergebnisse die Bedingungen, unter denen das jeweilige Ziel erreicht werden soll. Stellen Sie sich vor, das Ziel einer Entscheidung ist es, eine neue Produktion aufzubauen. In dem Fall könnten z. B. der gewünschte Produktionsanlauftermin, die Qualität, die Kosten usw. die Ergebnisse sein. Das Ziel ist also übergeordnet und die Ergebnisse stellen die Ausgestaltung dieses Ziels dar.

Im Detail könnten die einzelnen Ergebniskategorien für den Aufbau der neuen Produktion folgendermaßen aussehen:

Gewünschte Ergebnisse
Produktionsanlauftermin Hohe Qualität Niedrige Kosten Zuverlässigkeit

Status-quo-Ergebnisse
Unfallfreie Produktion Hohe Mitarbeitermotivation

Unerwünschte Ergebnisse
Budgetüberschreitung Hohe Ausschussmengen Chaos

Mit den drei Kontrollelementen ist der Entscheider bereits gut für die Gespräche mit den potenziellen Projektentwicklern gerüstet. Deren Vertriebsleute werden versuchen, den Fokus des Gesprächs auf für sie besonders vorteilhafte Aspekte zu lenken. Wegen Ihrer guten Vorbereitung wird das den Anbietern aber nicht mehr gelingen.

Für Gespräche mögen die drei Kontrollelemente eine gute Grundlage sein. Allerdings wollen wir Entscheidungen treffen und dafür brauchen wir Entscheidungskriterien.

Mit den drei Kontrollelementen haben Sie alles, was Sie brauchen, um Ihre Entscheidungskriterien zu entwickeln.

Dazu bilden Sie Gruppen von Ergebnissen, die von Ihrer Bedeutung her sehr ähnlich sind, und finden dafür einen Oberbegriff. Wichtig ist, dass sich Ihre Entscheidungskriterien später zueinander gut abgrenzen lassen. Wenn Sie bei einer Investition beispielsweise die Kriterien „Anschaffungskosten" und „laufende Kosten" verwenden, ist dies nicht der Fall. Denn die Anschaffungskosten sind über die Abschreibungen wieder in den laufenden Kosten enthalten. Dadurch würden Sie dem Kostenkriterium ein viel größeres Gewicht geben, als Sie das möglicherweise beabsichtigen.

Für den Aufbau der neuen Produktion bildet unser Entscheider insgesamt fünf Gruppen, die ähnliche Ergebnisse zusammenfassen:

1. Gruppe: „Produktionsanlauftermin" und „Zuverlässigkeit".
2. Gruppe: „hohe Qualität" und „keine hohen Ausschussmengen".
3. Gruppe: „unfallfreie Produktion" und „kein Chaos".
4. Gruppe: „hohe Mitarbeitermotivation".
5. Gruppe: „niedrige Kosten".

Bei dem Thema Kosten hätte der Entscheider auch die Budgetüberschreitung mit aufnehmen können. Allerdings ist dieser Aspekt so wichtig für das Projekt, dass er daraus lieber ein Ausschlusskriterium bildet.

Ausschlusskriterien helfen bei der Vorauswahl der zugelassenen Alternativen. Damit ein Ergebnis als Ausschlusskriterium taugt, muss es direkt messbar sein.

Im nächsten Schritt gibt der Entscheider den verschiedenen Gruppen einen sinnvollen Namen (Oberbegriff). Das Ergebnis sind dann die frisch ermittelten Entscheidungskriterien:

Entscheidungskriterien für den Aufbau einer neuen Produktion

Entscheidungskriterien
Zuverlässigkeit Qualität Organisationsgrad Mitarbeitermotivation Kosten

Wenn alle Entscheidungskriterien gleich wichtig wären, könnten wir an dieser Stelle aufhören. Allerdings wird jeder Entscheider seine Kriterien als unterschiedlich wichtig einschätzen. Daher gewichten wir unsere Entscheidungskriterien, um unsere Präferenzen abzubilden.

Für den Entscheidungsvorgang spielen Entscheidungskriterien die gleiche Rolle wie eine Währung. Wir bewerten damit später unsere Entscheidungsalternativen.

Der unterschiedlichen Wichtigkeit der Kriterien tragen wir über eine individuelle Gewichtung Rechnung.

Dabei gibt es grundsätzlich zwei Möglichkeiten:

1. Absolute Gewichtung durch den Entscheider.
2. Relative Bewertung der Entscheidungskriterien zueinander durch einen paarweisen Vergleich.

Beide Methoden können brauchbare Ergebnisse liefern. Wie wir später aber sehen werden, ist erstere allerdings anfällig für eine Entscheidungsfalle (siehe Randfalle).

Die absolute Gewichtung ist dafür einfacher anzuwenden als die relative Gewichtung.

Im ersten Schritt schaffen wir einen Maßstab, also eine Skala, auf der Sie Ihre Entscheidungskriterien nach ihrer Wichtigkeit einordnen. Wir könnten hier jeden beliebigen Maßstab nehmen, allerdings birgt eine zu feine Unterteilung das Risiko, eine Pseudogenauigkeit zu schaffen, die dem Verfahren nicht zukommt. Denn für die Gewichtung Ihrer Entscheidungskriterien können Sie keine objektiven Messungen vornehmen. Sie persönlich schätzen für sich ein, wie wichtig Ihnen die jeweiligen Entscheidungskriterien sind.

Ich halte daher zwei Möglichkeiten der Skaleneinteilung für praktikabel. Zum einen eine Skala von null bis zur Zahl Ihrer Entscheidungskriterien. Diese gibt Ihnen die Möglichkeit, Ihre Gewichtung durch eine einfache Anordnung der Entscheidungskriterien nach der Wichtigkeit vorzunehmen. Dabei können Sie auch berücksichtigen, dass manche Entscheidungskriterien Ihnen gleich wichtig sind.

Absolute Gewichtung mit einer Skala von null bis fünf

Entscheidungskriterium	**Gewichtung**
Zuverlässigkeit	5
Qualität	3
Organisationsgrad	3
Mitarbeitermotivation	4
Kosten	2

Eine andere in der Praxis häufig verwendete Skala ist eine Einteilung von null bis zehn. Dabei stehen die Werte null bis drei für die Aussage: „Ein relevantes Entscheidungskriterium, das allerdings nicht entscheidend ist.“ Das Mittelfeld mit den Werten vier bis sieben steht in Abstufungen für die Aussage: „Das Entscheidungskriterium ist mir wichtig.“ Wie Sie sich vorstellen können, liegt das Gros der Gewichtungen in diesem Bereich. Für die ganz besonders wichtigen Entscheidungskriterien ist der Bereich von acht bis zehn reserviert.

Absolute Gewichtung mit Standardskala von null bis zehn

Entscheidungskriterium	**Gewichtung**
Zuverlässigkeit	10
Qualität	6
Organisationsgrad	6
Mitarbeitermotivation	7
Kosten	4

Beide Möglichkeiten sind schnell einsetzbar. Allerdings stellen sie für den Entscheider oft eine Herausforderung dar. Denn viele sind sich bei der Gewichtung nicht sicher, ob sie ihre Präferenzen richtig abbilden.

Diese Unsicherheit umgeht die relative Gewichtung von Entscheidungskriterien. Ein paarweiser Vergleich reduziert die Komplexität bei der Bewertung der einzelnen Kriterien.

Wie gehe ich bei einem paarweisen Vergleich von Entscheidungskriterien vor?

Sie müssen lediglich jedes einzelne Entscheidungskriterium mit jedem anderen vergleichen und entscheiden, welches jeweils wichtiger ist.

In unserem Beispiel würden wir daher zunächst überlegen, ob uns Zuverlässigkeit bei der Projektdurchführung wichtiger ist als die Qualität, die am Ende herauskommt. Machen Sie dabei nicht den Fehler, daraus eine Entweder-oder-Situation werden zu lassen. Sie müssen nicht auf die Qualität verzichten, um Zuverlässigkeit zu bekommen.

Hypothetische Frage: Nehmen Sie an, wir hätten bereits jeweils 90 % bei Qualität und Zuverlässigkeit erreicht. Wären

Sie dann bereit, auf 1 % Qualität zu verzichten, um 1 % mehr Zuverlässigkeit zu erreichen?

Dasjenige Kriterium, das den jeweiligen paarweisen Vergleich gewinnt, bekommt einen Gewichtungspunkt. Wenn Sie in einem Vergleich keinem Kriterium den Vorzug geben können, bekommen beide einen Punkt.

Nachdem Sie Zuverlässigkeit und Qualität miteinander verglichen haben, müssen Sie das erste Kriterium noch mit den anderen Kriterien Organisationsgrad, Mitarbeitermotivation und Kosten vergleichen. Damit haben Sie dann allerdings nur ein Kriterium mit allen anderen verglichen. Für einen vollständigen paarweisen Vergleich müssen Sie das Gleiche noch für alle anderen Kriterien tun.

Insbesondere wenn Sie mehr als nur fünf Entscheidungskriterien haben, brauchen Sie dafür ein Werkzeug. Dieses muss sicherstellen, dass Sie am Ende Ihrer Gewichtung tatsächlich jedes einzelne Entscheidungskriterium mit jedem anderen verglichen haben.

			Vergleichsfelder			
Entscheidungskriterium		**A**	**B**	**C**	**D**	**E**
A.	Zuverlässigkeit		A-B	A-C	A-D	A-E
B.	Qualität			B-C	B-D	B-E
C.	Organisationsgrad				C-D	C-E
D.	Mitarbeitermotivation					D-E
E.	Kosten					

Schema: Werkzeug für den paarweisen Vergleich

In der grafischen Darstellung habe ich die einzelnen Entscheidungskriterien mit den Buchstaben A bis E neu durchnummeriert. Auf der rechten Seite sind die Vergleichsfelder zu sehen. Für das bessere Verständnis sind in den einzelnen Feldern die miteinander zu vergleichenden Kriterienpaare dargestellt. Wenn in dem Beispiel alle zehn Vergleichsfelder ausgefüllt sind, haben Sie sichergestellt, dass der paarweise Vergleich erfolgreich abgeschlossen wurde. Nach jeder Bewertung tragen Sie den Buchstaben des jeweils von Ihnen bevorzugten Kriteriums in das Vergleichsfeld ein. Sollten Sie sich nicht entscheiden können, tragen Sie beide Buchstaben ein. Zum Abschluss zählen Sie, wie oft A, B, C, D und E gewonnen haben, dies ist dann die Gewichtung Ihrer Entscheidungskriterien.

Für unser Beispiel würde das Ergebnis vielleicht folgendermaßen aussehen:

			Vergleichsfelder				
Entscheidungskriterium		A	B	C	D	E	Gewichtung
A.	Zuverlässigkeit		A	A	A	A	4
B.	Qualität			B	B	B	2
C.	Organisationsgrad				C	C	1
D.	Mitarbeitermotivation					D	3
E.	Kosten						0

Ergebnis des paarweisen Vergleichs

Mit der Erarbeitung des Entscheidungsziels, des Entscheidungsauslösers und den gewichteten Entscheidungskriterien haben wir Entscheidungsklarheit geschaffen. Wir wissen jetzt sehr genau, welchen Bedarf wir haben.

3.2 Attraktive Entscheidungsalternativen

Es hilft uns nichts, genau zu wissen, was wir brauchen, wenn die zur Verfügung stehenden Alternativen es nicht hergeben. Allerdings sehen gute Entscheider es als Herausforderung an, die Lücke zwischen dem eigenen Bedarf und dem Angebot in Form von Entscheidungsalternativen zu schließen. Dazu gibt es zwei Mittel, die Sie nicht sonderlich überraschen werden:

1. Alternativen schaffen.
2. Bestehende Alternativen optimieren.

Ziel ist es, am Ende nur Entscheidungen über Alternativen zu treffen, die tatsächlich unseren Bedarf abdecken.

Da die passenden Alternativen selten vom Himmel fallen, lernen Sie im folgenden Abschnitt auch zwei sehr effektive Kreativmethoden kennen.

3.2.1 Attraktive Alternativen schaffen

Bei unseren Entscheidungen geht es entweder um ein zu lösendes Problem oder eine Chance, die wir nutzen wollen, damit wir unsere Ziele schneller erreichen.

Was davon auch zutrifft, geht es doch immer um eine Aufgabe, die wir lösen müssen.

Die Suche nach neuen Alternativen ist daher die Suche nach einer oder mehreren Lösungen zu unserer Aufgabe.

In dem Zusammenhang hat es sich bewährt, die eigene Problemlösungskompetenz mit einer Frage zu fokussieren. Ich nenne dies eine inspirierende Frage. Die Frage beginnt immer mit: „Wie schaffe ich es, dass …?“ oder „Wie erreiche ich, dass …?“ Sie können das auch gerne abändern. Am Ende muss sie es Ihnen ermöglichen, neue Alternativen zu schaffen. Für unser Beispiel wäre diese inspirierende Frage: „Wie erreiche ich es, dass meine Produkte rechtzeitig an meine Kunden ausgeliefert werden?“

Bevor wir uns damit beschäftigen, neue Entscheidungsalternativen zu erschaffen, werfen wir zunächst immer auch einen Blick auf die sogenannten Bestandsalternativen. Diese bestehen aus der Standardalternative, nichts zu verändern, und den Alternativen, die uns ohne große Kreativleistung einfallen. Für beinahe jedes Problem gibt es ja Standardlösungen, die jedes Unternehmen kennt. Manchmal liegen bereits Angebote vor, ohne dass wir einen Bedarf geäußert hätten. Diese zählen wir auch zu unseren Bestandsalternativen.

Naturgemäß kann die Anzahl der verfügbaren Alternativen sehr variieren. Das ist abhängig davon, ob Sie eine übliche Aufgabe lösen, wie den Transport Ihrer Waren von A nach B, oder ob Sie eine exotische Aufgabenstellung meistern, wie die Organisation einer viralen Marketingkampagne mit der Zielgruppe Manager.

Bezogen auf unser Beispiel, den Aufbau einer neuen Produktion, sehen die Bestandsalternativen wie folgt aus:

Bestandsalternativen

Standardalternative	**Übliche Lösungen**
Keine Produktion aufziehen.	Spezialisierter Projektentwickler A zieht die Produktion in unserem Auftrag hoch.
	Spezialisierter Projektentwickler B zieht die Produktion in unserem Auftrag hoch.

Im nächsten Schritt ermitteln wir die Bedarfslücke, die unsere Bestandsalternativen offenlassen. Es muss übrigens nicht sein, dass es eine Bedarfslücke gibt. In dem Fall können Sie Ihre Entscheidung auch sehr schnell treffen.

Wie ermitteln Sie die Bedarfslücke für Ihre Bestandsalternativen?

Für diese Aufgabe eignen sich die drei Kontrollelemente einer Entscheidung besonders gut. Denn sie bilden ja die Grundlage für Ihren Bedarf in jeder Entscheidungssituation.

Vielleicht fragen Sie sich, weshalb wir dabei nicht auf unsere Entscheidungskriterien zurückgreifen? Die Entscheidungskriterien dienen uns zum Entscheidungszeitpunkt, um die Alternativen zu bewerten. So weit sind wir allerdings noch nicht. In diesem Arbeitsschritt ist es das Ziel, eventuelle Bedarfslücken aufzuspüren, und dabei ist die hohe Detailauflösung der Kontrollelemente sehr wertvoll.

Damit wir in diesem Arbeitsschritt nicht in eine Bewertungsdiskussion kommen, treffen wir einfache Ja/Nein-Aussagen. Wenn ein Anbieter ein Ergebnis zu mindestens 70 % erfüllen kann, erhält er ein „Ja" von uns.

Da die unerwünschten Ergebnisse immer negativ formuliert sind, suchen wir vorher das positive Gegenstück.

Umformulierung der unerwünschten Ergebnisse

Unerwünschte Ergebnisse	**Positive Neuformulierung**
Budgetüberschreitung	Einhaltung Budgetrestriktion
Hohe Ausschussmengen	Geringer Ausschuss
Chaos	Gute Organisation

Mit der folgenden Checkliste stellt der Entscheider fest, inwiefern die beiden Bestandsalternativen die angestrebten Ergebnisse voraussichtlich erfüllen.

Bedarfslückenanalyse für die Bestandsalternativen

Ergebnisse	**Anbieter A**	**Anbieter B**
Produktionsanlauftermin	Ja	Nein
Hohe Qualität	Nein	Ja
Niedrige Kosten	Nein	Nein
Zuverlässigkeit	Ja	Ja
Unfallfreie Produktion	Ja	Ja
Hohe Mitarbeitermotivation	Ja	Ja
Einhaltung Budgetrestriktion	Nein	Ja
Geringer Ausschuss	Nein	Ja
Gute Organisation	Ja	Ja

In dem konkreten Fall ist Anbieter A zwar in der Lage, den Produktionsanlauftermin zu gewährleisten, konnte aber in der Vergangenheit bei den befragten Referenzen nicht dafür sorgen, dass der Produktionsanlauf in der nötigen Qualität erfolgt.

Anbieter B hingegen könnte zwar im Bereich Qualität das Geforderte leisten, aber ihm fehlen die Kapazitäten, den gewünschten Produktionsanlauftermin einzuhalten. Eine sinnvolle Alternative müsste beides leisten.

Uns fehlen also attraktive Alternativen, bei denen wir keine schmerzhaften Kompromisse eingehen müssen.

Wie kommen wir zu attraktiven Alternativen?

Entgegen landläufiger Meinung müssen Entscheider auch kreativ sein. Dazu stelle ich hier zwei sehr effektive Kreativitätsmethoden vor. Zum einen die Osbornmethode und zum anderen den morphologischen Kasten.

Bevor wir darin tiefer eintauchen, schauen wir uns zunächst sechs Blickwinkel zur Schaffung attraktiver Alternativen an. Von der Notwendigkeit, selbst auf gute Ideen zu kommen, befreit uns das nicht. Allerdings versichere ich Ihnen aus Erfahrung, die Ideen werden Ihnen wie von selbst zufliegen.

Blickwinkel 1: Am Ziel orientieren

Was können wir tun, um das Ziel einer modernen Zweitproduktion zu erreichen?

- Einen Projektmanager einstellen und mit eigenen Leuten die neue Produktion aufbauen.
- Einen Projektmanager als Berater engagieren und ihm eigene Leute beistellen, um die neue Produktion aufzubauen.
- Eine Produktion von einem anderen Unternehmen kaufen.
- Die Produkte von anderen Unternehmen in Lohnfertigung produzieren lassen.

Blickwinkel 2: Am Entscheidungsauslöser orientieren

Der Entscheidungsauslöser besteht in einem neuen Produkt, das sich wegen der hohen Auslastung nur schlecht über unsere bisherige Produktion herstellen lässt, und in Kundenaufträgen, die dafür bereits vorliegen.

Was können wir tun, um dem Entscheidungsauslöser gerecht zu werden?

- Die Kapazität der bestehenden Produktion ausbauen.
- Mit den Kunden über einen späteren Auslieferungstermin verhandeln.

Blickwinkel 3: An der inspirierenden Frage orientieren

Die inspirierende Frage lautet: „Wie erreiche ich es, dass meine Produkte rechtzeitig an meine Kunden ausgeliefert werden?“ Das könnte erreicht werden, indem

- … bei einer Umsetzung mit Anbieter B Sonderschichten gefahren werden, sobald die neue Produktion fehlerfrei läuft.
- … bei einer Umsetzung mit Anbieter B Kooperationspartner gewonnen werden, die zunächst die Produktion übernehmen.
- … mit einem Ingenieurteam Reserven in der bestehenden Produktion gehoben werden und so die neuen Produkte zum Teil in der alten Produktion hergestellt werden können.

Blickwinkel 4: An den Bestandsalternativen orientieren

Jede Alternative lässt sich durch ihre Merkmale beschreiben. Ganz unabhängig von der Zielsetzung und dem Entscheidungsauslöser gilt es, andere Alternativen zu finden, die Merkmale der Bestandsalternativen auf sich vereinen und zugleich unsere Anforderungen voll erfüllen.

Merkmale für Alternative A

Zeit	9 Monate
Kosten	2,5 Mio. Euro
Anlaufqualität	Keine 6-Sigma-Qualität
Personen	Projektleiter, 6 Fachleute
Material	...
Organisation	Projektorganisation auf Zeit
Know-how	Das Wissen, wie eine Produktion funktioniert und wie sie rationell aufgebaut werden muss
Gegenstand	Aufbau einer neuen Produktion
Kunden	Zahlreiche große nationale und internationale Kunden

Das Profil aus Merkmalen führt schließlich zu einer neuen Alternative: Anfrage bei den großen internationalen Unternehmensberatungen (McKinsey, Boston Consulting ...). Mit diesen müsste sich das Projekt auch umsetzen lassen.

Blickwinkel 5: An den Kontrollelementen orientieren

Unsere drei Kontrollelemente dienen der Ausgestaltung unserer Zielsetzung. Allerdings stellen Sie auch die Anforderungen dar, die wir an eine gute Alternative stellen. Für die Schöpfung neuer Alternativen vergessen wir zunächst die Zielsetzung und überlegen uns, welche Möglichkeiten es gibt, alleine diese Anforderungen zu erfüllen.

Anforderungen aus den Kontrollelementen

Produktionsanlauftermin	In 9 Monaten.
Hohe Qualität	6 Sigma bereits bei Produktionsanlauf.
Niedrige Kosten	Wir wollen nicht mehr für den Aufbau der Produktion zahlen, als unbedingt nötig.
Zuverlässigkeit	Ein Projektplan ist dazu da, eingehalten zu werden.
Unfallfreie Produktion	Alle Prozesse in der zukünftigen Produktion müssen so organisiert sein, dass unsere wertvollen Mitarbeiter sicher arbeiten können.
Hohe Mitarbeitermotivation	Die Produktionsprozesse müssen so angelegt sein, dass die Mitarbeiter sich weder unter- noch überfordert fühlen.
Einhaltung Budgetrestriktion	Das Budget wurde so berechnet, dass die Investition einen vernünftigen ROI abwirft. Davon wollen wir nicht abweichen.
Geringer Ausschuss	Ausschuss ist die kostspieligste Produktion. Zum einen wird Wertschöpfung vernichtet, zum anderen geht wertvolle Zeit verloren. Der Ausschuss muss daher auf dem niedrigen Niveau der bestehenden Produktion sein.
Gute Organisation	Gute Organisation bedeutet, jederzeit zu wissen, was gerade abläuft, und jederzeit eingreifen zu können.

Eine passende Alternative: Wir organisieren ein Team von fähigen Ingenieuren unter einem herausragenden Projektleiter. In der Folge wird das ganze Projekt mit der Hilfe eigener Leute umgesetzt.

Blickwinkel 6: An brancheninternen und -externen Vorbildern orientieren

Mit Vorbildern sind hier nicht Einzelpersonen gemeint wie die Orientierung an Bill Gates als erfolgreichen Unternehmer. Die meisten Aufgabenstellungen haben andere Unternehmen in unserer Branche auch schon einmal lösen müssen. An diesem Beispiel wollen wir uns orientieren. Interessanterweise sind viele Konkurrenten sehr auskunftsfreudig, wie sie Problemstellungen bewältigt haben. Das gilt insbesondere bei großen Erfolgen. Vielleicht kann der Anruf bei dem Geschäftsführer des schärfsten Konkurrenten zu einer weiteren Alternative führen?

Manche Branchen sind allerdings nicht so gerne bereit, ihre Erfolgsgeheimnisse in die Welt zu tragen. Zudem kann es sein, dass Sie viel höhere Standards haben als Ihre Wettbewerber. Dann können Sie von diesen nicht viel lernen.

So hat das auch Jack Welch gesehen, als er einige seiner General-Electric-Manager zu einem Informationsaustausch mit Wal-Mart schickte. Beide sehen sich als Marktführer in ihrer Branche, gleichzeitig gibt es viele Konzepte, die sich übertragen lassen. So hat General Electric wertvolle Ideen für die Organisation seiner Logistik aus der Wal-Mart-Besichtigung gewonnen.

Zwei Kreativitätsmethoden: Osbornmethode und morphologischer Kasten

Die beiden Methoden, die ich Ihnen hier vorstelle, setzen darauf, dass es bereits einige grundsätzliche Lösungsansätze gibt, mit denen wir arbeiten können.

Wenn allerdings noch keine Lösung vorliegt, ist das gute alte Brainstorming am besten geeignet, für passende Ansätze zu sorgen. Darauf können Sie dann mit den hier beschriebenen Methoden aufbauen.

Ich denke mir, dass Brainstorming inzwischen zum Alltag in den meisten Firmen zählt, sodass ich auf diese Methode hier nicht weiter eingehen werde.

Die Osbornmethode wurde bereits in den 50er-Jahren von dem Marketingexperten Alexander Osborn entwickelt und ist heute so aktuell wie damals.

Osborn hatte eine Reihe von Fragen zusammengestellt, die sowohl einzeln wie auch in Reihe gestellt zu bemerkenswerten Ideen führen. Wie beim Brainstorming werden die Ideen zunächst kritiklos akzeptiert und erst später die brauchbaren von den unbrauchbaren Ideen getrennt.

1. *Verwendung.* Wofür kann ich es noch einsetzen? Bezogen auf das Beispiel ist die Frage zunächst merkwürdig. Einfacher wird es, wenn ich die Frage umformuliere: Was kann ich noch verwenden, um das gewünschte Ergebnis zu erzielen? Das bringt uns auf die Idee, einen anderen Produzenten mit bereits laufender Produktion für uns einzuspannen.

2. *Kombinieren.* Womit kann ich es kombinieren? Eine Möglichkeit der Kombination ist, Anbieter A und Anbieter B zur Zusammenarbeit zu bewegen. Anbieter B ist für die Qualität zuständig, während Anbieter A seine Mitarbeiter als Projektressourcen zur Verfügung stellt.

3. *Anpassen.* Wie kann ich es anpassen, woran kann ich es anpassen? Wir könnten beispielsweise unser Unternehmen anpassen, indem wir einen Projektentwickler einstellen und den Aufbau der neuen Produktion mit unseren eigenen erfahrenen Leuten bewerkstelligen.

4. *Vergrößern oder etwas hinzufügen.* Was könnte in diesem Fall größer oder schwerer gemacht werden, was hinzugefügt werden? Wir könnten Anbieter A einen Qualitätsspezialisten beistellen, der dafür sorgt, dass die Qualität gleich beim Produktionsanlauf stimmt.

5. *Verändern.* Was lässt sich verändern? Wir könnten einen anderen Projektentwickler finden.
6. *Verkleinern oder etwas weglassen.* Könnte die Produktion in einem kleineren Maßstab aufgesetzt werden und somit Anbieter B doch rechtzeitig fertig werden?
7. *Umgruppieren oder neu anordnen.* Könnte man etwas an der Reihenfolge ändern? Unsere Produktion könnte vor einem Auftrag fertig sein, wenn wir die bereits bestehende Produktion eines Wettbewerbers aufkauften.
8. *Umkehren.* Kann etwas umgekehrt gesehen werden oder umgedreht werden? Finden wir jemanden, der uns dafür bezahlt, dass wir seine Produktion übernehmen? Das könnte z. B. dann der Fall sein, wenn einer unserer Kunden einen Teil seiner eigenen Produktion outsourcen möchte.
9. *Ersetzen.* Kann etwas ersetzt werden? Wir könnten für die Zeit, in der unsere neue Produktion nicht zur Verfügung steht, die Produkte eines anderen Anbieters kaufen und mit unserem Markenlogo versehen.

Die Osbornmethode ist ähnlich angelegt wie meine sechs Fragen zur Schaffung attraktiver Alternativen. Sie betrachtet die Alternativen wie Knetmasse, an der alles verändert werden kann. Daher liefert sie sehr viele Ideen.

Der morphologische Kasten

Der morphologische Kasten geht auf den Schweizer Physiker Fritz Zwicky zurück. Ziel ist es, mittels einer mehrdimensionalen Matrix möglichst viele Lösungsalternativen zu schaffen.

Jede Lösung wird durch bestimmte Merkmale gekennzeichnet. Verändert man eines dieser Merkmale, verändert sich auch die Lösung.

Angenommen Ihr Unternehmen produziert Vasen. Dann könnten die Merkmale für eine Vase sein: Form, Farbe, Material, Höhe, Breite. Diese Merkmale können alle unabhängig voneinander verändert werden. Dadurch ergibt sich eine schier unendliche Anzahl von Alternativen.

Im ersten Schritt definieren Sie die Merkmale, die Ihre Lösung beschreiben. Dabei müssen Sie darauf achten, dass die Merkmale unabhängig voneinander sind. So wäre das Merkmal „Gewicht" einer Vase direkt vom verwendeten Material abhängig. In unserem Beispiel haben wir bereits fünf Merkmale definiert. Sie sollten darauf achten, dass es nicht zu viele werden, da sonst der Blick für spannende Alternativen verstellt wird.

Im zweiten Schritt erstellen Sie eine Tabelle, bei der im Tabellenkopf Ihre Merkmale stehen und in den Zeilen darunter die jeweiligen Ausprägungen davon.

Beispiel eines morphologischen Kastens für eine Vase

Form	**Farbe**	**Material**	**Dekor**	**Höhe**
Chaotisch	Rot	Stein	Ohne	5 cm
Würfel	Blau	Kunststoff	Blumen	15 cm
Kugel	Transparent	Glas	Foto	30 cm
Zylinder	Weiß	Metall	Parsley	45 cm
Pyramide	Schwarz	Ton	Orient	100 cm

Im dritten Schritt suchen Sie Kombinationen, die Sie noch nie als Produkt im Programm hatten, heraus.

Rein theoretisch könnten Sie jede mögliche Kombination dieser Merkmale als Lösungen untersuchen. Nur allein mit dieser kleinen Matrix kommen Sie auf die stattliche Anzahl von 3 125 potenziellen Alternativen. Wenn Sie lediglich eine Ausprägung pro Merkmal mehr haben, also eine Zeile mehr, summiert sich das schon auf 7 776 potenzielle Alternativen!

Daher sollten wir selektiv vorgehen und möglichst Kombinationen wählen, auf die wir durch normales Nachdenken nicht gekommen wären.

Eine mögliche neue Alternative könnte eine Vase in der Form eines Zylinders mit fünf Zentimeter Durchmesser sein, die aus einem transparenten Kunststoff besteht und im Print-on-Demand-Verfahren mit den Lieblingsfotos der Kunden bedruckt wird.

Im letzten Schritt erfolgt die Auswahl bedarfsorientierter Alternativen. Dafür eignen sich wieder unsere drei Kontrollelemente, wie bereits bei der Analyse der Bedarfslücken der Bestandsalternativen dargestellt.

Dieser Abschnitt sollte Ihnen aufgezeigt haben, dass es viele Möglichkeiten gibt, neue Alternativen für Ihre Entscheidungen zu schaffen. Aber selbst damit sollten wir uns noch nicht zufriedengeben. Denn eine Braut macht man ja auch für den großen Tag schön. Genauso machen wir das mit unseren potenziellen Alternativen für die Entscheidung.

3.2.2 Alternativen optimieren

Angenommen, Sie haben jetzt tatsächlich einige Alternativen, die sich für Ihr Unternehmen unter Umständen positiv auswirken können. Dann reicht das natürlich nicht. Bedenken Sie, Alternativen sind eigentlich Lösungsvorschläge. Wenn mir jemand einen Lösungsvorschlag macht, dann diskutiere ich ihn! Ich stelle fest, was gut daran für mich ist und was mir noch nicht so passt.

Grundlage für diese Betrachtung sind wieder die drei Kontrollelemente, die wir im Verlauf des Entscheidungsprozesses entwickelt haben. Auf deren Ergebnisse, die ja Merkmale potenzieller Alternativen sein sollten, bauen wir jetzt auf.

Bevor ich mit der Diskussion über Merkmale von Alternativen beginne, stelle ich erst einmal fest, ob das betrachtete Merkmal flexibel oder statisch ist.

Gibt es physische Gründe, die eine Flexibilität in diesem Merkmal verhindern?

Wenn Sie ein Haus kaufen möchten, ist das Haus, das nach einem Architektenentwurf gebaut werden soll, im Merkmal „Standort“ flexibel, ein bereits gebautes Haus ist dagegen immobil. Beide sind im Merkmal „Preis“ flexibel.

Gibt es psychologische Gründe, die eine Flexibilität in diesem Merkmal verhindern?

Die erste Person, die sich hier an die Nase fassen muss, ist der Entscheider. Viel zu häufig erlebe ich, dass der Entscheider tief und fest davon überzeugt ist, es mache keinen Sinn, mit dem Verkäufer der Firma X zu sprechen. Der könne an seinem Angebot nichts ändern.

Im Regelfall hat der Entscheider damit recht, denn für ihn macht es mit dieser Überzeugung tatsächlich keinen Sinn, ein Gespräch mit dem Verkäufer zu führen. Das kann dann nur noch ein anderer tun, der ihm das Gegenteil beweist.

Die nächste Person, die einer Flexibilität in dem Merkmal entgegenstehen könnte, ist natürlich derjenige, der den Lösungsvorschlag gemacht hat. Stammt sie aus dem eigenen Betrieb, ist Überzeugungsarbeit gefragt. Handelt es sich um einen Unternehmensexternen, kann es auch schon einmal sein, dass er sich nicht überzeugen lassen will.

Vielleicht werden Sie jetzt sagen, dass das alles ein alter Hut ist und Sie natürlich immer über den Preis verhandeln.

Bedenken Sie, der Preis ist eine Größe, die lediglich zum Einkaufszeitpunkt eine Rolle spielt. Zwar geht dieser über Abschreibungen in die langfristige Erfolgsrechnung ein, wenn die Alternative aber konstant Probleme verursacht, weil alle anderen Merkmale nur schlecht ins Unternehmen passen, dann entstehen auf Dauer viel größere Probleme als nur erhöhte Kosten!

Eine böse Alternative

Wie das aussehen kann, beobachten wir täglich: Ein Unternehmen kauft eine Mittelstandssoftware. Die Einführung verläuft sehr holprig und der operative Betrieb stellt sich am Ende als unmöglich heraus. Ausschlaggebend war wie so häufig der Preis! Heute sitzt das Unternehmen auf den Kosten für Software und versuchte Einführung, hat aber keinerlei Nutzen davon.

Wie gehen wir also vor?

Im ersten Schritt stellen wir unsere drei Kontrollelemente der jeweiligen Alternative gegenüber.

Optimierung von Alternative B

Kontrollelemente	**Alternative B**	**Optimierung**
Produktionsanlauftermin	Der Anbieter hat nicht genügend Ressourcen, um den Termin zusagen zu können.	Zusätzliche freie Berater engagieren. Eventuelle Kooperation mit Anbieter A.
Hohe Qualität	Der Anbieter hat den Ruf, dass seine Produktionsanläufe immer gelingen.	Zusätzlich eigene Qualitätsfachleute beistellen.
Niedrige Kosten	Der Anbieter weiß, was er wert ist. Die Kosten bewegen sich über dem oberen Limit.	Gemeinsam mit dem Anbieter überlegen, wie durch Eigenleistungen Kosten eingespart werden können.
Zuverlässigkeit	Nach allen Aussagen hält der Anbieter seine Zusagen ein.	Vertragsstrafen für Unzuverlässigkeit vereinbaren.
Unfallfreie Produktion	Der Anbieter arbeitet mit den	Keine Optimierung.

Kontrollelemente	Alternative B	Optimierung
	renommiertesten Spezialisten für betriebliche Unfälle zusammen.	
Hohe Mitarbeitermotivation	Wir nehmen an, dass ein reibungsloser Start die Mitarbeiter motiviert.	Bei der Planung des Projekts wird jeder Mitarbeiter für seinen Arbeitsplatz einbezogen und seine Wünsche werden berücksichtigt.
Gute Organisation	Anbieter ist sehr gut organisiert.	Keine Optimierung.

Der Punkt „Einhaltung Budgetrestriktion" fällt in diesem Fall heraus, da wir bereits den Punkt „Niedrige Kosten" optimiert haben.

In dieser Weise bearbeiten wir alle zur Verfügung stehenden Alternativen. Erst nach der Optimierung sind sie theoretisch reif für eine Entscheidung.

Allerdings gehört zu einer Entscheidung auch immer die Durchführung. Ansonsten ist Ihre Entscheidung nur ein Gedankenspiel.

3.3 Sicherung der größtmöglichen Unterstützung für die Umsetzung

Mit der Vorbereitung unserer Entscheidung sind wir inzwischen sehr weit gekommen. Nicht nur, dass wir unsere unternehmerische Vision erarbeiten konnten, wir kennen auch unser Ziel sowie den Entscheidungsauslöser und haben uns mittels einer inspirierenden Frage fokussiert. Mithilfe unserer drei Kontrollelemente konnten wir auch problemlos unsere Entscheidungskriterien bestimmen.

Für deren Gewichtung haben wir mehrere Verfahren kennengelernt und angewendet. Somit sind wir jetzt entscheidungsklar. Damit nicht genug, haben wir doch mit der Hilfe von sechs neuen Blickwinkeln zahlreiche neue Alternativen geschaffen und zwei sehr effektive Kreativmethoden kennengelernt. Damit bleibt nur noch die Umsetzung unserer Entscheidung.

Müssen wir dafür nicht erst eine Entscheidung getroffen haben? Das fragen sich viele Entscheider, die es gewohnt sind, gegen Windmühlen zu laufen. Da ich das nicht zu meinen Lieblingsbeschäftigungen zähle, schlage ich eine andere Reihenfolge vor.

Erst die Unterstützung sichern und dann entscheiden

Der Hauptgrund, warum Entscheidungen nicht plangemäß umgesetzt werden können, sind die Menschen, die durch sie betroffen sind. Wer kennt das nicht: Der Chef gibt eine unpopuläre Maßnahme wie die Kürzung des Weihnachtsgelds bekannt und prompt gehen bei den meisten Mitarbeitern die kleinen Stoppschilder in die Höhe und sie arbeiten nur noch mit halber Kraft. Was als Entlastung für eine finanziell enge Situation gedacht war, führt am Ende zu einem noch schlechteren Geschäftsverlauf und in seiner Folge zu Entlassungen. Was ist da falsch gelaufen? Ganz allgemein gilt:

Wir machen Betroffene zu Beteiligten!

Die Mitarbeiter in der konkreten Situation sind von der Entscheidung des Chefs negativ betroffen. Sie können nichts dagegen tun, fühlen sich vielleicht unfair behandelt und beantworten das Ganze mit geringer Arbeitsmotivation.

Wie hätte der Chef handeln können?

Er hätte vor seine Mitarbeiter treten und klarmachen können, dass er sein Team für ideal besetzt hält. Die Situation sei, wie jeder weiß, derzeit schlecht und es fehle an Liquidität. Da er das Team gerne zusammenhalten möchte, würde er, das Einverständnis der Mehrheit vorausgesetzt, lieber das Weihnachtsgeld für alle kürzen, um die Entlassung einiger Kollegen zu verhindern. Natürlich stimmt keiner dagegen.

Durch diese Rede macht er seine Mitarbeiter zu Beteiligten. Denn sie haben zumindest innerlich die Wahl zwischen Entlassung oder Kürzung des Weihnachtsgelds. Sie verstehen die Beweggründe und werden gleichzeitig aufgewertet als unverzichtbares Teammitglied.

Die Erfahrung lehrt, dass es sehr viel einfacher ist, von einer Entscheidung potenziell Betroffene im Vorfeld für die Sache zu gewinnen, als wenn die Entscheidung bereits gefallen ist. Ich vermute, es liegt daran, dass zu diesem Zeitpunkt noch kein Gegensatz zwischen Entscheider und Betroffenen entstanden ist und wir gemeinsame Interessen so leichter entdecken.

Woher nehmen wir die Grundlage für gemeinsame Interessen?

Stellen Sie sich vor, Sie gehen zu einem halbwegs fremden Menschen in Ihrer Umgebung und fragen ihn: „Würden Sie mich dabei unterstützen, einen Berg Geld zu verdienen? Ich werde Sie auch dafür in meine Gebete einschließen."

Was glauben Sie, wird der Ihnen antworten? Ich gebe zu, das Ansinnen ist so ungewöhnlich, dass die Reaktion des anderen nicht ganz vorhersagbar ist.

Angenommen, Sie stellen Ihre Frage so: „Ich möchte Sie gerne für meine Sache gewinnen, denn ich brauche Sie. Ich habe einen Traum: Ich will dafür sorgen, dass jeder Mensch die Möglichkeit bekommt, fortan gute Entscheidungen zu treffen. In den nächsten Monaten können wir zusammen mit mehr als 100 Unterstützern einen ersten Schritt dazu leisten. Ich kann Ihnen garantieren, dass Ihr Nutzen dabei besonders groß ist. Sind Sie dabei?"

Was glauben Sie, wie jetzt Ihre Erfolgschance aussieht?

Was im ersten Fall fehlte, sind die große Vision und das Versprechen, dafür zu sorgen, dass Ihre Unterstützer auch etwas von ihrem Engagement haben. Es ist natürlich noch viel effektiver, wenn Sie wissen, welche Interessen und welchen Bedarf Ihr Gesprächspartner hat. Denn dann können Sie herausstellen, wie er dank seiner Beteiligung den Bedarf decken kann oder zumindest seine Interessen wahrt.

Sehr wichtig: Die Vision, die Sie vermitteln, muss für Ihren Gesprächspartner zustimmungsfähig sein.

Und da sind wir schon wieder bei der Vision, die wir anfangs des Kapitels erarbeitet haben.

Ihre unternehmerische Vision wird Ihnen helfen, sich die notwendige Unterstützung für die Umsetzung Ihrer Entscheidungen zu sichern.

Ich kann potenziell Betroffene nur zur Beteiligten machen, wenn ich gemeinsame Interessen finden kann. In einer höchst individualisierten Gesellschaft ist das sehr schwer. Denn was der eine gut findet, ist für den anderen inakzeptabel.

Es gibt aber eine Lücke im Panzer des Individualismus. Die meisten Menschen haben keine eigene Vision oder sie haben nur eine Karikatur davon in Form von Wünschen, die ihnen durch die Medien oktroyiert wurden.

In jedem Menschen ist der Wunsch da, etwas Großes zu leisten. Größe ist immer relativ, es geht dabei nicht um so etwas wie Weltfrieden. Vielmehr ist es praktisch, in Ermangelung einer eigenen Vision, sich der eines anderen anzuschließen, solange es den eigenen Interessen dient.

Wenn Sie die Flamme Ihrer eigenen Vision in sich tragen, denn werden Sie auch andere dafür entzünden können. Denn auf dieser Basis finden Sie immer ausreichend gemeinsame Interessen, um sich genügend Unterstützung zu sichern.

Wie finde ich heraus, wer ein potenziell Betroffener ist?

Es ist ausgesprochen selten, dass die Realisierung eines Zieles Betroffenheit auslöst. Wer ist betroffen, wenn die Rendite steigt? Wer ist betroffen, wenn das Unternehmen gerettet wird? Allerdings säumt so manchen Weg zum Ziel ein ganzer Berg von Betroffenen. Wenn wir wissen wollen, mit wem wir vor unserer Entscheidung sprechen müssen, dann brauchen wir für jede betrachtete Alternative einen Umsetzungsplan.

Denn der Umsetzungsplan gibt in Form von Maßnahmen den Weg an, den wir zum Ziel einschlagen werden. Für jede Maßnahme lässt sich relativ leicht ermitteln, wer ein Betroffener sein könnte.

Vielleicht fragen Sie sich jetzt, ob es nicht sehr aufwendig ist, bereits vor der Entscheidung für jede Alternative einen Umsetzungsplan zu erstellen.

Nur was nutzt es, wenn wir uns jede nur erdenkliche Mühe geben, unseren eigenen Bedarf zu ermitteln und attraktive Alternativen zu entwickeln, wenn wir unsere Entscheidung nicht umsetzen können? Die Umsetzbarkeit einer Alternative ist ein wichtiges Entscheidungskriterium, das bei keiner Entscheidung fehlen sollte. Wenn Sie Ihr Unternehmen aus einer Krise retten wollen, müssen Sie schnell handeln können. Da ist es nicht sinnvoll, erst nach einer Entscheidung zu merken, dass es nicht funktioniert, und wieder zurück auf „Los“ zu gehen.

Wie so ein Umsetzungsplan erstellt wird, sehen wir im Folgenden exemplarisch und natürlich verkürzt anhand des Aufbaus einer neuen Produktion. Wir schauen uns dabei die Alternative an, bei der ein externer Projektentwickler mit unseren Mitarbeitern die neue Produktion aufbaut.

Schritt 1 für jeden Umsetzungsplan: Der Ausgangspunkt

Jeder Umsetzungsplan beginnt mit dem Ausgangspunkt. Unser Beispielunternehmen hat mehr Aufträge, als es mit seiner jetzigen Produktionskapazität bewältigen kann. Derzeit arbeitet die Produktion in einem Dreischichtsystem. Zudem gibt es ein neues Produkt, das mit den bisherigen Prozessen nicht effizient zu produzieren ist. Wir können für eine neue Produktion eine Finanzierung mit Eigen- und Fremdmitteln in Höhe von sechs Millionen Euro zur Verfügung stellen.

Schritt 2 für den Umsetzungsplan: Das Ziel

Das Ziel ist es, am Ende zwei parallel arbeitende Produktionen zu haben. Wir wollen trotz des Ausbaus der Produktionskapazitäten die Mitarbeiterstärke nahezu konstant halten. Dazu entlasten wir die heute an der Kapazitätsgrenze arbeitende Produktion mittels der hohen Automatisierung des neuen Betriebes. Dabei bleibt genügend Luft in Form von Restkapazität, dass die zukünftige Entwicklung des Unternehmens nicht mehr gebremst wird. Das Unternehmen wird dann im Einschichtsystem arbeiten. Alle Ausprägungen unseres Ziels in Form der drei Kontrollelemente werden voll erfüllt. In der untersuchten Alternative belaufen sich die Kosten voraussichtlich auf fünf Millionen Euro.

Schritt 3 für den Umsetzungsplan: Das Delta

Der größte Unterschied zwischen dem Ausgangspunkt und dem Zielpunkt liegt in den neuen Maschinen und dem neuen Gebäude, das sie beherbergt. Ein ebenfalls großer Unterschied ist die Abkehr vom Dreischichtsystem.

Dem Unternehmen stehen weniger liquide Mittel zur Verfügung und die Kosten für Fremdmittel haben sich erhöht.

Schritt 4 für den Umsetzungsplan: Die Ausgestaltung

- Jeder Mitarbeiter soll an der Planung seines späteren Arbeitsplatzes beteiligt sein und seinen Input geben.
- Sobald die neuen Anlagen geliefert werden, soll er vor Ort bei der Koordination helfen.
- Die Projektleitung hat ein erfahrener Projektentwickler. Für die Zeit des Projekts hat er die fachliche Weisungsbefugnis über die ihm zur Verfügung gestellten Mitarbeiter.
- Durch die zusätzlichen Aufgaben fehlen die Mitarbeiter in der Produktion.
- Die neuen Anlagen werden mithilfe eines Ingenieurteams vom Hersteller vor Ort installiert.
- Für den Transport der Anlagen ist der Hersteller verantwortlich.
- Unser Qualitätsingenieur sorgt für den Produktionsanlauf ohne Qualitätsverlust.

Schritt 5 für den Umsetzungsplan: Die Maßnahmen

- Vertrag mit dem Projektentwickler abschließen.
- Vertrag mit dem Anlagenbauer abschließen.
- Ausführliche Projekteinführung für alle Beteiligten.
- Mitarbeiter über eine Zeitarbeitsfirma mieten, um Ausfälle in der laufenden Produktion zu vermeiden.
- Mitarbeiter aus der Produktion lösen und dem Projektentwickler unterstellen.
- Dreischichtsystem auf Einschichtsystem umstellen.
- …

Schritt 6 für den Umsetzungsplan: Die Betroffenen

Wer ist von diesen Maßnahmen betroffen? Der hier dargestellte Umsetzungsplan ist natürlich stark verkürzt, trotzdem gibt es einige Wegpunkte, an denen Betroffene entstehen.

Zunächst ist es für alle Mitarbeiter seltsam, dass unter den

Stressbedingungen der ausgelasteten Kapazität bewährte Mitarbeiter durch Zeitarbeitskräfte ersetzt werden. Die Verbliebenen müssen nicht nur härter arbeiten, sie müssen auch die „Neuen“ einlernen.

Die anderen Mitarbeiter, die aus der Produktion gelöst werden sollen, wollen sich vielleicht gar nicht an dem Projekt beteiligen und fühlen sich an ihrem bisherigen Arbeitsplatz wohler. Zudem sind sie dem fremden Projektleiter unterstellt, was für zusätzlichen Unmut sorgen kann.

Der starke Einbezug der Produktionsmitarbeiter bei der Gestaltung ihres zukünftigen Arbeitsplatzes könnte den Eindruck erwecken, die Firmenleitung hat sich die Fachleute gespart und weiß nicht so recht, was sie tut.

Zudem sind alle Mitarbeiter von der Umstellung auf das Einschichtsystem betroffen. Denn viele rechnen mit den Schichtzulagen, die zukünftig entfallen werden.

Betroffene zu Beteiligten machen

Wir haben jetzt die Information, wer potenziell durch die Maßnahmen im Rahmen der Realisierung der Alternativen betroffen wäre. Der nächste Schritt ist daher für den Entscheider, Gespräche mit den Betroffenen zu führen. Wie wir gesehen haben, müssen viele Aspekte lediglich richtig erklärt werden und der Grad der Betroffenheit schwindet. Das ist einfacher, solange die Entscheidung noch nicht feststeht. Die Erklärungen haben so mehr Glaubwürdigkeit. Oft werden nachgereichte Erklärungen eher als Rechtfertigung des Entscheiders aufgefasst, der dem Betroffenen die Sache schönreden will.

Mit den richtigen Betroffenen reden

Häufig gibt es mehr Betroffene, als wir ökonomisch sinnvoll Gespräche führen können. Es ist dann wichtig, mit den richtigen Personen zu sprechen. In jeder Gruppe gibt es Meinungsbildner und Mitläufer. Erstere sind nicht nur diejenigen, die ihre Botschaft weitertragen. Sie sind auch verlässliche Gesprächspartner, weil sie weniger beeinflussbar sind als die typischen Mitläufer.

Nach jedem Gespräch ist es wichtig, dass der Entscheider sich die sichtbare Unterstützung seines oder seiner Gesprächspartner für den Fall abholt, dass er die geprüfte Alternative umsetzt.

Das kann in Form eines gemeinsamen „Wir machen das!“ oder durch Handschlag besiegelt werden. Wichtig ist nur, dass der Betroffene offen gegenüber dem Entscheider seine Unterstützung erklärt.

Was ist, wenn die Betroffenen die Alternative nicht unterstützen wollen?

Ein indianisches Sprichwort sagt: „Wenn dein Pferd tot ist, steig ab!“ So würde ich es auch mit meinen Gesprächen mit den Betroffenen halten. Es gibt einen Punkt, ab dem klar ist, dass ich für mein Anliegen keine Unterstützung bekomme. Das heißt dann nicht, dass ich die Alternative verwerfen muss. Nur ist mir dann klar, dass ihre Umsetzung wahrscheinlich nicht so reibungslos wie bei einer anderen Alternative funktioniert.

Trotz allem sind Sie der Entscheider. Wenn Sie der Meinung sind, dass die umstrittene Alternative einfach die bessere ist, dann werden Sie sich trotz aller Widerstände dafür entscheiden. Dies aber dann im vollen Bewusstsein, einen schweren Weg einzuschlagen.

3.4 Zusammenfassung

In diesem Kapitel haben wir uns die drei Hauptzutaten für eine gute Entscheidung erarbeitet:

1. Entscheidungsklarheit,
2. attraktive Alternativen,
3. die größtmögliche Unterstützung für die Umsetzung.

Diese Zutaten können Sie in jede Entscheidungsmethode problemlos integrieren. Im 5. Kapitel werde ich mit Ihnen eine Methode erarbeiten, die es uns ermöglicht, unter Vermeidung von Entscheidungsfallen großartige Entscheidungen zu treffen.

4 15 Entscheidungsfallen

Wenn ich in diesem Buch von Entscheidungsfallen schreibe, dann meine ich damit keine von anderen Menschen bösartig in die Welt gesetzten Konstruktionen. Vielmehr ist mir in meiner täglichen Arbeit aufgefallen, dass bestimmte Entscheidungsfehler von denselben Personen gerne wiederholt werden. Darauf angesprochen, haben viele in ihrem Entscheidungsverhalten keinen Fehler erkennen können.

Selbst ein gestandener Unternehmensberater war beispielsweise steif und fest der Meinung, dass er sich zuerst die Alternativen ansehen sollte, bevor er den eigenen Bedarf bestimmen kann. Später werden wir sehen, dass sich dahinter die Angebotsfalle versteckt, die viele geschickte Verkäufer zu ihren Gunsten ausnutzen.

Entscheidungsfallen sind also Entscheidungsfehler, die von den Entscheidern nicht als solche erkannt werden. Daher machen sie diese immer wieder.

Keine dieser Fallen ist besonders komplex. Im Gegenteil dürfte die eine oder andere Falle geradezu banal erscheinen. Dies scheint aber gerade die Gefahr zu sein. Weil hier viele Gewohnheiten teilweise aus unserer Erziehung einfließen, stellen wir diese als gestandene Entscheider häufig nicht infrage.

Diese Entscheidungsfallen wirken sich auf alle Bereiche des Entscheidens aus. Sei es, dass der Entscheider nicht mehr seinen eigenen Bedarf in der Entscheidungssituation bestimmen kann, sei es, dass er zu keinen guten Alternativen findet.

Weil er aber keine Möglichkeit hat, seinen Fehler zu erkennen, wundert sich unser Entscheider am Ende nur, wie wenig er aus seinen unternehmerischen Chancen machen konnte.

4.1 Vorteil-Nachteil-Falle

Wie Sie gleich sehen werden, ist die Vorteil-Nachteil-Falle eher eine Sammlung verschiedener Entscheidungsfallen. Da die dahinter liegende Vorgehensweise gerne empfohlen wird und sie daher häufig in der Praxis anzutreffen ist, führe ich sie hier als Entscheidungsfalle.

Geht es Ihnen auch so? Als ich noch in die Schule ging, habe ich gelernt, bei wichtigen Entscheidungen alle Vor- und Nachteile aufzuzählen. Das habe ich gerne und ausdauernd getan. Leider habe ich selten schlechtere Entscheidungen getroffen!

Denn diese Methode beinhaltet drei nicht zu unterschätzende Fehler und obendrein einen Konstruktionsmangel.

4.1.1 Die Vorteil-Nachteil-Falle in der Praxis

Ein gutes Beispiel dafür ist Unternehmer Friedrich Beck. Er hat eine Großbäckerei in einer Stadt mit ca. 50 000 Einwohnern. Sein Geschäft läuft sehr gut und er beliefert sowohl die Ketten als auch selbstständige Bäckereien mit Teigrohlingen aus seiner Fertigung.

Die benachbarte Kreisstadt mit ca. 70 000 Einwohnern wird weitestgehend von einem maroden Konkurrenzunternehmen beliefert. Dieses steht jetzt zum Verkauf, da der Unternehmer verstorben ist und es keinen Nachfolger oder Erben gibt. Die Gläubigerbank möchte das Unternehmen verkaufen, um nicht auf ihren Krediten sitzen zu bleiben. Der Preis ist daher nicht besonders hoch, aber auch kein Schnäppchen, denn die Großbäckerei wurde jahrelang vernachlässigt.

Bisher hat Unternehmer Beck in der benachbarten Stadt lediglich einen Marktanteil von ca. 10 % nach einem starken Wachstum in den letzten drei Quartalen.

Beck hat jetzt die Wahl zwischen drei Alternativen.

Alternative 1: Er kauft den maroden Konkurrenten und betreibt sein Unternehmen zukünftig von zwei Standorten.

Alternative 2: Er expandiert mit einer großen Vertriebsoffensive aus dem eigenen Unternehmen heraus, solange die Konkurrenz noch schwach ist.

Alternative 3: Er reagiert nicht.

Becks Grundproblem: Er hat seinen Betrieb gerade erst modernisiert. Dafür musste er sein Kreditvolumen kräftig aufstocken. Daher verfügt er über keinen großen Eigenkapitalstock. Da die verkaufende Bank auch seine Hausbank ist, hat sie natürlich kein Interesse, sein Kreditrisiko zu vergrößern. Sollte er also den Deal machen wollen, dann ist hier Gegenwind zu erwarten.

Im ersten Schritt zählt der Großbäcker für jede der Alternativen die Vor- und Nachteile auf:

Alternative 1: Der Kauf des angebotenen Unternehmens

Vorteile	**Nachteile**
Sofortige Ausweitung des Umsatzes um mehr als 100 %. Halbwegs funktionierende Logistik zu den mit dem Unternehmen akquirierten Kunden. Konkurrenz wird von seinem Stammmarkt und dem neuen Markt auf unbestimmte Zeit ferngehalten.	Die Finanzierung dürfte sehr schwer fallen und belastet sein Unternehmen auf viele Jahre hinaus. Zu viele Mitarbeiter. Beck hat vor Kurzem erst seinen Betrieb modernisiert, um Wachstumschancen wahrnehmen zu können. Ein erhöhter Verwaltungsaufwand, an zwei verschiedenen Standorten produzieren zu müssen. Die negative Wirkung auf die eigenen Mitarbeiter, die gerne ein Wachstum im Stammbetrieb sehen würden. Sanierungskosten für den einzugliedernden Betrieb. Hohes Realisierungsrisiko.

Alternative 2: Expansion aus dem Stammbetrieb, solange die Konkurrenz schwach ist

Vorteile	Nachteile
Der finanzielle Aufwand ist moderat. Liquidität und Handlungsfreiheit sind gegeben. Bessere Auslastung der neuen Anlagen. Hohe Motivation beim „winning team" im Stammbetrieb. Gesundes, geplantes Wachstum.	Über kurz oder lang wird die Konkurrenz in der Nachbarstadt saniert und bietet dann Paroli. Der heimische Markt ist ebenfalls gefährdet mit der Folge einer Margenerosion. Geringe Erfahrung über die kritischen Erfolgsfaktoren einer Vertriebsoffensive. Möglicherweise entgeht dem Unternehmer ein guter Deal. Mittleres Risiko, ob Planung realisierbar ist.

Alternative 3: Nicht reagieren

Vorteile	Nachteile
Kein zusätzlicher finanzieller Aufwand. Organisches, geplantes Wachstum. Liquidität und Handlungsfreiheit bleiben so bestehen.	Konkurrenz aus der Nachbarstadt bedroht den eigenen Markt, sobald der neue Eigentümer den Konkurrenzbetrieb saniert hat. Die eigene Marge ist in Gefahr. Möglicherweise entgeht dem Unternehmer ein guter Deal.

Für Unternehmer Beck fällt Alternative 1 sofort heraus, da die Nachteile bei weitem die Vorteile überwiegen. Alternative 2 und Alternative 3 sind für den Unternehmer dagegen ziemlich gleichwertig. Am Ende ist das höhere Risiko der Vertriebsoffensive entscheidend. So bleibt der Unternehmer bei seinem ursprünglichen Plan.

Was ist an dieser Vorgehensweise auszusetzen? Schließlich konnte Unternehmer Beck mit ihrer Hilfe eine klare Entscheidung treffen.

4.1.1.1 Fehler eins

Jeder Vor- und Nachteil wird völlig unreflektiert zu einem Entscheidungskriterium

Entscheidungskriterien sind die Währung für die Bewertung von Entscheidungsalternativen. Um bei Ihnen den Status eines solchen Kriteriums zu verdienen, muss schon mehr dahinterstecken als ein oberflächlicher Vor- oder Nachteil.

Entscheidungskriterien geben meinen Bedarf als Entscheider wieder. Wer also über die identifizierten Vor- und Nachteile automatisch Entscheidungskriterien mitdefiniert, lässt sich vom Angebot sagen, welchen Bedarf er zu haben hat.

Im täglichen Gespräch mit Managern und Unternehmern finden viele das im Übrigen ganz in Ordnung. „Wie soll ich denn wissen, was mein Bedarf ist, wenn ich die Möglichkeiten noch nicht kenne?“, höre ich dann oft. Ich halte das für eine Fehleinschätzung.

Wer kurz vor dem Verhungern ist, der weiß, sein Bedarf ist ein schnelles Essen. Wer am Verdursten ist, dessen Bedarf ist Flüssigkeit. Ein Unternehmen, das vor der Pleite steht, braucht finanzielle Mittel und einen neuen Chef. So einfach ist das mit dem Bedarf!

Niemand braucht also einen Blick auf die Alternativen, um zu sagen, was er tatsächlich benötigt.

Alles andere sind nur Spielereien, die keine wesentliche Rolle spielen. Das gilt auch, wenn der Bedarf nicht mit einer existenziellen Krise verbunden ist. Er ist dann vielschichtiger, aber völlig unabhängig von existierenden Angeboten.

Wie sieht die Bedarfslage für Unternehmer Beck aus?

Er müsste zunächst klären, was seine Zielsetzung ist. Als sich unser Großbäcker damit beschäftigt, stellt er fest, dass seine Zielsetzung nur mittelbar etwas mit der aktuellen Entscheidungssituation zu tun hat.

Sein Ziel ist es, seinen Betrieb zu einem Ertragsjuwel zu machen. Zum einen bedeutet das für ihn, die Kosten optimal niedrig zu halten. Zum anderen gilt es, den Umsatz bezogen auf die Betriebsgröße bei niedrigen Vertriebskosten auf eine ideale Höhe zu bringen.

Die Zielsetzung einer Entscheidung gibt zwar die Richtung vor, allerdings ist damit noch nicht geklärt, warum überhaupt eine Entscheidung gefällt werden muss. Es fehlt der Entscheidungsauslöser: Das kann entweder ein Problem sein, das es verhindert, die Zielsetzung zu erreichen oder wie in diesem Fall eine Chance, das Ziel besser zu erreichen.

Seine Chance sieht Beck darin, dass ein wichtiger direkter Wettbewerber am Scheidepunkt steht und er über dessen Schicksal bestimmen kann.

Unabhängig ob nun Problem oder Chance, der Entscheider definiert, was er lösen muss:

„Wie schaffe ich es, aus der gebotenen Chance den Umsatz meines Unternehmens zu steigern?"

Je einfacher die Frage, desto klarer sind am Ende die Ergebnisse der Entscheidung. Damit ist natürlich der Bedarf unseres Unternehmers noch nicht bestimmt. Ihm ist jetzt nur klar, welches Problem er lösen möchte.

Daher stellt er im nächsten Schritt für sich fest, was er gerne aus der Entscheidung für sich herausholen würde:

- Dauerhaftes Umsatzplus
- Optimale Kostenstruktur
- Auslastung der neuen Anlagen
- Geringe Konkurrenz

Unbedingt vermeiden möchte er:

- Weitere Kredite
- Hohe Umsetzungsrisiken
- Qualitätseinbußen

An der derzeitigen Situation schätzt er:

- Produktion von einem Standort
- Hohe Mitarbeitermotivation
- Topaktueller Anlagenpark

Aus diesen unterschiedlichen Wünschen entwickelt Beck seine Entscheidungskriterien. Ähnliche Ergebnisse zieht er dabei unter jeweils einem Oberbegriff zusammen.

Entscheidungskriterium	Abgeleitet von
Umsatzplus	Umsatzplus
Optimale Kostenstruktur	Auslastung der neuen Anlagen Produktion an einem Standort Topaktueller Anlagenpark
Umsetzungsrisiken	Vermeidung hoher Umsetzungsrisiken Vermeidung weiterer Kredite
Mitarbeitermotivation	Vermeidung von Qualitätseinbußen Hohe Mitarbeitermotivation
Konkurrenzsituation	Geringe Konkurrenz

Friedrich Becks Entscheidungskriterien

Damit hat Beck seine Entscheidungskriterien gebildet. Er kennt sein Ziel und er weiß, welches Problem er lösen muss. Besonders wichtig: Er hat einen rudimentären Bewertungsrahmen für die Auswahl der richtigen Alternative geschaffen.

4.1.1.2 Fehler zwei

Die Entscheidung nach Vorteilen und Nachteilen schließt weitere, vielleicht besser geeignete Alternativen aus

Neue Alternativen werden nicht entwickelt. Denn Sie zählen ja lediglich die Vor- und Nachteile **bereits vorhandener** Alternativen auf.

Stellen Sie sich vor, Sie sind Vegetarier und besuchen ein Steakhaus. Es ist ein Geschäftsessen und Sie müssen etwas bestellen. Werden Sie dann ein T-Bone-Steak bestellen und nur die Verzierung essen? Nein, Sie werden fragen, ob es möglich ist, etwas Vegetarisches zu bekommen, oder ob die Küche für Sie einen großen Salat zubereiten kann. In diesem Fall schaffen Sie also neue Alternativen, die Ihrem persönlichen Bedarf besser entsprechen. Genauso wird ein guter Entscheider nicht nur ein paar verfügbare Alternativen, die seinem Bedarf vielleicht nur entfernt entsprechen, für seine Entscheidung heranziehen, sondern er wird alles daransetzen, weitere Alternativen zu schaffen. Sie sehen, auch hier ist es sehr wichtig, seinen eigenen Bedarf genau zu kennen.

Auch Unternehmer Beck kennt seinen Bedarf genau. Daher überlegt er sich zusammen mit seiner Bank und einigen Mitarbeitern aus seinem Betrieb weitere Alternativen:

Alternative 4: Die Bank verkauft das zentrumsnahe Grundstück an einen Projektentwickler, der es in eine Wohnimmobilie umwandelt. Beck muss gleichzeitig die betagten Anlagen des Wettbewerbers erwerben und die Mitarbeiter in seinem Betrieb weiterbeschäftigen, damit kein kostspieliger Sozialplan für die Betriebsschließung anfällt.

Alternative 5: Beck kauft das andere Unternehmen zusammen mit einem Investor. Beck bringt dabei einen kleinen Kapitaleinsatz mit ein sowie seine Markt- und Branchenkenntnis, um das marode Konkurrenzunternehmen wieder flottzumachen. Er erhält dafür einen Minderheitenanteil.

Bezogen auf den Bedarf erscheinen dem Team die verfügbaren Alternativen noch nicht optimal. Daher entwickelt es eine Variante von Alternative 4.

Alternative 6: Beck kauft den Konkurrenten und erhält von seiner Hausbank ein Zahlungsziel von sechs Monaten. In dieser Zeit veräußert er das Gewerbegrundstück an den Projektentwickler und die betagten Produktionsanlagen an eine Firma in Polen. Damit hatte er schon bei der Modernisierung seines eigenen Betriebes gute Erfahrungen gemacht. Die Belegschaft und die Kunden werden in den Stammbetrieb übernommen. Sein hochmoderner Anlagenpark wird auf diese Weise optimal ausgelastet. Eine dabei entstehende negative Erlösdifferenz kann steuerlich in den nächsten beiden Jahren abgeschrieben werden. Da durch diese Lösung ein Gewinnsprung von ca. 130 % erzielt wird, finanziert sich die Akquisition auf diese Weise fast von selbst.

4.1.1.3 Fehler drei

Die Aufzählung von Vor- und Nachteilen enthält keinerlei Prioritäten – alle Aspekte sind demnach gleich wichtig

Lassen Sie mich die Problematik kurz anhand eines kleinen Beispiels verdeutlichen.

Stellen Sie sich vor, Sie müssten einen kleinen Eingriff vornehmen lassen und suchen einen geeigneten Arzt.

Welchen Arzt würden Sie wählen?

Arzt A:	Arzt B:
⊖ Er führt einige Kunstfehlerprozesse. ⊕ Er hat eine sehr attraktive Sprechstundenhilfe. ⊕ Seine Praxis ist mit Designermöbeln eingerichtet.	⊕ Er hat eine einwandfreie Reputation. ⊖ Die Sprechstundenhilfe ist ein Drachen. ⊖ Er hat die übliche Praxiseinrichtung.

Jeder Mensch bei klarem Verstand würde sich für Arzt B entscheiden, aber bei der Auswahl nach Vor- und Nachteilen schneidet Arzt A besser ab, weil diese normalerweise nicht gewichtet werden.

Unternehmer Beck hat dieses Beispiel übrigens auch überzeugt.

Da nicht alle Entscheidungskriterien die gleiche Bedeutung für Unternehmer Beck haben, gewichtet er sie relativ zueinander.

Gewichtete Entscheidungskriterien (Entscheidungskompass)

Entscheidungskriterium	**Gewichtung**
Dauerhaftes Umsatzplus	4
Optimale Kostenstruktur	2
Umsetzungsrisiken	3
Mitarbeitermotivation	2
Konkurrenzsituation	4

Es zeigt sich, dass ein dauerhaftes Umsatzplus bei Ausschluss der Konkurrenz Unternehmer Beck am wichtigsten ist. Eine fast so große Rolle spielt das Thema Risiko in dieser Entscheidung.

Wenn er für diese drei Kriterien eine gute Lösung finden kann, ist er sogar zu einem gewissen Grad bereit, die Motivation seiner Mitarbeiter und seine Kostenstruktur aufs Spiel zu setzen.

Letzteres muss er zum Glück nicht, denn Alternative 6 bildet seine Präferenzen am besten ab, auch wenn die längere Anfahrt aus der Nachbarstadt die neuen Mitarbeiter verstimmen könnte.

Damit ist es Unternehmer Beck gelungen, sein strategisches Ziel sehr schnell umzusetzen und aus seinem Unternehmen ein hochrentables Juwel zu machen.

4.1.1.4 Der Konstruktionsmangel

Eingangs dieses Kapitels habe ich von drei Fehlern und einem Konstruktionsmangel gesprochen. Der Konstruktionsmangel entgeht vielen Entscheidern. So setzt die Betrachtung von Vor- und Nachteilen dort an, wo der Entscheider bereits vor den Alternativen steht. Für einen guten Entscheidungsprozess ist das viel zu spät. So sind zumindest Fehler eins, die nicht bedarfsorientierte Bildung von Entscheidungskriterien, und Fehler zwei, die fehlende Alternativeninnovation, die direkte Folge dieses Konstruktionsmangels.

Besser ist es, wie Unternehmer Beck vorzugehen. Er klärt zunächst seine Zielsetzung und das zu lösende Problem. Im Anschluss bestimmt er seine Entscheidungskriterien und gewichtet sie nach seinen persönlichen Präferenzen. Im nächsten Schritt schafft sich der Entscheider seine Alternativen und schließt die Entscheidung mit der Auswahl der am besten passenden Alternative ab.

Der Entscheider in der Vorteil-Nachteil-Falle beginnt seine Entscheidung also da, wo andere Methoden den abschließenden Schritt ansiedeln!

Mein Tipp: Vergessen Sie die Bewertung über Vor- und Nachteile. Das Verfahren hat zwar die Anmutung eines methodischen Vorgehens. Es führt aber eben nur methodisch in den Abgrund und nicht zum Erfolg.

4.1.2 Wie erkenne ich die Vorteil-Nachteil-Falle?

Ob wir jetzt die Vorteile und Nachteile, Pro und Kontra oder einfach das Für und Wider abwägen, immer stehen wir mit beiden Beinen in der Vorteil-Nachteil-Falle. Seltsamerweise vertrauen wir immer wieder auf dieses Relikt unserer Erziehung. In der Folge orientiere ich meine Entscheidungskriterien nicht an meiner Zielsetzung, sondern an dem vorhandenen Alternativenangebot und schaffe keine eigenen Alternativen.

Um diese Falle zu erkennen, brauchen wir allerdings nicht so tief in die Details zu gehen. Denn der Entscheider ist sich sehr wohl bewusst, was er macht. Aber er sieht darin keinen Fehler.

4.1.2 Wie vermeide ich die Vorteil-Nachteil-Falle?

Da der Entscheider bewusst in diese Falle geht, liegt der Schlüssel zu ihrer Vermeidung auch darin, die Fehler dieser Pseudomethodik zu erkennen und es zukünftig anders machen zu wollen.

Wie kann ich als Entscheider dann vorgehen?

- Schritt 1: Entscheidungsziel definieren.
- Schritt 2: Eigene, zielorientierte Entscheidungskriterien festlegen.
- Schritt 3: Eigene Alternativen schaffen.

Auf diese Weise mache ich die Vorteil-Nachteil-Falle unwirksam.

4.1.3 Was kostet mich die Vorteil-Nachteil-Falle?

Ein Entscheider, der der Vorteil-Nachteil-Falle zum Opfer fällt, bemüht sich, seine Verantwortung wahrzunehmen. Leider gelingt ihm das nicht. Denn im Rahmen dieser Methodik überlässt er die Gestaltung der Entscheidung ohne Not der jeweiligen Situation. Er stellt sich den bereits vorhandenen Alternativen und trifft daraus seine Wahl. Aus Kapitel 3 wissen wir, dass es für jede denkbare Entscheidungssituation immer mehr Alternativen gibt, als wir zunächst entdecken können. Wenn der Entscheider sich nicht mit der Schaffung eigener Alternativen auseinandersetzt, bleibt es dem Zufall überlassen, wie gut diese Alternativen zu seinem Bedarf passen.

Da er seinen Bedarf jedoch nicht kennt, kann er selbst dabei noch die falsche Wahl treffen. Die Vorteil-Nachteil-Falle nimmt dem Entscheider daher die Kontrolle und der Erfolg oder Misserfolg seiner Entscheidung ist dem Zufall überlassen.

4.1.5 Steckbrief

Name: Vorteil-Nachteil-Falle

Der Entscheider bewertet die Alternativen nur nach ihren Eigenschaften. Er bildet keine eigenen bedarfsorientierten Entscheidungskriterien oder Alternativen.

Häufigkeit	●●●●○○
Risiko	●●●●●●

Erkennungsmerkmale

Keine bewusste Wahl der Entscheidungskriterien
Der Bedarf wird vom Angebot abgeleitet
Keine Alternativeninnovation

Gegenstrategien

Bedarf ermitteln und bedarfsorientierte Entscheidungskriterien entwickeln
Entscheidungskriterien nach den eigenen Prioritäten gewichten
Neue Alternativen schaffen

4.2 Die Angebotsfalle

Wir leben in einer Welt der unbegrenzten Möglichkeiten. Da ist es fast ein Service, wenn ein begabter Verkäufer Ihnen die Arbeit abnimmt, herauszufinden, welche dieser Möglichkeiten Sie in Anspruch nehmen.

Vor einigen Jahren waren meine Frau und ich auf einer kurzen Stippvisite in London. Natürlich durfte ein Besuch bei Harrods, dem berühmten Luxuskaufhaus nicht fehlen.

Wir waren noch dabei, uns zu orientieren, da fragte uns ein freundlicher Herr in Livree, ob wir nicht auch gerne Schokolade mögen. Auf unser verdutztes Kopfnicken hin erzählte er uns in den schillerndsten Farben von einem diesem Grundstoff gewidmeten Restaurant, das wir unbedingt aufsuchen müssten.

Jegliche Überlegung, welche Abteilungen wir besuchen wollten, war von dem Moment an überlagert durch den Gedanken, das Schokorestaurant zu besuchen. Wir waren in die Angebotsfalle gegangen! Hätten wir uns vorher Gedanken gemacht, was wir bei Harrods wollen, wären wir vielleicht auch dort vorbeigegangen, möglicherweise aber auch nicht.

Die meisten Entscheider haben eine eigene Methode, um ihre Entscheidungen zu treffen. Hier zeigt sich dann auch, wie Entscheidungsfallen systematisch wirken. Denn Entscheider, die auf die Angebotsfalle aufmerksam gemacht werden, können darin zunächst keinen Fehler entdecken. Erst auf den zweiten Blick wird ihnen klar, was sie sich selbst damit antun. Diese Entscheidungsfalle bewirkt, dass Sie sich Ihren Bedarf von den verfügbaren Entscheidungsalternativen vorschreiben lassen.

4.2.1 Die Angebotsfalle in der Praxis

Frank Lebrecht ist Geschäftsführer eines kleinen Industrieglasbetriebs. Der unternehmenseigene Lkw scheint nach über 20 Jahren treuer Dienste den Geist aufzugeben. Daher muss sich Lebrecht nach Ersatz umsehen. In seiner Schublade lagern zahlreiche Prospekte und Angebote, die er gewissenhaft bearbeitet hat. Aus den Prospekten lugen zahlreiche Post-it-Fähnchen in den unterschiedlichsten Farben hervor. Einzelne Passagen über Leistungsmerkmale der Fahrzeuge sind farbig markiert. Unternehmer Lebrecht möchte sich die Entscheidung nicht leicht machen und hat daher seine Entscheidungskriterien akribisch aus diesen Markierungen hergeleitet. Diese sind:

- Verbrauch,
- Anschaffungspreis,
- Servicekosten,
- Finanzierung,
- GPS-Tracking (der Standort des Lkws kann jederzeit straßengenau abgefragt werden),
- erschütterungsdämpfende Federung,
- Onboard-Navigation,
- Sicherheitsausstattung,
- Teilekosten bei Wartung
- Fahrersicherheitstraining zu dem Fahrzeug,
- 24-Stunden-Ersatzfahrzeugservice,
- pneumatische Absenkung für niedrige Durchfahrtshöhen,
- weitere technische Aspekte.

Insgesamt spielen für den Unternehmer über 30 verschiedene Kriterien bei seiner Entscheidung eine Rolle.

Beim Vergleich der einzelnen Angebote bezüglich seiner Entscheidungskriterien sieht er allerdings, dass die Gefahr einer Fehlentscheidung relativ klein ist. Die Angebote unterscheiden sich nicht so sehr, wie es zunächst den Anschein hatte. Was liegt also näher, als die Entscheidung endlich zu treffen und sich wichtigeren Dingen zuzuwenden?

Ein Gedanke lässt Lebrecht allerdings zögern. Sind die Bedingungen in jedem Unternehmen so ähnlich, dass die Angebote der Lkw-Firmen mit ein paar gewählten Extras ohne weitere Rücksprache gleich passen?

Er schaut sich die Liste seiner Entscheidungskriterien noch einmal an. Auf welcher Grundlage hat er sie ausgewählt?

Beim Studium der Unterlagen schienen ihm diese Kriterien sinnvoll. Seine schärfste Konkurrenz, ein fast zehnmal so großer Betrieb, nutzt wahrscheinlich die gleichen Kriterien.

Lebrechts Unternehmen kann sich oft nur deshalb behaupten, weil es seine Prozesse anders handhabt als die Konkurrenz.

Sollte das nicht auch Einfluss auf diese Entscheidung haben?

Als Entscheider haben wir häufig nicht die Zeit, uns in aller Ruhe mit einem Problem auseinanderzusetzen. Wir schauen dann lieber erst einmal nach den Standardlösungen und finden deren Eigenschaften sehr vernünftig. So vernünftig, dass wir unsere Entscheidungskriterien daran orientieren.

Was sollte denn auch falsch daran sein?

Entscheidungskriterien spiegeln unseren eigenen Bedarf wider. Im Beispiel bilden die in den Prospekten aufgezählten Eigenschaften der Lkws, wie Navigationssystem oder die Sicherheitsausstattung, das verfügbare Angebot. Auf die gleiche Weise funktioniert das in jeder anderen Entscheidungssituation.

Die Erfahrung zeigt, dass der eigene Bedarf in den Hintergrund rückt, wenn attraktive Prospekte und geschickte Verkäufer uns sagen, welchen Bedarf wir haben sollen. Die Verantwortung dafür tragen wir ganz allein. Denn wenn wir genau wissen, was wir wollen, funktioniert die Angebotsfalle nicht mehr.

Allerdings haben viele Menschen Probleme damit, ohne eine Vorlage den eigenen Bedarf zu ermitteln. Wie alles im Leben ist das aber reine Übungssache.

Frank Lebrecht betrachtet seine betriebliche Situation mit einem neuen Fokus und ermittelt seinen tatsächlichen Bedarf.

Das Ziel seiner Entscheidung ist es, dass sein Industrieglas vertragsgemäß und pünktlich seine Kunden erreicht. Der Entscheidungsauslöser ist in diesem Fall die Reparaturanfälligkeit des altersschwachen Lkws.

Als Konsequenz der Entscheidung stellt er sich vor, dass Folgendes erreicht wird:

- Die Ware erreicht pünktlich und vertragsgemäß seine Kunden.

- Die Transportkosten sind eins zu eins an die Kunden weiterverrechenbar (konkurrenzfähig).
- Eventuelle Transportschäden (Bruch) überschreiten den Toleranzwert nicht.
- Das Logistikkonzept wird von den Kunden akzeptiert.
- Eine hohe Flexibilität der Logistik.

Unbedingt vermeiden möchte er:

- Personalengpässe,
- Abstimmungsprobleme zwischen Produktion und Logistik,
- hohe Investitionskosten.

Von der derzeitigen Situation möchte er beibehalten:

- Serviceorientierte Logistik gegenüber seinen Kunden.

Warum braucht sein Unternehmen einen eigenen Lkw?

Die Erfahrung mit der eigenen Logistik hat gezeigt, dass diese Anschaffung nicht ausgelastet werden kann. Als Hofdekoration bringt die Investition keine Wertschöpfung. Somit kann ein neuer Lkw seine Kosten nicht einfahren. Mit dem seit Jahren abgeschriebenen altersschwachen Laster war das natürlich anders. Lebrecht musste lediglich die Kosten für Wartung, Verbrauch und Lohn ansetzen. Da der Fahrer weitere Aufgaben in der Produktion wahrnimmt, war das bisher ein gutes Geschäft.

Das Beispiel zeigt uns, wie weit der eigene Bedarf und ein Angebot auseinanderliegen können.

4.2.2 Wie erkenne ich die Angebotsfalle?

Die Angebotsfalle entsteht, wenn ich als Entscheider eine Abkürzung nehme und meine Entscheidungskriterien nicht selbst entwickle. Frank Lebrecht hat sich zunächst an den Prospekten der Anbieter orientiert, das ist sicher sehr bequem.

Entscheidungskriterien helfen uns bei jeder Art von Entscheidung, die verfügbaren Alternativen zu bewerten.

Leider sehen wir den Entscheidungskriterien von außen nicht an, wie sie zustande gekommen sind. Es kann sogar sein, dass dieselben Entscheidungskriterien, die bei uns unter dem Einfluss der Angebotsfalle entstehen, bei einem anderen Entscheider völlig korrekt sind.

Das macht es natürlich schwer, die Entscheidungen anderer bezüglich dieser Falle einzuschätzen. Daher kann nur der Entscheider selbst beurteilen, ob er der Angebotsfalle aufgesessen ist oder nicht.

Angenommen, Sie fühlen sich hier unschuldig, woran könnten Sie trotzdem erkennen, dass Sie die Latte gerissen haben?

Folgendes könnte ein Hinweis auf die Angebotsfalle sein:

- Die Formulierungen von Entscheidungskriterien und Eigenschaften der Lösungsalternativen stimmen weitestgehend überein.
- Es gibt keine Entscheidungskriterien, die nicht von den Merkmalen der Lösungsalternativen abgedeckt werden.
- Der emotionale Bezug zwischen Entscheidungsproblem und Entscheidungskriterien fehlt. Es gibt keine Herzpunkte, die dem Entscheider besonders wichtig sind.

Diese Punkte können natürlich auch zutreffen, wenn Sie als Entscheider nicht in die Angebotsfalle getappt sind. Eindeutige Kriterien dafür gibt es leider nicht.

4.2.3 Wie vermeide ich die Angebotsfalle?

Die Angebotsfalle entsteht, weil ich als Entscheider eine falsche Reihenfolge einschlage. Lebrecht hatte sich zunächst mit den Alternativen beschäftigt, ohne seinen Bedarf zu kennen.

Im zweiten Anlauf hat er es dann besser gemacht:

1. Er hat zunächst versucht, das Entscheidungsproblem zu verstehen.
2. Im zweiten Schritt fand er heraus, was er in der Situation genau erreichen wollte, was er nicht wollte und was er bewahren wollte.
3. Erst dann hat er seine Entscheidungskriterien gebildet.
4. Im nächsten Schritt hätte er dann sinnvolle Alternativen zu seinem Bedarf geschaffen.

Diese Abfolge hört sich einfacher an, als es ist. Zum einen müssen Sie möglicherweise mit Ihrer bisherigen Problemlösungsstrategie brechen, zum anderen kann es ja durchaus auch sinnvoll sein, sich direkt mit der Lösung zu beschäftigen. Bei standardisierten Problemen, wie z. B. der Beauftragung eines Frankierservice, macht es meistens gar keinen Sinn, eine eigene Lösung haben zu wollen.

4.2.4 Was kostet mich die Angebotsfalle?

Was kostet es, sich für eine Lösung zu entscheiden, die den eigenen Bedarf nur unvollständig erfüllt?

Das kommt darauf an, in welchem Bereich die Entscheidung getroffen wird. Die Entwicklung eines Medikaments, das am Bedarf des Markts vorbeigeht, kostet Milliarden Euro und so manchem Unternehmen die Existenz.

Einen Mitarbeiter am eigenen Bedarf vorbei einzustellen ist ärgerlich, kann aber korrigiert werden. Wenn ich meine Zeit mit den falschen Dingen verbringe, kann es mich meinen zukünftigen Erfolg kosten.

Ich sehe die Angebotsfalle nicht als existenzbedrohende Entscheidungsfalle. Denn der Bedarf, den ich mir z. B. von einer Lösung „abschaue“, kann nicht vollständig an meinen Vorstellungen vorbeigehen. Meist decken die daraus gewonnenen Entscheidungskriterien ein gesundes Mittelmaß ab. Genau das passiert dann auch mit meinen Entscheidungen, sie sind Mittelmaß.

Wenn die Entscheider eines Unternehmens der Angebotsfalle aufsitzen, sind Entscheidungen, die Spitzenleistungen zulassen, nicht mehr möglich. Die Angebotsfalle kostet also den Erfolg an der Spitze.

4.2.5 Steckbrief

Name: Angebotsfalle

Der Entscheider beschäftigt sich mit den Alternativen, bevor er seinen Bedarf kennt. Damit verhindert er eine am Bedarf orientierte Entscheidung.

Häufigkeit	●●●●●●
Risiko	●●●○○○

Erkennungsmerkmale

Beschäftigung mit den Alternativen, bevor der Bedarf bekannt ist
Die Entscheidungskriterien werden vom Bedarf abgeleitet
Alle Kriterien, werden durch die verfügbaren Alternativen abgedeckt

Gegenstrategien

Ermittlung des Bedarfs, vor der Beschäftigung mit den Alternativen
Entwicklung von sinnvollen, bedarfsorientierten Entscheidungskriterien
Gewichtung der Entscheidungskriterien nach den persönlichen Prioritäten

4.3 Die Elefantenfalle

Entscheidungskriterien sind die Währung, mit der Entscheidungsalternativen bewertet werden. Die Elefantenfalle verzerrt diese Bewertung, als würde z. B. ein Fünfeuroschein plötzlich mehr wert sein als ein 50-Euro-Schein.

Der Elefantenfalle gelingt dieses Kunststück, indem sie bestimmte Entscheidungsaspekte wichtiger macht, als sie es tatsächlich sind.

4.3.1 Die Elefantenfalle in der Praxis

Bernd Sammer stellt mit seinem mittelständischen Unternehmen spezielle chemische Grundstoffe her.

Er ist einer der eher seltenen Manager, die sich einer umfassenden Entscheidungsmethode bedienen. Dennoch ist er mit den Ergebnissen seiner Entscheidungen nicht zufrieden.

Wie sich herausstellt, sind es insbesondere Investitionsentscheidungen, die der Unternehmer liebend gerne zurückdrehen würde.

Wie geht Unternehmer Sammer bei seinen Entscheidungen vor? Er orientiert sich an seinen strategischen Zielen und definiert klar und abgegrenzt die Problemstellung. Im nächsten Schritt entwickelt er Entscheidungskriterien, die er aus der Zielsetzung und der Problemstellung abgeleitet hat. Zusätzlich bringt er seinen Standardsatz betriebswirtschaftlicher Entscheidungskriterien ein und gewichtet alle Entscheidungskriterien nach seinen langfristigen Unternehmerpräferenzen.

Wie sieht das im konkreten Einzelfall aus? Unternehmer Sammer hat das strategische Ziel, in seinem Markt zum Qualitätsführer zu werden. Seine Kunden bewerten seine Qualität im Vergleich zur Konkurrenz bereits um 7 % höher, aber er möchte, dass seine Kunden bei ihm kaufen, **weil** er die beste Qualität bietet.

Dies ist heute noch nicht der Fall und daher befindet er sich immer noch im Bereich des Preiswettbewerbs.

Als eine Reinvestition für eine Maschinenanlage ansteht, zieht er verschiedene Angebote heran. Dabei gibt es Anlagen, die automatische Qualitätsprüfungen und Interventionen zulassen, und andere Anlagen, die die Qualitätsprüfung weiterhin dem Menschen überlassen. Zwischen diesen verschiedenen

Anlagenphilosophien besteht eine große Preisdifferenz, wie auch nicht anders zu erwarten ist.

Sammer gewichtet das Entscheidungskriterium „Qualitätssicherheit in der Produktion“ am stärksten. Allerdings sind für ihn auch die betriebswirtschaftlichen Kriterien, die er ansetzt, relativ wichtig. Dies sind „Anschaffungskosten“, „Return on Investment“ (ROI), „laufende Kosten“ und „Budgettreue“.

Seine Entscheidungskriterien sehen danach folgendermaßen aus:

Entscheidungskriterien	**Gewichtung**
Qualitätssicherheit in der Produktion	8
Kapazität	5
Zukunftssicherheit	6
Flexibilität	7
Anschaffungskosten	2
ROI	4
Laufende Kosten	3
Budgettreue	1

Nachdem sein Entscheidungskompass steht (Entscheidungskriterien mit Gewichtungen), bewertet unser Unternehmer die verschiedenen Anlagenalternativen. Im Ergebnis scheint die preiswerteste Anlage die beste Entscheidung für sein Unternehmen zu sein.

Seltsamerweise ist das in den vergangenen fünf Jahren immer so gewesen. Unternehmer Sammer fühlt sich zum Entscheidungszeitpunkt völlig entzweigerissen. Auf der einen Seite möchte er rein emotional lieber eine der Anlagen, die eine noch bessere Qualität versprechen, auf der anderen Seite sagt ihm sein persönlich auf ihn abgestimmter Entscheidungsprozess, dass er lieber eine der traditionellen Anlagen anschaffen soll.

Kriterien	Gewichtung	Anlage (billig)		Anlage (mittel)		Anlage (teuer)	
		ungew.	gewichtet	ungew.	gewichtet	ungew.	gewichtet
Qualitätssicherheit	8	1	8	2	16	4	32
Kapazität	5	2	10	3	15	3	15
Zukunftssicherheit	6	1	6	2	12	2	12
Flexibilität	7	4	28	2	14	2	14
Anschaffungskosten	2	4	8	2	4	1	2
ROI	4	3	12	2	8	2	8
Laufende Kosten	3	4	12	2	6	1	3
Budgettreue	1	4	4	2	2	1	1
			88		**77**		**87**

Entscheidungsmatrix

Der Unternehmer ist hier in die Elefantenfalle gegangen. Der Fehler ist bereits bei der Erstellung seiner Entscheidungskriterien entstanden.

Schauen wir uns zuerst an, wie Entscheider zu ihren Entscheidungskriterien kommen:

- Schritt 1: Er entwickelt Aspekte, die für die Entscheidung aus seiner Sicht eine Rolle spielen.
- Schritt 2: Der Entscheider fasst sehr ähnliche Aspekte zu Entscheidungskriterien zusammen.
- Schritt 3: Er gewichtet die Entscheidungskriterien entweder nach absoluten Maßstäben oder relativ zueinander, um seine persönlichen Präferenzen abzubilden.

Das Ganze sieht dann schematisch etwa so aus:

Aspekte	Entscheidungskriterien	Gewichtung
Aspekt 1 Aspekt 2 Aspekt 3	Entscheidungskriterium I	1
Aspekt 4 Aspekt 5	Entscheidungskriterium II	2
Aspekt 6	Entscheidungskriterium III	3

Entscheidungskriterien mit Zusammenfassung der Aspekte

Wenn ich als Entscheider Opfer der Elefantenfalle werde, mache ich im zweiten Schritt den Fehler, nicht alle ähnlichen Aspekte zu jeweils einem Entscheidungskriterium zusammenzufassen, sondern ich bilde für jeden Aspekt ein eigenes Kriterium. Jetzt könnte ich der Meinung sein, dass ich mir zwar auf diese Weise mehr Arbeit mache, aber das sollte nicht weiter schädlich sein.

Irrtum! Denn was vorher als einzelnes Kriterium schwach gewichtet war, kann jetzt in der Sammlung der Einzelgewichtungen eine besondere Bedeutung bekommen, wie in dem Schaubild zu sehen:

Aspekte	Entscheidungskriterien	Gewichtung	
		Einzeln	Zusammen
Aspekt 1	Entscheidungskriterium I-1	3	6
Aspekt 2	Entscheidungskriterium I-2	1	
Aspekt 3	Entscheidungskriterium I-3	2	
Aspekt 4	Entscheidungskriterium II	4	4
Aspekt 5			
Aspekt 6	Entscheidungskriterium III	5	5

Entscheidungskriterien ohne Zusammenfassung der Aspekte

Das gleiche Merkmal wird in der Entscheidung also mehrfach gezählt. Alternativen, bei denen dieses vielleicht eher unwichtige Merkmal stark ausgeprägt ist, werden auf diese Weise in der Entscheidung bevorzugt.

In der Sammlung haben die Entscheidungskriterien I-1 bis I-3 jetzt ein größeres Gewicht als das vorher am wichtigsten bewertete Entscheidungskriterium III!

Genauso ist es auch unserem Unternehmer Sammer ergangen. Er hat zwar die höchste Gewichtung auf „Qualitätssicherheit in der Produktion" gelegt. Doch dann hat er mit seinen betriebswirtschaftlichen Kriterien einen Elefanten geschaffen.

In vier einzeln genannten Kriterien ist der Aspekt „Kosten" enthalten:

- Anschaffungskosten – wie der Name sagt, die Kosten der Anschaffung, also die Investition, die zu tätigen ist.
- ROI – Return on Investment (in diesem Fall sind Kosten Investitionen).
- Laufende Kosten (in den Maschinenstundensätzen schlagen sich über die Abschreibungen noch einmal die Anschaffungskosten nieder).
- Budgettreue (heißt nichts anderes, als dass die Anschaffungskosten eine vorgegebene Schwelle nicht überschreiten).

Selbst wenn der Unternehmer, wie geschehen, diese Kriterien relativ niedrig gewichtet, entsteht daraus immer noch ein Elefantenkriterium, das alle anderen Entscheidungskriterien in der Bewertung dominieren wird.

Fasst er stattdessen diese ähnlichen Aspekte sinnvoll zusammen, ergibt sich ein anderes Bild.

Zuordnung der Aspekte in Entscheidungskriterien

Aspekte	Entscheidungs-kriterien	Gewichtung
Qualitätssicherheit in der Produktion	Qualität	6
Kapazität	Kapazität	3
Zukunftssicherheit	Zukunftssicherheit	4
Flexibilität	Flexibilität	5
ROI	ROI	2
Anschaffungs-kosten Laufende Kosten Budgettreue	Kosten	1

Die Entscheidungsmatrix verändert sich mit der reduzierten Anzahl an Entscheidungskriterien grundlegend. Das neue Ergebnis deckt sich jetzt mit der strategischen Zielsetzung des Unternehmers.

Kriterien	Gewich-tung	Anlage (billig)		Anlage (mittel)		Anlage (teuer)	
		ungew.	gewichtet	ungew.	gewichtet	ungew.	gewichtet
Qualitäts-sicherheit	6	1	6	2	12	4	24
Kapazität	3	2	6	3	9	3	9
Zukunfts-sicherheit	4	1	4	2	8	2	8
Flexibilität	5	4	20	2	10	2	10
ROI	2	3	6	2	4	1	2
Kosten	1	4	4	2	2	1	1
			46		**45**		**54**

Entscheidungstabelle ohne Elefantenfalle

4.3.2 Wie erkenne ich die Elefantenfalle?

Da bei jeder Entscheidung Bewertungskriterien gebildet werden, kann die Elefantenfalle auch in jeder Art von Entscheidung vorkommen.

Sie ist allerdings nicht einfach zu identifizieren. Denn die aus den wichtigen Aspekten abgeleiteten Entscheidungskriterien sind für sich allein gesehen nicht falsch. Erst in der Gesamtperspektive zeigt sich, dass einzelne Entscheidungskriterien einander zu ähnlich sind und sich eigentlich gegenseitig ersetzen könnten. Wenn viele Entscheidungskriterien direkt voneinander abhängen, liegt höchstwahrscheinlich die Elefantenfalle vor.

Häufig können wir die Elefantenfalle auch am Entscheidungsergebnis erkennen. Wenn wir das Gefühl haben, dass die Entscheidung unserer eigenen Erwartung widerspricht, sollten wir unsere Entscheidungskriterien daraufhin überprüfen.

Mein Tipp: Nutzen Sie Ihre Intuition als Qualitätssicherung. Wenn Sie selbst am Ende eines gut strukturierten Entscheidungsprozesses nicht das Gefühl haben, das Richtige zu tun, dann könnte es sein, dass Ihr Elefantenhaus Zuwachs bekommen hat.

4.3.3 Wie vermeide ich die Elefantenfalle?

Die Elefantenfalle entsteht, wenn ich die Unterschiede der Einzelaspekte würdigen möchte, obwohl diese nur klein sind. Als Entscheider sollte mir bewusst sein, dass kein Entscheidungsverfahren exakte Ergebnisse liefert. Daher macht es keinen Sinn, kleinste Unterschiede zu berücksichtigen.

Stattdessen sollten Sie ähnliche Aspekte zu jeweils einem Oberbegriff zusammenfassen. Das macht auch Sinn, um sich die weitere Arbeit zu sparen. Denn jedes einzelne Kriterium verursacht Aufwand.

Wie weit müssen Entscheidungskriterien voneinander abweichen?

In dem Beispiel ist der ROI sicherlich ein heißer Kandidat für die Entscheidungskriterien. Zusätzlich hat das Unternehmen möglicherweise eine Budgetrestriktion. Da könnte man jetzt versucht sein, diese in die Entscheidungskriterien aufzunehmen. Allerdings macht etwas anderes mehr Sinn. Die Restriktion sagt doch aus, dass alle Investitionsbeträge kleiner oder gleich der Restriktion akzeptabel sind. Alles, was darüber liegt, ist es hingegen nicht. Das spricht aus meiner Sicht für ein Ausscheidungskriterium. Auf diese Weise wird die Restriktion gewürdigt, ohne das Bewertungsergebnis zu verfälschen.

4.3.4 Was kostet mich die Elefantenfalle?

Die Elefantenfalle verzerrt die Entscheidung zugunsten eines Aspekts. Was heißt das? Der Entscheider könnte genauso gut würfeln. Der Entscheider bekommt ein Entscheidungsergebnis, das er auf der Grundlage seiner Zielsetzung eigentlich nicht haben will.

Was soll mich das kosten? Jede Entscheidung hat ein Ziel. Der eine oder andere Entscheider mag es nicht kennen, aber es ist immer da. Das Ziel gibt die Richtung an, in die sich die Sache entwickeln soll. Wenn ich die Richtung nicht festlege, dann ist das Ergebnis beliebig. Was bedeutet das im Unternehmenskontext? Es gibt viel mehr Möglichkeiten, ein Unternehmen zugrunde zu richten, als es erfolgreich zu machen.

Wer der Elefantenfalle aufsitzt, mag zwar ein Ziel haben, im Ergebnis der betroffenen Entscheidung wirkt sich das nicht aus. Bei kleinen Entscheidungen mag das tolerabel sein, Entscheidungen, an denen potenziell große Werte hängen, führen direkt ins Desaster. Aus meiner sehr persönlichen Sicht gehört die Elefantenfalle zu den schlimmsten Entscheidungsfallen, denen ich als Entscheider aufsitzen kann. Denn der Außenstehende wird nichts grundsätzlich Falsches in der Vorgehensweise entdecken können. Im Gegenteil, das Ganze sieht viel professioneller aus, als das Gros des Managements üblicherweise bei seinen Entscheidungen vorgeht.

4.3.5 Steckbrief

Name: Elefantenfalle

Der Entscheider lässt einander ähnliche Aspekte mehrfach in den Entscheidungskriterien vorkommen. Dies verzerrt das Entscheidungsergebnis.

Häufigkeit	●●●○○○
Risiko	●●●●●○

Erkennungsmerkmale

Einander ähnliche Entscheidungskriterien
Unabhängigkeit der Entscheidungskriterien nicht immer gegeben
Intuition spricht gegen das Entscheidungsergebnis

Gegenstrategien

Reduktion der Entscheidungskriterien, bis jeder Aspekt nur noch einmal vorkommt

4.4 Die Faktenfalle

In die Faktenfalle gehe ich, wenn ich versuche, meine Entscheidungen allein auf der Grundlage messbarer Fakten zu treffen. Klingt eigentlich ganz vernünftig, ist es aber leider nicht.

Was könnte falsch daran sein oder vielmehr sogar eine Entscheidungsfalle?

Viele Unternehmer glauben, ihre Entscheidungen ausschließlich auf der Grundlage messbarer Fakten treffen zu können. Für sie hat das den Vorteil, dass sich beim Entscheiden erst einmal eine große Sicherheit einstellt. Schließlich sprechen Zahlen eine deutliche Sprache.

In der Wissenschaft ist es üblich, mit Modellen zu arbeiten. In den Modellen der Betriebswirtschaftslehre ist der Unternehmer schlichtweg nicht enthalten. Fragen Sie einen Professor dieser Disziplin, wird er Ihnen vermutlich sagen, dass sich das Verhalten des Unternehmers nicht modellieren lässt. Was zeichnet denn den Unternehmer neben seiner Umsetzungskraft aus? Ich behaupte, sein Entscheidungsverhalten.

Um das zu erklären, reichen die Fakten nicht aus. Denn die Gehirnforschung hat bereits in ihren frühen Tagen nachgewiesen, dass es keine rationalen Entscheidungen gibt. Patienten, denen nach einem Eingriff im Gehirn die Emotionen fehlten, waren nicht mehr in der Lage, Entscheidungen jeglicher Tragweite zu treffen.

Wer also Entscheidungen nur auf der Grundlage von Fakten treffen will, betrügt sich selbst und reduziert sich zu einem unvollständigen Modell. Natürlich sind betriebswirtschaftliche Entscheidungskriterien sehr sinnvoll. Sie müssen sie allerdings dort ergänzen, wo das Modell seine Grenzen hat.

Machen wir es konkret. Wie sehen beispielsweise die Fakten aus, auf die wir für eine Stellenbesetzung zurückgreifen können?

Fakten
Nachgewiesene Abschlüsse
Fort- und Weiterbildungen
Bisheriger Lebensweg
Bisherige Arbeitgeber
Zeugnisse
Gehaltsvorstellung

Es stimmt, dass die Kandidaten auf diese Weise ihre Fähigkeit nachweisen, die Stelle ausfüllen zu können. Wie beurteilen

Sie z. B. den bisherigen Lebensweg und die früheren Arbeitgeber? Ist das wirklich genau messbar? Vermutlich nicht. Im Gegenteil, Sie schätzen ein, inwiefern der Bewerber sich durch die gesammelten Erfahrungen für Ihr Unternehmen wertvoll gemacht hat. Also eine Einschätzung und keine Fakten. Selbst wenn Sie für jeden denkbaren Arbeitgeber ein Bewertungsschema hätten und dasselbe für die Stationen eines Lebens.

Könnten Sie allein auf dieser Basis eine Stelle mit gutem Gewissen besetzen? Wenn Sie diese Frage mit Ja beantworten, frage ich mich, warum gibt es dann Einstellungsgespräche? Die meisten Personalchefs geben an, dass mit dem Einstellungsgespräch die Entscheidung fällt, wer am Ende die Stelle bekommt.

Jetzt könnten Sie ja der Meinung sein, dass die Personaler ohnehin eine andere Spezies sind und dass andere Entscheidungen natürlich faktenbasiert getroffen werden müssen.

Machen wir die Gegenprobe. Welche Art von Entscheidung hat am ehesten den Ruf, faktenbasiert zu sein?

Möglicherweise die Entscheidung über ein Kennzahlensystem für Ihr Unternehmen. Der Sinn hinter einem solchen System ist es, laufend Hinweise zu produzieren, ob sich das Unternehmen noch auf Kurs befindet oder nicht. Dazu muss es ein oder mehrere strategische Ziele geben, die es zu erreichen gilt. Angenommen, Sie wollen den Kundenservice verbessern. Dann stehen Ihnen verschiedene Kennzahlen zur Verfügung. Sie könnten z. B. die generelle Erreichbarkeit messen, indem Sie in Ihrem Callcenter die Gesamtlänge der Warteschleife in Relation zu den bearbeiteten Kundenanfragen setzen. Sie könnten auch Ihre Kunden nach jedem Servicetelefonat befragen, ob ihr Problem zufriedenstellend gelöst wurde. Gleichzeitig macht es natürlich keinen Sinn, zu viele Messwerte zu produzieren, zum einen, weil sie redundant sind, und zum anderen, weil sie bei der Ermittlung wie auch bei der Auswertung einen Aufwand erzeugen.

Meine These: Sie wollen etwas messen, was nicht messbar ist. Daher definieren Sie abgeleitete Kennzahlen, die das Beabsichtigte möglicherweise mittelbar messen. Die Entscheidung, welche Werte Sie verwenden, ist damit Ihrem Ermessen als Entscheider anheimgegeben.

Vielleicht sagen Sie sich, es gibt doch Unternehmensberater, die solche Kennzahlen auf Grundlage von „Best Practice“, also dem Mittelmaß Ihrer Branche festlegen. Damit haben Sie das Problem nur verlagert. Denn nur weil eine große Menge von Unternehmen den falschen Messwert für ihr Kontrollsystem verwendet, heißt nicht, dass es besser ist.

In jedem Fall handelt es sich um einen vermuteten Zusammenhang zwischen dem Messwert und dem Ziel. Das heißt auch, hier geht es nicht um direkt messbare Fakten.

Andere Kennzahlen, wie Liquidität, Eigenkapitalquote etc., sind natürlich messbar. Nur sind diese nicht auf gleiche Weise ausschlaggebend für den Erfolg wie andere strategisch motivierte Ziele. Zum Beispiel das Ziel eines erstklassigen Kundenservice bei einem professionellen Dienstleister. Während das Unternehmen mit Letzterem einen Spitzenplatz im Markt einnehmen muss, dürfen die genannten messbaren Kennzahlen sich auf einem gesunden durchschnittlichen Niveau bewegen.

Neben der schwierigen Umsetzung eines rein faktenbasierten Entscheidens führt es auch in ein Dilemma. Entscheidungen sollten auf Grundlage des eigenen Bedarfs erfolgen. Dieser ist nicht allein in betriebswirtschaftlich messbaren Kriterien wie Kosten und Ertrag abzubilden. Denn dann würde jeder beliebige Entscheider in derselben Situation dieselbe Wahl treffen. Wie wahrscheinlich ist es, dass dies sinnvoll ist?

4.4.1 Die Faktenfalle in der Praxis

David Müller ist Produktmanager in einem Fachverlag. Er ist verantwortlich für eine Linie von erfolgreichen Beratungsbriefen für Privatpersonen. Zielgruppen sind Mütter von Kleinkindern, junge Erwachsene, die das erste Mal in eine eigene

Wohnung ziehen, etc. Der Bedarf danach ergibt sich aus der geringen Erfahrung der jeweiligen Zielgruppe in den für sie neuen Lebensumständen.

Im gleichen Verlag gibt es auch eine Fachgruppe für Zeitmanagementsysteme. Von dort stammt die Idee, ob über den Beratungsbrief-Vertriebskanal nicht auch zielgruppenspezifisch Zeitplansysteme für die einzelnen Kundengruppen der Beratungsbriefe vermarktet werden können. Der Produktmanager hat den Auftrag, zu prüfen, ob das neue Angebot Sinn macht. Wenn er eine Empfehlung aussprechen sollte, wird es einen Markttest geben, der allerdings sehr teuer ist. Sein unmittelbarer Vorgesetzter Herbert Banker möchte dabei kein „Marketinggewäsch", sondern belastbare Fakten sehen, auf denen die Entscheidung gründet.

Eine erste Recherche zeigt, dass es durchaus kundenspezifische Zeitmanagementsysteme gibt, die über den Beratungsbrief eines Wettbewerbers vertrieben werden. Allerdings richtet sich dieser andere Beratungsbrief nicht nur an Privatpersonen, sondern stellt eine umfangreiche Lebensmanagementberatung zur Verfügung.

Über einen nicht ganz offiziellen Kanal verschafft sich Müller Einblick in die Verkaufzahlen des Konkurrenten. Diese sind durchaus vielversprechend.

Davon ermutigt, führt er eine Kundenbefragung (Panel) durch, die ein sehr positives Votum der Nachfrage für ein zielgruppenspezifisches Zeitmanagementsystem abgibt.

Produktmanager Müller ergänzt seinen Bericht noch um Konzeptverbesserungen, die das eigene Angebot trotz der unterschiedlichen Zielgruppe aus seiner Sicht attraktiver machen, und spricht sich darin für eine Projektumsetzung aus.

Wenig später sitzt er Herbert Banker gegenüber, der an dem Bericht kein gutes Haar lassen will.

Herbert Bankers Argumente

Argumente
Die Zielgruppen der eigenen Beratungsbriefe unterscheiden sich deutlich von dem untersuchten Geschäftsvorbild.
Ein Panel gibt nur eine Stimmungslage wieder, aber keinen echten Bedarf.

Sein Vorwurf: Müllers Empfehlung für das Projekt basiert auf Vermutungen und nicht auf Fakten.

Einige Tage später empfiehlt der Produktmanager, das Projekt nicht weiterzuverfolgen, da es keine Möglichkeit gebe, belastbare Fakten zu finden, die für eine solche Empfehlung sprechen.

Im konkreten Fall gebe es kein Vorbild, wo das Produkt der angepeilten Zielgruppe bereits angeboten worden wäre. Daher fehle entsprechendes Zahlenmaterial. Mit anderen Worten, Produktmanager Müller ist mit seinem ursprünglichen Votum eingeknickt, weil die Aufgabenstellung von vornherein nicht lösbar war.

4.4.2 Wie erkenne ich die Faktenfalle?

In normalen Entscheidungssituationen gibt es immer eine große Menge von möglichen Entscheidungskriterien. Diese basieren auf dem eigenen Bedarf. Wenn ich meine Entscheidungen also rein auf Fakten aufbaue, vernachlässige ich sehr wahrscheinlich wesentliche Zielsetzungen meiner Entscheidung.

Die Prüffrage ist hier: Gibt es zumindest ein Kriterium, das nicht gemessen wird, sondern meiner Einschätzung als Entscheider unterliegt? Wenn ich als Entscheider die Frage mit Nein beantworte, könnte die Faktenfalle bereits zugeschnappt sein.

4.4.3 Wie vermeide ich die Faktenfalle?

Anders als viele andere Entscheidungsfallen wird die Faktenfalle selten intuitiv gewählt. Denn ich muss schon einige Verrenkungen machen, um meine Entscheidungen allein auf Fakten basieren zu lassen.

Das heißt, wenn Sie ein Kandidat für die Faktenfalle sind, müssen Sie zuerst bei Ihrer eigenen Grundüberzeugung ansetzen, dass allein faktenbasierte Entscheidungen sinnvoll sind.

Wenn Sie sich davon verabschiedet haben, können Sie einen bedarfsorientierten Ansatz für Ihre Entscheidung entwickeln. Langjährige Anhänger faktenbasierter Entscheidungen empfinden diese Vorgehensweise oft als zu leicht und vermuten, etwas falsch zu machen. Daher müssen sie erst etwas Selbstvertrauen entwickeln.

4.4.4 Was kostet mich die Faktenfalle?

Faktenbasierte Entscheidungen orientieren sich weder an einem Ziel, noch sind sie bedarfsorientiert. Allerdings sind sie im Regelfall nicht unwirtschaftlich. Wie in dem geschilderten Beispiel bleiben allerdings innovative Alternativen häufig ungenutzt. Diese bieten meistens die höchsten Margen. Gleichzeitig steigt allein durch die Globalisierung der Wettbewerbsdruck ständig an. Was dies mit einem Unternehmen macht, lässt sich Mitte des ersten Jahrzehnts des 21. Jahrhunderts gut an der Siemens AG sehen. Das Unternehmen hat es sich zur Philosophie gemacht, immer erst abzuwarten, wie es sogenannten First Movers in einem Markt ergeht. Auf diese Weise waren die Risiken zwar viel geringer, aber der Punkt „Innovation“ blieb außen vor.

Kunden suchten in Siemens immer die technische Zuverlässigkeit. Wenn Siemens diese Erwartung nicht erfüllen konnte, gab es keinen Grund mehr, ein Siemens-Produkt zu kaufen. Insbesondere in Märkten mit sehr kurzen Produktzyklen versagte die Firmenstrategie. Daher wurde z. B. das Geschäft mit Mobiltelefonen an ein taiwanesisches Unternehmen (BenQ) abgegeben und der Netztechnikbereich in ein Joint Venture mit Nokia eingebracht.

Die Faktenfalle kostet also die lukrativen unternehmerischen Chancen und unterstützt Entscheider nur im Bereich sehr weniger strategischer Ausrichtungen.

4.4.5 Steckbrief

Name: Faktenfalle

Der Entscheider lässt seine Entscheidung nur auf messbaren Fakten basieren. Zielorientierte und innovative Entscheidungen sind so nicht möglich.

Häufigkeit	●○○○○○
Risiko	●●●●○○

Erkennungsmerkmale

Nur messbare Entscheidungskriterien
Wenig Zusammenhang zwischen Zielsetzung und Entscheidungskriterien
Negative Einstellung des Entscheiders gegenüber weichen Faktoren

Gegenstrategien

Zulassung von nicht direkt messbaren Entscheidungskriterien

4.5 Die Randfalle

Ich möchte mit Ihnen ein Experiment machen. Stellen Sie sich vor, Sie müssten für sich bestimmen, wie wichtig einzelne Kategorien für Sie im Leben sind. Sie können dabei pro Kategorie zwischen einem und fünf Punkten vergeben. Je höher der Wert, desto wichtiger ist die Kategorie für Sie. Die Punkte, die Sie vergeben, sollen Einfluss darauf haben, wie viel Zeit Sie darauf verwenden wollen.

So würde eine Gleichverteilung der Punkte zu absolutem Mittelmaß in Ihrem Leben führen, da Sie sich auf nichts wirklich konzentrieren könnten. Beispielhaft habe ich meine eigenen Werte in der ersten Spalte bereits eingetragen.

Was ist für Sie wichtig?

	Beispiel-Bewertung	Ihre Bewertung
Geld	3	
Familie	4	
Freundschaft	4	
Gesundheit	3	
Entspannung	2	

Vergeben Sie bitte zwischen 1 und 5 Punkten pro Kategorie

Beispielhafte Gewichtung von Werten

Bitte füllen Sie jetzt Ihre Spalte aus.

Das Verfahren soll dazu dienen, Ihre Präferenzen abzubilden. Wie ging es Ihnen dabei? Es ist gar nicht so einfach, die richtigen Bewertungen zu finden.

Einfacher geht es mit einem paarweisen Vergleich.

Dabei wird jede Kategorie mit jeder anderen verglichen. Diejenige Kategorie, die Ihnen wichtiger ist, erhält als Sieger pro Vergleich einen Punkt. Wenn Sie sich nicht entscheiden können, welche Ihnen wichtiger ist, bekommt jede Kategorie einen halben Punkt.

Nachfolgend geben Sie für jeden Vergleich jeweils Ihre Bewertung ab. Wie zuvor auch, habe ich beispielhaft meine eigene Bewertung bereits eingetragen.

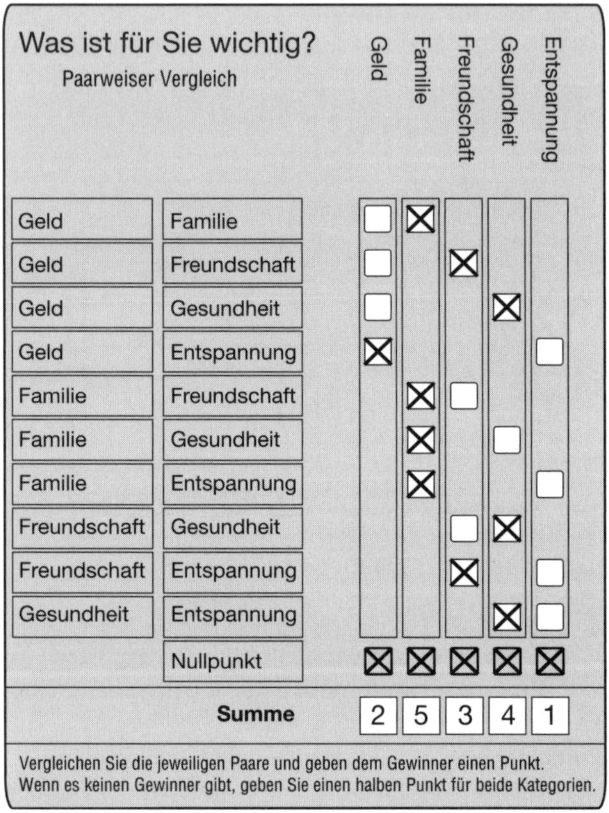

Beispielbewertung im paarweisen Vergleich

Wundern Sie sich bitte nicht über den „Nullpunkt“. Ohne diesen lägen die Bewertungen zwischen null und vier Punkten anstatt zwischen einem und fünf. Nehmen Sie jetzt Ihre Bewertung vor:

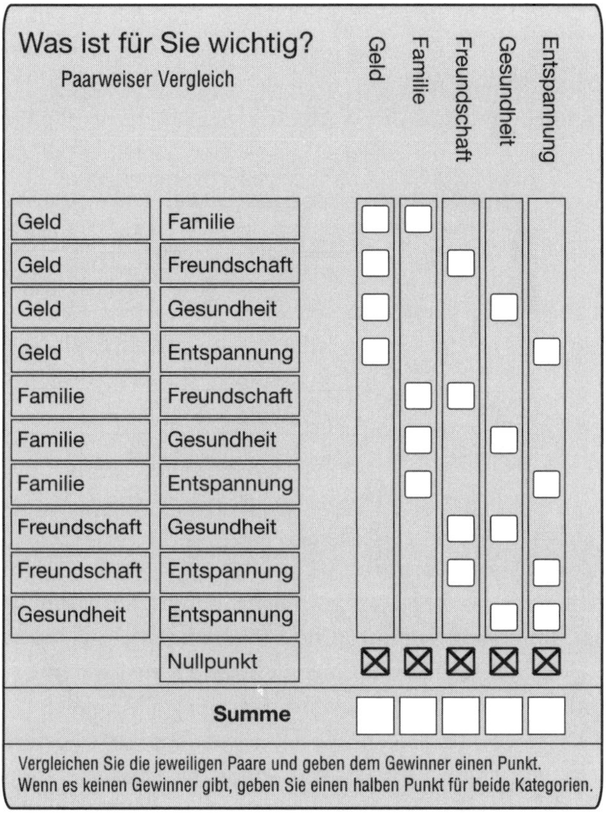

Vorlage für die eigene Bewertung im paarweisen Vergleich

Anders als in unserem ersten Experiment, das einen absoluten Bewertungsmaßstab zugrunde legt, ist dies ein relativer Bewertungsmaßstab. Sie messen die einzelnen Kategorien aneinander.

Die Entscheidung, ob eine Kategorie wichtiger ist als die andere, ist weniger komplex, als zu entscheiden, ob eine Kategorie z. B. zwei, drei oder vier Punkte verdient hätte.

Daher gibt der paarweise Vergleich unsere Präferenzen oft besser wieder als ein absoluter Maßstab.

Da wir bei beiden Verfahren unsere Präferenzen ermitteln wollen, sollten sich die Werte für die Kategorien nicht wesentlich unterscheiden.

Schauen wir uns die Werte aus meinem Beispiel an:

Vergleich der Ergebnisse der beiden Bewertungsverfahren

	Absolute Bewertung	Paarweiser Vergleich
Geld	3	2
Familie	4	5
Freundschaft	3	3
Gesundheit	4	4
Entspannung	2	1

Pro Kategorie konnten zwischen 1 und 5 Punkten vergeben werden.

Die Ergebnisse der beiden Bewertungsverfahren unterscheiden sich

Es fällt auf, dass die Kategorie, die bei mir am wenigsten wichtig ist, im ersten Verfahren besser abschneidet als im zweiten. Umgekehrt schneidet die wichtigste Kategorie im ersten Verfahren schwächer ab als im paarweisen Vergleich.

Offensichtlich neigen wir dazu, bei absoluten Bewertungen, die extremen Werte zu vermeiden. Das passiert übrigens oft bei Mitarbeiterbewertungsverfahren in Unternehmen. Davon profitieren sehr schwache Mitarbeiter, während die Spitzenkräfte frustriert werden, weil sie unter ihrem Wert eingeschätzt werden.

Bei der Gewichtung von Entscheidungskriterien nenne ich dies die Randfalle, weil die Nichtvergabe bestimmter Gewichtungen Ränder nach unten (ungenutzte niedrige Gewichtungen) und oben (ungenutzte hohe Gewichtungen) entstehen lässt.

Wie sind Ihre Erfahrungen mit diesem Experiment? Geht es Ihnen auch so? Nicht jeder sitzt der Randfalle auf. Erfahrungsgemäß passiert das etwa 70 % der Entscheider.

4.5.1 Wie sieht die Randfalle in der Praxis aus?

Die Randfalle kann Ihnen an zwei Stellen Ihrer Entscheidungen begegnen:

- bei der Gewichtung Ihrer Entscheidungskriterien,
- bei der Bewertung von Alternativen bezüglich einzelner Entscheidungskriterien.

Franz Bergers Unternehmen baut Kies ab und verkauft diesen an Bauunternehmen der Umgebung wie auch an den Großhandel. Er ist bereits mehr als 40 Jahre in der Branche und seine Söhne haben kein Interesse an dem harten Geschäft. Daher möchte Berger einen Partner in das Unternehmen aufnehmen. Er hat das Ziel, sein Unternehmen innerhalb von fünf Jahren vollständig an den neuen Partner zu verkaufen.

Über einen Vermittler sind verschiedene Kandidaten auf ihn zugekommen und er wird sich bald für einen entscheiden müssen. Daher überlegt er sich, welche Kriterien er für die Entscheidung anlegen möchte.

Sein Ziel: Übergabe des Unternehmens an einen fähigen Unternehmer.

Entscheidungsauslöser (Chance/Problem): Er wird für das Geschäft langsam zu alt und möchte das über viele Jahre hart erwirtschaftete Geld auch noch ein wenig genießen.

Gewünschte Ergebnisse

- Ein dem Firmenwert entsprechender Preis.
- Der gute Ruf des Unternehmens bleibt auch unter dem neuen Eigentümer erhalten.
- Der neue Partner und spätere Eigentümer ist ihm sympathisch.
- Der neue Partner kennt sich in der Branche aus und bringt wertvolle Kontakte mit.

- Der neue Partner verfügt über das nötige Geld, den Kaufpreis ohne obskure Finanzierungen zu bezahlen.
- Der neue Partner schätzt Franz Bergers Erfahrung und will davon profitieren.

Status-quo-Ergebnisse (was er von heute beibehalten möchte)

- Er behält den direkten Kontakt zu den Mitarbeitern, die er beinahe ein halbes Leben kennt.

Unerwünschte Ergebnisse (was er unbedingt vermeiden möchte)

- Finanzschwacher Partner.
- Nicht vertrauenswürdiger Charakter des Partners.
- Schlechtes persönliches Verhältnis zu dem Partner.
- Unternehmenspleite.

Daraus entwickelt er seine Entscheidungskriterien und gewichtet sie im nächsten Schritt nach der Wichtigkeit, die sie für ihn haben.

Gewichtete Kriterien

Kriterium	**Gewichtung**
Preis	4
Finanzkraft des Partners	3
Persönlicher Eindruck	3
Erfahrung des Partners	2
Kontakte des Partners	2

Es fällt auf, dass Bergers Gewichtung der Kriterien keine Höhen und Tiefen kennt. Der Preis ist ihm wichtiger als andere Aspekte der Entscheidung, aber selbst das ist nur eine Tendenz.

Danach bewertet er die potenziellen Partner Dietrich Blender, Xaver Reich und Armin Leuchter nach einem festen Maßstab mit jeweils null bis fünf Punkten pro Kriterium und multipliziert die Bewertungen jeweils mit der Gewichtung.

Kriterien	Gewichtung	D. Blender		X. Reich		A. Leuchter	
		ungew.	gewichtet	ungew.	gewichtet	ungew.	gewichtet
A Preis	4	4	16	2	8	3	12
B Finanzkraft des Partners	3	3	9	4	12	2	6
C Persönlicher Eindruck	3	2	6	4	12	2	6
D Erfahrung des Partners	2	4	8	2	4	3	6
E Kontakte des Partners	2	1	2	4	8	2	4
			41		**44**		**34**

Entscheidungsmatrix von Unternehmer Berger

Die Entscheidung ist eindeutig, Xaver Reich konnte sich danach klar gegenüber den anderen Kandidaten durchsetzen. Ein letzter Test soll dem Unternehmer noch mehr Sicherheit bringen.

Da die Gewichtung seiner Entscheidungskriterien keine großen Schwankungen aufweist, macht Berger den Gegentest mit einem paarweisen Vergleich aller Entscheidungskriterien.

In der folgenden Matrix hat der Unternehmer seine Kriterien von A bis E durchnummeriert. Bei den Vergleichsfeldern, an denen sich die Kriterien von A bis E kreuzen, hat er das für ihn jeweils wichtigere Kriterium eingetragen. Um eine Nullgewichtung eines Kriteriums zu vermeiden, bekommt ein Kriterium beim Vergleich mit sich selbst ebenfalls einen Zähler. Am Ende zählt Berger zusammen, wie oft er die einzelnen Kriterien als wichtiger eingeschätzt hat:

Kriterium		Vergleichsfeld					
		A	**B**	**C**	**D**	**E**	**Gewicht**
A	Preis	**A**	A	A	A	A	5
B	Finanzkraft des Partners		**B**	C	B	B	3
C	Persönlicher Eindruck			**C**	C	C	4
D	Erfahrung des Partners				**D**	D	2
E	Kontakte des Partners					**E**	1

Gewichtungsmatrix für den paarweisen Vergleich

Sofort fällt auf, dass es mit den Kriterien A (fünf Punkte) und E (ein Punkt) tatsächlich zwei Randwerte gibt. Die Gewichtung fällt also mit dem paarweisen Vergleich anders aus als bei der absoluten Bewertung. Wie wirkt sich das auf die Entscheidung aus?

Kriterien	Gewichtung	D. Blender		X. Reich		A. Leuchter	
		ungew.	gewichtet	ungew.	gewichtet	ungew.	gewichtet
A Preis	5	4	20	2	10	3	15
B Finanzkraft des Partners	3	3	9	4	12	2	6
C Persönlicher Eindruck	4	2	8	4	16	2	8
D Erfahrung des Partners	2	4	8	2	4	3	6
E Kontakte des Partners	1	1	1	4	4	2	2
			46		**46**		**37**

Entscheidungsmatrix mit neuer Gewichtung

Es kommt zu einem Gleichstand der beiden Kandidaten Blender und Reich! Auch wenn damit das bisherige Ergebnis nicht verkehrt wird, Berger ist doch überrascht.

Mein Tipp: Verwenden Sie zur Gewichtung Ihrer Entscheidungskriterien einen paarweisen Vergleich. Dann werden Ihre Präferenzen immer richtig durch Ihre Entscheidungen abgebildet.

4.5.2 Wie erkenne ich die Randfalle?

Die Randfalle ist wieder eine Entscheidungsfalle, die sich selten von außen erkennen lässt. Es kann zwar sein, das sehr niedrige oder sehr hohe Werte in der Einschätzung fehlen. Das ist allerdings kein Beweis. Denn kein Naturgesetz verpflichtet uns, z. B. ein Entscheidungskriterium mit einer besonders niedrigen Wichtigkeit zu haben, und umgekehrt sind Sie auch nicht verpflichtet, einen Kriterienstar mit der entsprechend hohen Wichtigkeit zu haben. Gerade die Gewichtung von Entscheidungskriterien ist sehr persönlich. Denn jeder Mensch hat seine eigenen Präferenzen.

Am besten, Sie überprüfen Ihre eigenen Bewertungen hin und wieder mittels eines paarweisen Vergleichs. Das zeigt Ihnen, ob Sie anfällig dafür sind oder nicht.

4.5.3 Wie vermeide ich die Randfalle?

Die Randfalle gibt es nicht nur bei Entscheidungsproblemen, sondern überall, wo wir irgendwelche Aspekte bewerten müssen. Besondere Furore hat das Thema in der Personalbeurteilung gemacht. Gerade Unternehmen mit leistungsabhängigen Lohnbestandteilen oder strengen Up-or-out-Regeln wollten diese Herausforderung in den Griff bekommen.

Manche Unternehmen haben deshalb ihren Führungskräften die Vorgabe gemacht, einen bestimmten Prozentsatz ihrer Mitarbeiter besonders schlecht und einen kleinen Prozentsatz besonders gut einzuschätzen. Logischerweise führte das zu massiven Ungerechtigkeiten. Das Bewertungssystem mutierte durch seine demotivierende Wirkung zur selbsterfüllenden Prophezeiung.

Daher halte ich es auch im Entscheidungsumfeld für keine gute Idee, vorzuschreiben, dass die niedrigste Bewertung und die höchste Bewertung jeweils mindestens einmal vorkommen müssen. Denn damit wird der Bedarf, den der Entscheider haben darf, durch die Methodik eingeschränkt. Methodik ist wichtig, aber sie muss dem Menschen dienen und nicht umgekehrt.

Ich nutze für die Gewichtung meiner Entscheidungskriterien immer den paarweisen Vergleich. Da ich dabei immer für ein Bewertungspaar bestimme, welches ich als wichtiger einschätze, mache ich mir keine Gedanken, ob es angemessen ist, dass einzelne Kriterien nur wenige oder sehr viele Punkte bekommen.

Anders ist der Fall, wenn ich einschätzen möchte, inwiefern eine Entscheidungsalternative ein Kriterium erfüllt. Die Zahl der zu vergleichenden Bewertungspaare wäre einfach zu hoch. Stattdessen lege ich für jedes Entscheidungskriterium einen Maßstab fest, was jeweils erfüllt sein muss, um eine bestimmte Punktzahl zu verdienen (siehe Kapitel 5). Das funktioniert in diesem Kontext, weil sich am Kriterium festmachen lässt, was der Entscheider sich wünscht. Entscheidungskriterien hingegen können nur am Ziel gemessen werden und der Zusammenhang damit ist nicht so klar zuzuordnen.

4.5.4 Was kostet mich die Randfalle?

Die Randfalle begünstigt Alternativen, die besonders gut unwichtige Entscheidungskriterien erfüllen, und senkt die Wahrscheinlichkeit, dass die Wahl auf Alternativen fällt, die unsere wichtigen Entscheidungskriterien besonders gut abdecken. Da dieser Effekt nicht die ganze Entscheidung auf den Kopf stellt, sondern lediglich die Bewertung verzerrt, kostet die Randfalle möglicherweise die unternehmerische Chance der besten Alternative. Mache ich als Entscheider das dauerhaft, dann werden meinem Unternehmen Spitzenleistungen unmöglich sein. Zugleich wird die strategische Zielsetzung nicht mehr lupenrein abgebildet.

4.5.5 Steckbrief

Name: Randfalle

Der Entscheider scheut davor zurück, das volle Spektrum der Gewichtungen für Entscheidungskriterien zu vergeben. Das verzerrt das Entscheidungsergebnis.

Häufigkeit	●●●●○○
Risiko	●●●●○○

Erkennungsmerkmale

Entscheidungskriterien haben keine sehr niedrige oder sehr hohe Bewertung

Gegenstrategien

Gewichtung der Entscheidungskriterien mittels paarweisen Vergleichs

Bewertung von Alternativen mittels eines festgelegten und nachprüfbaren Maßstabs

4.6 Die Entweder-oder-Falle

Wie soll ich als Entscheider meine Entscheidungskriterien gewichten? Sie geben meinen Bedarf wieder, also sollte ich wissen, was mein Unternehmen benötigt. Für die einen ist das relativ klar und sie können ziemlich genau darstellen, was ihnen besonders wichtig ist. Andere tun sich damit schwer. Das liegt häufig daran, dass sie die Wichtigkeit eines Entscheidungskriteriums gegenüber dem anderen ins Extreme verkehren. Nach dem Motto: „Kann ich eher ohne Rendite oder ohne Kunden leben?“ Auf diese Frage gibt es keine gute Antwort, denn ein Unternehmen braucht beides. Die extreme Fragestellung führt leider oft zu Antworten, die angstgeprägt sind, aber nicht den eigenen Bedarf wiedergeben.

Die Gewichtung von Entscheidungskriterien ist immer auch von der augenblicklichen Situation des Entscheiders abhängig. Wenn es einem Unternehmen gut geht, bewertet der Entscheider das Kriterium Liquidität nicht so hoch, wie wenn dem Unternehmen die Insolvenz droht. Die Entweder-oder-Falle lässt den Entscheider so tun, als wären alle Kriterien einem Mangel ausgesetzt.

4.6.1 Die Entweder-oder-Falle in der Praxis

Roland Meier besitzt mehrere Schuhläden in einer Region. Aufgrund des Eindringens einer großen Schuhdiscountkette überlegt er sich, was er tun kann, um keine Kunden an den Konkurrenten zu verlieren. Dabei steht die Idee im Vordergrund, dass seine Filialen sich abheben müssen. Im Preis klappt das voraussichtlich nicht, da der Gegner in jedem Fall die besseren Einkaufskonditionen hat.

In Richtung zu großer Exklusivität kann er auch nicht gehen, da vornehmlich Familien bei ihm einkaufen. Diese würden bei einer Änderung des Konzepts ausbleiben. Daher möchte er die Weichen für eine stärker serviceorientierte Zukunft stellen.

Zielsetzung der Entscheidung: Die eigene Marktposition durch Serviceorientierung zu vergrößern.

Entscheidungsauslöser (Problem/Chance): Neuer Wettbewerber betritt den Markt.

Problemlösende Frage: Wie kann Meier die neue Herausforderung zu einer Chance machen?

Erwünschte Ergebnisse

- Bestandskunden binden,
- neue Kunden hinzugewinnen,
- mehr Geld verdienen,
- positive Öffentlichkeitswirkung,
- Kunden begeistern,
- Durchsetzung höherer Preise,
- bessere Margen.

Status-quo-Ergebnisse

- Bestandskunden binden.

Unerwünschte Ergebnisse

- Hohe Anlaufinvestitionen,
- Veränderung des Charakters seiner Läden.

Daraus entwickelt er seine Entscheidungskriterien:

Entscheidungskriterien
Kundenbegeisterungspotenzial
Höhere Margen
Öffentliche Wahrnehmung
Kosteneffizienz
Charakter der Läden bleibt bestehen

Im nächsten Schritt gewichtet Meier seine Entscheidungskriterien. Dazu stellt er sich im Detail die Frage: Auf was kann ich am wenigsten verzichten? Bei dieser Frage kommt natürlich Kosteneffizienz an die erste Stelle. Denn wenn die Kosten ständig höher als die Einnahmen sind, kann sein Unternehmen nicht existieren. Wenn die Läden eine katastrophale öffentliche Wahrnehmung haben, dann wird er allerdings auch kein Geschäft machen. Nach einiger Zeit steht die Gewichtung, aber Unternehmer Meier ist sich seiner Sache überhaupt nicht sicher.

Entscheidungskriterien	**Gewichtung**
Kundenbegeisterungspotenzial	3
Höhere Margen	2
Öffentliche Wahrnehmung	4
Kosteneffizienz	5
Charakter der Läden bleibt bestehen	1

Immer wenn bei einer strategischen Entscheidung die Kosteneffizienz das größte Gewicht hat, ohne dass hohe Kosten der Auslöser für die Entscheidung sind, dann ist etwas faul im Staate Dänemark. Niedrige Kosten sind bei unternehmerischen Entscheidungen eine Nebenbedingung, aber sie bestimmen das Handeln nicht.

Wenn Unternehmer Meier seine Entscheidung trotzdem treffen wollte, würde er sich wohl für ein paar Pressemitteilungen entscheiden. Denn diese sind preiswert und stärken die öffentliche Wahrnehmung. Wie sehen Sie das? Reicht es, angesichts des neuen Konkurrenten ein paar Pressemitteilungen zu schreiben?

4.6.2 Wie erkenne ich die Entweder-oder-Falle?

Als Entscheider gewichte ich meine Entscheidungskriterien nach meinem Bedarf. Wenn die Gewichtung besonders stark auf den betriebswirtschaftlichen Grundkriterien liegt, wie Kosten, Rendite, Kunden, ohne dass mein Unternehmen in einer existenziellen Krise steckt, dann könnte ich der Entweder-oder-Falle aufgesessen sein.

Wenn Sie bei der Gewichtung der einzelnen Kriterien schon merken, dass Sie eigentlich keine klaren Aussagen über das Existenzielle hinaus machen können, sollte das für Sie ein Warnsignal sein.

4.6.3 Wie vermeide ich die Entweder-oder-Falle?

Der Entscheider geht bei der Entweder-oder-Falle davon aus, dass er nur das eine oder das andere haben kann und nicht beides.

Im realen Leben ist dies aber nicht der Fall. Sondern es geht immer darum, ob ich auf einen Teil des einen verzichten kann, um vom anderen mehr zu haben.

Bei der Gewichtung Ihrer Entscheidungskriterien sollten Sie immer von Ihrem Entscheidungsziel ausgehen. Für das Praxisbeispiel heißt das, Unternehmer Meier fragt sich, ob er ausgehend von dem angestrebten Ziel bereit ist, bei der Kosteneffizienz Abstriche zu machen. Im Gegenzug sollte er eine Steigerung der Kundenbegeisterung im ähnlichen Umfang erzielen. Wenn er dazu bereit ist, gewichtet er das Thema Kundenbegeisterung höher als die Kosteneffizienz. Damit sollten Sie die Entweder-oder-Falle zuverlässig vermeiden.

4.6.4 Was kostet mich die Entweder-oder-Falle?

Mit der Entweder-oder-Falle werden die existenziellen Grundlagen im Rahmen der Entscheidung zu stark gewichtet. Der Entscheider kann sich so nicht für eine innovative Lösung entscheiden. Unternehmen beziehen ihr Existenzrecht daraus, eine Marktalternative darzustellen. Damit ist auch immer ein gewisser Grad an Innovation erforderlich. Fallen die Entscheider des Unternehmens der Entweder-oder-Falle zum Opfer, dann findet diese nicht statt und über kurz oder lang kann es seine Rolle im Markt nicht mehr wahrnehmen.

Für den Entscheider selbst ist die Entweder-oder-Falle insofern fatal, weil er seinen Bedarf in der Entscheidung durch die Gewichtung der Kriterien marginalisiert. Er wird also Entscheidungen treffen, deren Ergebnisse seine Ziele nicht widerspiegeln.

4.6.5 Steckbrief

Name: Entweder-oder-Falle

Der Entscheider geht bei der Gewichtung der Kriterien nicht davon aus, dass verschiedene Aspekte in einer Alternative vereinbar sind. Er blockiert sich dadurch.

Häufigkeit	●●○○○○
Risiko	●●●●●●

Erkennungsmerkmale

Bei der Gewichtung stehen existenzielle Kriterien im Vordergrund
Gewichtung gibt das Ziel der Entscheidung nicht angemessen wieder

Gegenstrategien

Akzeptieren: Erfüllung aller Kriterien in einer Alternative ist möglich
Häufiges Priorisierungstraining
Bedeutung der Kriterien für die Zielsetzung der Entscheidung steht im Vordergrund

4.7 Die Wahllosfalle

Stellen Sie sich vor, Sie bekommen einen Anruf. Eine sympathische Stimme bietet Ihnen eine Anzeige in einer namhaften deutschen Wirtschaftszeitung für den Bruchteil des normalen Preises an. Der einzige Haken: Sie müssen sich innerhalb von 24 Stunden entscheiden, ob Sie die Anzeige schalten wollen.

Nachdem Sie aufgelegt haben, denken Sie sich: „Das ist schon ein ganz guter Preis. Soll ich es machen oder nicht?" Und schon sitzen Sie in der Wahllosfalle!

Der Anzeigenverkäufer hat mit der Art seiner Fragestellung für Sie das echte Entscheidungsproblem vernebelt. In Wirklichkeit geht es ja nicht darum, ob Sie diese spezielle Anzeige schalten oder nicht. Das dahinter liegende Entscheidungsproblem ist vielmehr, wie Sie Ihr Marketingbudget am sinnvollsten einsetzen, um ein Maximum an Kunden zu erreichen.

Mit dieser anderen Sichtweise haben Sie plötzlich eine viel größere Anzahl von Alternativen. Die angebotene ist eine dieser Alternativen, aber sie ist vielleicht nicht die beste.

Kennzeichen dieser Falle ist die Abwesenheit von Alternativen neben dem „ich mache es“ oder „ich mache es nicht“. Sie haben keine echte Wahl, daher nenne ich es die „Wahllosfalle“. Für eine gute Entscheidung müssen wir zumindest drei realistische Alternativen haben.

Diese Entscheidungsfalle wird allerdings nicht nur von außen an uns herangetragen. Häufig befinden wir uns vor einer Spontanentscheidung. Sollen wir dem Dienstleister einen Folgeauftrag geben oder noch warten? Sollen wir dem unfähigen Idioten gleich die Kündigung geben? Sollen wir dem neuen Preis zustimmen oder einen Widerspruch formulieren?

Es gibt zahllose dieser Entscheidungen, die wir oft schnell und stimmungsgetrieben treffen müssen.

Vielleicht sagen Sie jetzt: „Ich würde nie etwas am Telefon kaufen, noch dazu, wenn ich unter zeitlichen Druck gesetzt werde.“

Wie ist es damit: „Chef, Chef, wir haben ein Problem und können nicht weiterarbeiten. (Sie verlieren gerade Geld!) Aber ich habe eine Lösung und die sieht so aus: ... – Sollen wir das so machen?“

Diese Situation kommt jeden Tag vor und es ist absolut normal, dass wir in diese Falle gehen. Niemand bemerkt, dass er überhaupt eine Entscheidung trifft. Denn eine Entscheidung zeichnet sich ja durch eine Wahl unter verschiedenen Alternativen aus und wir lösen hier ja nur ein Problem.

4.7.1 Die Wahllosfalle in der Praxis

Der Schuhhändler Roland Meier erlebt verteilt über einen ganz normalen Arbeitstag eine ganze Reihe von Entscheidungsfallen:

Er kommt wie jeden Morgen kurz vor acht Uhr in sein Büro. Eine Assistentin hat ihm am Abend zuvor einige Informationen auf den Schreibtisch gelegt, mit denen er sich jetzt auseinandersetzen muss. Einer seiner Filialleiter würde gerne eine zusätzliche Verkaufskraft halbtags einstellen, um flexibler bei der Schichtplanung zu sein. Meier weiß, dass diese Flexibilität wichtig für die Motivation der Verkäufer ist. Daher stimmt er zu.

Ein anderer Filialleiter hat mit zurückgehenden Umsätzen zu kämpfen, weil in unmittelbarer Nachbarschaft ein großer Schuhdiscountmarkt eröffnet hat, und möchte daher erreichen, dass Meier die Planzahlen für seine Erfolgsrechnung nach unten anpasst. Dies kann er zwar verstehen, aber es widerstrebt ihm, da die Filialleiter durch erfolgsabhängige Gehaltsbestandteile umgekehrt auch am Erfolg partizipieren. Er erwartet von dem Filialleiter eigentlich, aktiv etwas gegen die Kundenerosion zu tun oder zumindest Personal freizusetzen, wenn weniger Kunden ins Geschäft kommen.

In seine Überlegungen hinein klingelt das Telefon. In der Nacht wurde in eines der Geschäfte eingebrochen. „Ich möchte für die Untersuchungen der Polizei und die Überprüfung, was fehlt, die Filiale zwei Stunden geschlossen halten", wünscht sich Filialleiter Norbert Rümmel. Hintergrund ist natürlich, dass Rümmel für Verluste durch Einbruch keine Verantwortung trägt, aber bei Schwund durch Ladendiebstahl Prämienabzüge erleidet. Meier möchte allerdings nicht zu den Einbruchschäden noch Umsatzeinbußen erleiden und entscheidet das Ansinnen abschlägig. Die Polizei soll während des normalen Betriebs Spuren sichern und der Schwund in Rümmels Geschäft wird dieses Quartal nicht mit dessen Prämienkonto verrechnet.

Als Nächstes kommt der Vertreter eines wichtigen Lieferanten. Der möchte ihn zum einen für eine neue Produktlinie gewinnen, die in Testregionen schon sehr erfolgreich gelaufen ist. Zum anderen sollen wieder einmal die Kosten für Rohmaterial und Energie etc. gestiegen sein. Es ist die Zeit der Jahresendgespräche und die Preise für das kommende Jahr werden neu ausgehandelt.

Aufgrund des Einstiegs eines großen Schuhdiscounters in seinen regionalen Markt hat Meier hier jedoch keine Bewegungsfreiheit. Dem Vertreter ist sein Unwillen über die mangelnde Flexibilität seines Gegenübers deutlich anzusehen. Schließlich knickt Meier doch ein und akzeptiert 5 % höhere Einkaufspreise, da er auf die Produkte des Lieferanten angewiesen ist. Die neue Produktlinie wird er vorerst nicht in sein Angebot aufnehmen.

Kurze Zeit später ruft ein anderer Lieferant an. Er hat einen Sonderposten Schuhputzschwämmchen, die er Meier zum Aktionspreis anbietet. Schuhputzschwämmchen gehören nicht zu den Lieblingsprodukten des Unternehmers, da sie sich nur langsam abverkaufen und keine gute Marge haben. Allerdings stimmt die Marge in diesem Fall aufgrund des niedrigen Aktionspreises. Als er aber von seiner Assistentin hört, dass der Schuhdiscounter die Schwämmchen gerade zum Minimalpreis verkauft, lehnt er das Angebot ab. Allerdings fragt er sich schon, woher seine Assistentin weiß, was die Konkurrenz gerade im Angebot hat …

Es ist noch nicht einmal Mittag und Meier hat bereits eine große Anzahl von Entscheidungen getroffen. Jede dieser Entscheidungssituationen ist dem Unternehmer in Gestalt einer Wahllosfalle begegnet. Allerdings hängt es von seiner Erfahrung ab, ob er im Ergebnis in die Falle getappt ist oder nicht.

Entscheidungen von Unternehmer Meier

Entscheidungs-problem	**Wahllosfalle angenommen**	**Weitere Alternative entwickelt**
Mitarbeiter einstellen?	Ja	
Planzahlen anpassen?	Ja	
Filiale kurzfristig schließen?	Nein	Ja

Entscheidungs-problem	Wahllosfalle angenommen	Weitere Alternative entwickelt
Neue Produktlinie aufnehmen?	Ja	
Preissteigerung akzeptieren?	Ja	
Sonderposten kaufen?	Ja	

Die Entscheidungen, die Meier zu treffen hatte, präsentieren sich ausnahmslos als Wahllosfalle. Nur in einem Fall konnte er sich daraus befreien und eine zusätzliche Alternative entwickeln. Müssen ihm diese Entscheidungen geschadet haben? Nicht unbedingt, nur geht es hier nicht um Schaden, sondern um Möglichkeiten und Chancen, die andere Alternativen darstellen.

Bei der Frage, ob er Rümmels Filiale kurzfristig schließen soll, kam ihm sicherlich seine Erfahrung zugute. Er kannte die bessere Alternative bereits und musste sie nur anwenden.

4.7.2 Wie erkenne ich die Wahllosfalle?

Formal ist die Wahllosfalle leicht zu erkennen. Wenn das Entscheidungsproblem nur zwei Alternativen anbietet, wie „ich mache es" und „ich mache es nicht", dann liegt die Wahllosfalle vor. Allerdings fällt das dem Entscheider in der Praxis selten auf. Denn aufgrund der Fragestellung ist der Entscheider meist so sehr auf die Unterscheidung der beiden Alternativen fixiert, dass er sich auch gar keine anderen Alternativen vorstellen kann.

Allerdings ist die Wahllosfalle auch an zahlreichen anderen Symptomen zu erkennen.

1. Die Entscheidung hat in der Regel kein klar formuliertes Ziel, sondern lediglich ein Thema.
2. Der Entscheidungsauslöser ist meistens ein spontanes Ereignis.

3. Das Entscheidungsproblem ist geschlossen formuliert. Eine offene Formulierung stellt sich in der Form dar: „Wie kann Problem X gelöst werden?“ Geschlossen formuliert lautet die gleiche Frage: „Löst Alternative Y mein Problem X?“
4. Das Entscheidungsproblem dreht sich eigentlich nur um eine Alternative. Der Gegenentwurf ist, alles beim Alten zu belassen.
5. Oft wendet der Entscheider keine aus seinem Bedarf entstandenen Entscheidungskriterien an. Sondern entscheidet aufgrund einer Vorteil-Nachteil-Betrachtung oder aus dem hohlen Bauch heraus.
6. Der Entscheider empfindet das Ganze meist nicht als Entscheidung, sondern als Problemlösung.

4.7.3 Wie vermeide ich die Wahllosfalle?

Die Wahllosfalle ist nicht immer nur negativ für den Entscheider. Denn sie bedeutet ja gleichzeitig eine verringerte Komplexität. Würden sich alle Unternehmer und Manager in ihren Entscheidungen jedes Mal mit einer Traube von Alternativen beschäftigen, wären die Entscheidungen zwar insgesamt besser, aber das chronische Zeitmanagementproblem dieses Personenkreises würde sich verschärfen.

Daher ist es wichtig, in welchen Fällen ich bewusst die Wahllosfalle akzeptiere und wo ich das nicht mache.

Ich kann sie ganz einfach vermeiden. Hier gelten die gleichen Gesetze wie bei der allseits bekannten Fragetechnik. Eine geschlossene Frage: „Geht es Ihnen gut?“, lässt sich ohne viel Aufwand in eine offene Frage umformulieren: „Wie geht es Ihnen?“

So könnte der Schuhhändler das Entscheidungsproblem „Soll ich für den Filialleiter wegen der Konkurrenz des Discounters seine Planzahlen nach unten anpassen?“ umformulieren. Als offenes Entscheidungsproblem lautet es: „Wie kann ich meinen Filialleiter dabei unterstützen, sich gegen den neuen Discounter zu behaupten?“

Ein wenig enger gefasst könnte das Entscheidungsproblem auch lauten: „Wie soll ich allgemein mit meinem Planzahlensystem für die Prämienentlohnung der Filialleiter umgehen, wenn sich die Wettbewerbsvoraussetzungen mitten im Jahr ändern?“

Es hängt also von der jeweiligen Zielsetzung ab. Im einen Fall ist es der Wunsch, auf den Filialleiter einzugehen, im andern Fall die Überlegung, dass die Prämienentlohnung universell anwendbar sein sollte.

Wie unterscheide ich, ob ich eine Wahllosfalle akzeptiere oder nicht?

Ganz grundsätzlich sollte ich immer dann die Fragestellung für bessere Alternativen öffnen, wenn die beiden Alternativen, um die es geht, nicht attraktiv sind.

Für alle anderen Entscheidungen in der Wahllosfalle gilt das Paretoprinzip. Die wichtigen 20 % der Entscheidungen (A-Entscheidungen), die in der Zukunft für 80 % des Ergebnisses verantwortlich sind, müssen unbedingt aus der Wahllosfalle befreit werden. Für alle anderen dürfte es sich aufgrund der Masse der zu treffenden Entscheidungen oft nicht lohnen.

4.7.4 Was kostet mich die Wahllosfalle?

Die Wahllosfalle kostet alle Chancen, die in den niemals betrachteten Alternativen schlummern. Gleichzeitig sind die so getroffenen Entscheidungen nur durch Zufall bedarfsgerecht. Denn der Entscheider trifft die Entscheidung ja nicht aufgrund seines Bedarfs, sondern weil das Entscheidungsproblem spontan im Wege steht.

Der einzige Grund, warum die Wahllosfalle nicht ständig in den Abgrund führt, liegt in der hohen Zahl von Routineentscheidungen dahinter. Der Entscheider berücksichtigt dann schon implizit weitere Alternativen aus seinem Erfahrungsschatz.

Das ändert jedoch nichts daran, dass die Kontrolle über die Entscheidung in diesem Fall nicht vom Entscheider ausgeht. Denn er kennt seinen Bedarf nicht wirklich.

4.7.5 Steckbrief

Name: Wahllosfalle

Der Entscheider hat nur eine Alternative zur Auswahl. Macht er es oder nicht? Damit wird das eigentliche Entscheidungsproblem vernebelt.

Häufigkeit ●●●●●●

Risiko ●●●●●●

Erkennungsmerkmale

Der Entscheidung fehlt das klar formulierte Ziel
Es gibt nur eine Alternative
Entscheidungsauslöser ist meistens ein spontanes Ereignis

Gegenstrategien

Formulierung des Entscheidungsziels
Formulierung des Entscheidungsproblems als offene Frage
Bewusste Einbeziehung mehrerer Alternativen

4.8 Die Verwechslungsfalle

Bei der Verwechslungsfalle verwechselt der Entscheider das Entscheidungsziel und das zu lösende Problem. Wenn z. B. bei der Auslieferung an einen Kunden der Lkw liegen bleibt, wird sich der Entscheider in den meisten Fällen damit beschäftigen, wie er das Gefährt möglichst schnell wieder flottbekommt. Im Zweifelsfall läuft das entgegen dem Ziel, die Ware pünktlich an den Kunden auszuliefern. Die zielorientierte Lösung wäre, zunächst einen alternativen Transport für die Ware zu organisieren.

Wenn wir als Entscheider ein Problem zu lösen haben, kann es durchaus sein, dass wir unter Druck stehen. Das Einzige, woran wir dann denken können, ist: „Nur raus hier!“ Das Ziel der Entscheidung ist in dem Moment, die Entscheidung möglichst schnell zu treffen. Oder deutlicher: Das Ziel der Entscheidung ist es dann, eine Entscheidung zu treffen.

Wer diese Tautologie das erste Mal hört, mag stutzen und vielleicht nicht gleich widersprechen. Allerdings verwechselt der Entscheider hier Ziel und Sinn. Denn es ist sicher der Sinn einer Entscheidung, eine Entscheidung zu treffen. Das Ziel ist aber immer ein anderes, dem sich die Entscheidung im Regelfall unterzuordnen hat.

4.8.1 Die Verwechslungsfalle in der Praxis

Der Möbelhersteller Jan Möcker bietet ein innovatives Holzmodulmöbelsystem an, das die Kunden je nach ihren Bedürfnissen kombinieren und zusammenstecken können. Das System wird über mehrere Vertriebspartner europaweit vertrieben. Diese übernehmen auch den Telefonsupport. Aufgrund des großen Erfolgs des Modulsystems kommt es zu immer mehr Supportanfragen. Darauf sind die Vertriebspartner nicht eingestellt, was zu Kundenfrust und Überforderung der Vertriebspartner führt.

In Internetforen häufen sich die Nachrichten verärgerter Kunden, was den zukünftigen Vertrieb erschweren könnte. So weit will Möcker es nicht kommen lassen. Er muss das Telefonsupportproblem lösen!

Daher plant er, den Support zukünftig von einem professionellen Callcenter zentral zu erledigen. Dazu hat er sich verschiedene Angebote eingeholt.

Besonders wichtig ist ihm dabei, dass die Callcenteragents durch eine entsprechende Schulung in die Lage versetzt werden, kompetent auf die Kundenanfragen zu reagieren. Allerdings wird ihn die telefonische Kundenbetreuung dann zukünftig sehr viel Geld kosten.

Möcker ist so fixiert auf die Lösung des bestehenden Problems, dass er sich nicht mit der eigentlichen Zielsetzung seiner Entscheidung auseinandersetzt. Das Ziel seiner Entscheidung ist ja nicht die effiziente Erledigung von Betreuungsanfragen seiner Kunden, sondern seine Kunden durch seine Produkte zu begeistern.

Dieses Ziel ist durch den überlasteten Support gefährdet. Seine Lösung dafür sieht eine Kapazitätsvergrößerung und Professionalisierung der Kundenbetreuung vor. Damit spielt er in erster Linie nur an den Symptomen herum, die jetzt unterdrückt werden sollen.

Orientiert er sich dagegen an seinem Ziel, wird er bei der Ursache für die vielen Anrufe bei der Kundenbetreuung ansetzen. Offensichtlich ist die mitgelieferte Aufbauanleitung für viele seiner Kunden nicht verständlich. Wahrscheinlich würde die Telefonbetreuerkapazität seiner Vertriebspartner durchaus ausreichen, wenn er hier ansetzen würde.

Nachdem Möcker sich das selbst klargemacht hat, legt er seinen Fokus wieder auf das Ziel. Er entscheidet sich nicht nur dafür, die Anleitungen zu überarbeiten, sondern auch die Kundenbetreuung fortan im eigenen Haus zu konzentrieren. Dies ermöglicht ihm, auf Kundenprobleme zukünftig kurzfristig reagieren zu können.

Die Problemstellung war in diesem Fall die zu klein bemessene Kapazität der Vertriebspartner zu Supportanfragen. Im Sinne der Verwechslungsfalle hätte sein Ziel geheißen: Erhöhung der Supportkapazität.

Damit hätte er sich lediglich am Problem orientiert und es augenscheinlich für viel Geld gelöst. Auf der anderen Seite muss es zur strategischen Zielsetzung seines Geschäfts gehören, von Laien begreifbare Anleitungen zu schreiben. Genau diese Zielsetzung ist offensichtlich derzeit ungenügend umgesetzt. Mit seiner Entscheidung löst Möcker natürlich auch das Problem. Was aber viel wichtiger ist, er orientiert sich dabei an seinem strategischen Ziel.

Damit ein Entscheider in der Situation das jeweilige Ziel erkennt, muss er sich aus der Problemfixierung lösen und über die Problemsituation hinausschauen. Das fällt dann nicht zu schwer, wenn er einen Katalog von strategischen und erfolgsrelevanten Zielen seines Unternehmens parat hat, an dem er sich orientieren kann. Der Entscheider muss im Falle eines neuen Problems lediglich herausfinden, welche Ziele dadurch beeinträchtigt werden. Schon kennt er im Umkehrschluss auch das der Entscheidung übergeordnete Ziel.

4.8.2 Wie erkenne ich die Verwechslungsfalle?

Wenn ich als Entscheider herausfinden möchte, ob ich der Verwechslungsfalle aufgesessen bin, muss ich in erster Linie nach dem Ziel der Entscheidung fragen. Die nächste Frage gilt dem Entscheidungsauslöser. Im Beispiel von Jan Möcker manifestiert er sich in einem Problem, das zu enttäuschten Kunden geführt hat.

Entscheidungsauslöser sind oft auch Chancen, die es erlauben, ein bestehendes Ziel noch schneller oder noch besser zu erreichen. Im Beispiel könnte Möcker filmische Aufbauanleitungen auf DVD dem Modulsystem beilegen. Ein Film kann häufig Klarheit schaffen, wo eine gedruckte Anleitung versagt.

Im nächsten Schritt muss ich mich fragen, worauf ich mich in meiner Entscheidung fixiert habe, auf das Ziel oder den Entscheidungsauslöser? Die Alternativen, die ich dabei betrachte, geben mir eine ehrliche Antwort.

Beschäftigen sich die Alternativen vornehmlich mit dem Entscheidungsauslöser, dann bin ich der Verwechslungsfalle aufgesessen. Ist es mir dagegen gelungen, Handlungsoptionen zu finden, die es mir ermöglichen, zielorientiert zu entscheiden, dann konnte ich der Falle ein Schnippchen schlagen.

4.8.3 Wie vermeide ich die Verwechslungsfalle?

Jede gute Entscheidung beginnt mit der Frage nach dem Ziel. Bei der Verwechslungsfalle lasse ich mich als Entscheider vom Problem ablenken. Will ich das vermeiden, muss ich zunächst in Erfahrung bringen, welche Ziele durch das auftauchende Problem berührt werden. Da ich dafür beides benötige, Ziel und Problemstellung, gehe ich damit auch bewusst um. Die Verwechslungsgefahr sinkt damit auf ein Minimum.

Allerdings ist die Versuchung dann immer noch groß, in den Symptomen die Problemstellung zu sehen. Wer die Verwechslungsfalle wirkungsvoll vermeiden möchte, hinterfragt daher auch immer die Ursachen für den Entscheidungsauslöser.

4.8.4 Was kostet mich die Verwechslungsfalle?

Die Verwechslungsfalle führt zunächst dazu, dass der Entscheider nicht zielorientiert handelt, sondern problemorientiert. Er gibt damit die Verantwortung für die Steuerung der Entscheidung an den Entscheidungsauslöser.

Mehrere Entscheidungen, die unter der Verwechslungsfalle entstehen, steuern den Entscheider in einen Schlingerkurs ohne erkennbare Richtung. Ein ansonsten zielstrebiger Entscheider baut mit der Verwechslungsfalle kaum nachvollziehbare Umwege in sein Handlungsschema ein. Oft entscheidet er sich dann für Alternativen, die als Lösung mittelfristig keinen Bestand haben.

4.8.5 Steckbrief

Name: Verwechslungsfalle

Der Entscheider beschäftigt sich mit der Lösung des Entscheidungsproblems, ohne das Ziel zu berücksichtigen.

leich

lem

4.9 Die Treibjagdfalle

Kennen Sie das Prinzip einer Treibjagd?

Sie brauchen eine Anzahl von Treibern, einige Hunde und natürlich den Jäger. Die Beute wird durch laute Rufe und Klopfen der Treiber aufgeschreckt und in eine vermeintlich sichere Richtung getrieben.

Tragischerweise lauert genau dort die einzig echte Gefahr, denn die Treiber sind nicht bewaffnet.

Die Beute möchte sich aus der Situation befreien und läuft dorthin, wo es sicher scheint. Peng! Jetzt wird klar, dies ist eine Falle. Solche Treibjagdfallen gibt es auch für Unternehmer.

Wie oft passiert es, dass Entscheider ihre Entscheidungen unter Druck treffen müssen? Oft beruht dieser Druck auf der Fehleinschätzung einer Situation. Es gibt also „Treiber", die den Druck auf den Entscheider aufbauen, sei es, dass sie ohne realen Hintergrund eine schnelle Entscheidung verlangen, sei es, dass der Entscheider das schon ganz von selbst macht. Auch wenn die Bedrohung real ist und die Entscheidung getroffen werden muss, spricht dennoch nichts dagegen, dass der Entscheider eine wohlabgewogene Entscheidung trifft.

Die Rolle des Jägers kommt als schneller Ausweg aus der Situation daher, der deshalb so attraktiv wirkt, weil er den Druck schnell vom Entscheider nimmt und aufgrund mangelnder anderer Alternativen als vernünftige Alternative angesehen wird.

Die Rolle der Beute spielen wir als Entscheider! Tragischerweise steht dahinter keine gelenkte Aktion, sondern wir sind es, die die Treibjagdfalle verursachen und in Funktion setzen.

4.9.1 Die Treibjagdfalle in der Praxis

Ralf Krämer ist unternehmerisch am Ende. Privat hat er für seine Verhältnisse enorme Schulden angehäuft. Der einzige Wert, der ihm verblieben ist, liegt in seiner Unternehmensmarke und einem Restkundenstamm. In seiner Glanzzeit wurde viel über sein Geschäft geschrieben, sodass seine Marke bei den Zielgruppen eine große Bekanntheit besitzt.

Die Schulden drücken ihn zu Boden. Immer wieder melden sich Gläubiger, die mit dem Schlimmsten drohen, um endlich ihr Geld zu bekommen. Als Einzelunternehmer steht er für seine Schulden mit seinem Privatvermögen ein. Anrufe nimmt er nur sehr ungern an, weil die meisten davon nur einem Thema gelten. Die Situation ist für ihn kaum mehr zu ertragen. Er muss etwas tun!

Da meldet sich Gero Reichwald, der einer Holding mit mehreren Firmen vorsteht, die eine ähnliche Dienstleistung wie Krämers Firma für jeweils verschiedene Zielgruppen erbringen. Sein Angebot: Krämer bringt sein Unternehmen (die bekannte Marke) als kleine Gesellschaft in die Holding ein und erhält eine 25-prozentige Beteiligung an der neuen Holdingtochter. Mit neuem Geld sollte es doch mit dem Teufel zugehen, wenn Krämers Marke nicht florieren würde. Krämer wird Geschäftsführer von der Holdingtochter und übernimmt gleichzeitig eine Funktion in der Holding. Für die Rolle als Geschäftsführer soll er kein Geld bekommen, aber für seinen Job bei der Holding.

Er bringt zwar seine Marke in das Unternehmen ein, erhält dafür aber keinen weiteren finanziellen Ausgleich. Nach der langen Zeit mit extremen Geldsorgen klingt Reichwalds Angebot wie eine Offenbarung. Nachdem Krämer seit Wochen auf Tauchstation vor seinen Gläubigern ist, sieht er keine andere Alternative.

Er willigt in den Vertrag ein. Kurze Zeit später teilt er seinen verbliebenen Kunden mit, dass es bald wieder mit der Marke aufwärtsgehen werde, weil Reichwalds Holding plant, die Holdingtochter mit frischem Geld auszustatten.

Einer seiner treuesten Kunden meldet sich daraufhin und fragt, warum Krämer sich ihm nicht anvertraut hat. Er hätte die Marke sehr gerne gekauft und dafür auch einiges auf den Tisch gelegt!

Es kommt, wie es kommen musste. Während der Probezeit trennen sich Reichwald und Krämer wieder. Die ehemals starke Marke wird zu Werbezwecken für die anderen Holdingtöchter eingesetzt, ohne dass Gewinn bei Krämers Gesellschaft entstehen würde. Faktisch hat er sich durch seine Entscheidung enteignet und den einzigen Wert verloren, der zur Reduzierung seiner Schulden hätte beitragen können.

Dieser Fall ist sicherlich extrem. Aber er verdeutlicht, dass Krämer aufgrund des hohen Drucks den „leichten Ausweg“ genommen hat. Da er sich vorher nicht um andere Alternativen bemüht hatte, wusste er auch nichts von dem Interesse seines treuen Kunden. Heute arbeitet Krämer als Angestellter und trägt die während seiner Unternehmerzeit entstandenen Schulden ab.

4.9.2 Wie erkenne ich die Treibjagdfalle?

Die Treibjagdfalle ist immer durch großen Druck und Zeitmangel gekennzeichnet. Der Entscheider glaubt, sich einen ausführlichen Entscheidungsprozess nicht leisten zu können. Daher hat er auch nur sehr wenige Lösungen entwickelt, die das Problem lösen können. Der Druck kann real sein, aber auch eingebildet.

Entscheidungen, die in der Treibjagdfalle fallen, sind im Regelfall nicht zielorientiert, sondern versuchen, die Drucksituation zu lösen. Aufgrund des Drucks sind dann auch alle anderen Bedarfe des Unternehmens nachgelagert und spielen keine wesentliche Rolle.

4.9.3 Wie vermeide ich die Treibjagdfalle?

Wie bei jeder guten Treibjagd gibt es die Treiber, die den Druck erzeugen. Wenn ich die Treibjagdfalle also vermeiden möchte, muss ich zuerst wissen, welche Treiber das sind und wie real der Handlungsdruck tatsächlich ist.

Ist der Handlungsdruck tatsächlich echt und ich muss zeitnah eine Entscheidung treffen, dann sollte ich trotzdem dem Druck widerstehen und die Kontrolle über die Entscheidung übernehmen. In solchen Situationen haben wir oft das Gefühl, dass wir es uns nicht leisten können, Zeit für die Entscheidung zu nehmen. In Wirklichkeit können wir es uns gerade nicht leisten, uns keine Zeit dafür zu nehmen! Eine gute Frage kann hier heißen: „Wie würde meine Entscheidung ohne den Handlungsdruck aussehen?“

Gerade unter Drucksituationen sollte ich mir eine große Zahl von Handlungsalternativen schaffen. Denn bedrohliche Situationen brauchen ja die beste Lösung, damit das Problem langfristig nicht wieder entsteht.

4.9.4 Was kostet mich die Treibjagdfalle?

Entscheidungen in einer Drucksituation kosten oft den ultimativen Preis. Denn durch den bestehenden Druck beschränkt sich der eigene Bedarf an einer Lösung auf das rein Existenzielle. Das heißt, sinnvolle Ansätze, z. B. Kunden zu gewinnen, werden nicht berücksichtigt, weil eben gerade der finanzielle Engpass im Vordergrund steht. Der finanzielle Engpass kehrt bald zurück, ohne dass sich Wesentliches geändert hätte.

So kosten Entscheidungen in Treibjagdfallen-Situationen Zeit, die der Entscheider unter Druck doch eigentlich gar nicht hat. Wie am Beispiel gesehen, gehen gute, noch nicht entdeckte Alternativen verloren und damit die interessanten unternehmerischen Chancen.

Oft setzt der Entscheider bei dem Lösungsversuch seine letzten Ressourcen ein. Bei einem Scheitern ist dann auch die letzte Chance verspielt.

Mein Tipp: Wenn Sie das Gefühl haben, durch verschiedene Treiber unter Druck zu stehen und auf dieser Basis eine Entscheidung treffen wollen, lassen Sie es! Überprüfen Sie erst, wie real die Bedrohung tatsächlich ist und ob der sich bietende Ausweg nicht geradewegs vor dem Jäger endet.

4.9.5 Steckbrief

Name: Treibjagdfalle

Der Entscheider befindet sich in einer extremen Drucksituation. Er möchte nur noch entkommen und verzichtet daher auf die Suche nach attraktiven Alternativen.

Häufigkeit	●●○○○○
Risiko	●●●●●●

Erkennungsmerkmale

Es gibt Treiber, die Druck auf den Entscheider ausüben
Der Entscheider steht unter Zeitdruck
Der Entscheider steht unter existentiellem Druck
Es gibt keine bedarfsbezogenen Entscheidungskriterien

Gegenstrategien

Entscheidungstreiber hinterfragen
Entwicklung eines Ziels und von Entscheidungskriterien
Entscheidung nicht unter Druck

4.10 Die Akzeptanzfalle

Vielleicht kennen Sie auch solche Leute, die in ein Restaurant gehen, die Karte studieren und dann anfangen: „Kann ich den Salat bitte ohne Oliven haben?“

„Ist in der Kräutersoße etwa Petersilie? Dann lassen Sie das weg.“

„Anstatt der Kartoffeln hätte ich gerne Pommes frites.“

Vielen Leuten ist das unangenehm. Denn wozu gibt es denn eine Speisekarte, als Angebot an den Kunden gewissermaßen.

Nicht so Personen, die mit dem Kellner ein neues Gericht aushandeln. Für sie sind die Gerichte auf der Karte ein Lösungsvorschlag, den sie nach ihren Vorstellungen optimieren.

Egal ob Mitarbeiter oder fremder Anbieter. Sie alle kommen zu uns als Entscheider und wir sollen dann evaluieren, ob wir das Angebot annehmen oder nicht.

Oftmals verkaufen sich die Angebote aber unter Wert. Denn wüssten die Anbieter unsere genauen Entscheidungskriterien und wie wir sie gewichten, könnten sie erheblich bessere Angebote machen. Genauso wie der Kellner im Restaurant.

Beim Entscheiden ist das wie mit dem Gast im Restaurant. Sie können Angebote direkt akzeptieren. Dann werden Sie nur selten eine optimale Lösung erhalten. Ich nenne das die Akzeptanzfalle.

Viel besser ist es, wenn Sie jeden Bereich des Lösungsvorschlags als verhandelbar annehmen. Der Anbieter wird Ihnen schon sagen, was er machen kann oder was nicht.

Wichtig dabei: Anders als im Restaurant werden Sie versuchen, jede Alternative zu optimieren, bevor Sie eine Entscheidung treffen. Nur dann können Sie sicher sein, dass Sie alle Ihre Chancen genutzt haben.

4.10.1 Die Akzeptanzfalle in der Praxis

Theo Bergmann hat einen mittelständischen Automobil-Zulieferbetrieb. Die Anzahl der IT-Anlagen ist in den letzten 30 Jahren immer weiter angewachsen. Heute gibt es keine Abteilung mehr, in der nicht zumindest ein vernetzter PC stehen würde. Alle drei bis fünf Jahre, je nach Einsatzgebiet, müssen neue Anlagen her. Jedes Jahr nimmt die Komplexität der Systeme zu und der bisherige IT-Dienstleister ist mit der Aufgabe überfordert. Daher will Bergmann seine gesamte IT-Anlage auf eine neue Grundlage stellen. Ein Unternehmen soll ihm für die nächsten Jahre die Hardware liefern und allen Service dazu anbieten. Das ist ein professioneller Ansatz, der die ausufernden Kosten der IT-Systeme senken und ihre generelle Verfügbarkeit erhöhen soll.

Er holt sich diverse Angebote kleinerer und größerer Anbieter ein. Sein Anforderungsprofil sieht dabei folgendermaßen aus:

1. Der Anbieter übernimmt sämtliche bestehenden Anlagen in den Vertrag.
2. Neue Hardware und Ersatzinvestitionen haben einen vorab vereinbarten Preis.
3. Für alle IT-Systeme im Unternehmen gilt ein Servicevertrag, der deren generelle Verfügbarkeit garantiert.
4. Über Schulungen im ganzen Unternehmen wird die Produktivität der Mitarbeiter an den IT-Systemen erhöht.

Der letzte Punkt hat für Bergmann eine besondere Bedeutung. Über Jahre hat er immer wieder gelesen, dass die Software moderner Systeme viel mehr kann, als tatsächlich von den Mitarbeitern genutzt wird. Danach ist es wohl so, dass ein Mitarbeiter, der neu an einem System ausgebildet wurde, lediglich 20 % der Möglichkeiten nutzt. Wenn später eine neue Softwareversion eingesetzt wird, sinkt der Nutzungsgrad merklich, da die neuen Funktionen eher gemieden werden. Theo Bergmann sieht hier eine brachliegende Produktivität, die relativ einfach zu heben sein müsste.

Kurze Zeit später liegen die Angebote vor. Mit großer Spannung schaut er sich den Angebotspunkt mit den Trainingskonzepten an. Ernüchtert stellt er schnell fest, dass ihm im Wesentlichen die üblichen Office-Schulungen und Trainings zur verwendeten Unternehmenssoftware angeboten werden. Diese haben seine Mitarbeiter allerdings teilweise bereits mehrfach besucht, ohne dass sie dadurch wirklich produktiver geworden wären. Die Angebote unterscheiden sich in ihren Leistungen kaum, daher müsste er sich auf der Grundlage des Preises entscheiden.

Die Branche dieser Servicedienstleister scheint hochstandardisiert zu sein, sodass keiner der Anbieter auf die Idee gekommen ist, Bergmann zu fragen, was er unter einem erfolgreichen Trainingskonzept versteht. Die zurückliegenden Erfahrungen mit den Schulungen und aus Gesprächen mit den Mitarbeitern haben ihm gezeigt, dass eine Schulung im Rahmen der bestehenden Arbeitsabläufe erfolgen müsste. Das heißt, ein IT-Coach müsste sich mit dem Aufgabenfeld des einzelnen Mitarbeiters so intensiv befassen, dass er diesen ausschließlich in Funktionen schult, die der auch sinnvoll einsetzen kann. Leider bietet das keiner der Anbieter an.

Bergmann wird sich überlegen müssen, ob er den Bereich IT-Softwareschulung nicht aus dem Vertrag herauslöst, um möglicherweise ein besseres Angebot in diesem Bereich zu finden.

In dem Beispiel ist der Entscheider mit den Angeboten nicht zufrieden, denn er hat eine konkrete Vorstellung, was er von ihnen erwartet. Gleichzeitig geht er davon aus, dass sein Ansinnen wohl nicht branchenüblich ist und daher auch nicht erfüllt werden kann.

Ich halte es jedoch für eine verpasste Chance, die Angebote nicht mit den Dienstleistern zu diskutieren und ihnen so die Möglichkeit der Nachbesserung zu geben.

4.10.2 Wie erkenne ich die Akzeptanzfalle?

Die Akzeptanzfalle ist eine Konsequenz der starken Standardisierung von Angeboten. Die Kunden möchten gerne eine Vergleichbarkeit herstellen. Das geht allerdings nur, wenn die zu vergleichenden Angebote grundsätzlich das Gleiche beinhalten.

Trotzdem hat jedes Unternehmen seine eigenen Strukturen und Abläufe. Es ist daher sehr unwahrscheinlich, dass ein standardisiertes Angebot den jeweiligen Bedarf verschiedener Unternehmen vollständig abdeckt.

Die Entscheider werden der Individualität des eigenen Unternehmens nicht gerecht, wenn sie die Anbieter nicht um eine Optimierung ihrer Angebote bitten.

Die Angebotsfalle ist für den Entscheider daher relativ einfach zu erkennen. Vergleicht er lediglich standardisierte Angebote und geht dabei Kompromisse ein, ohne die Anbieter um eine Nachbesserung zu bitten, dann ist die Akzeptanzfalle zugeschnappt.

4.10.3 Wie vermeide ich die Akzeptanzfalle?

Wie bei jeder guten Entscheidung sollte sich der Entscheider über seinen Bedarf klar werden. Das ist die Grundvoraussetzung.

Wenn ich meinen Bedarf kenne, kann ich dem Anbieter auch sagen, wo sein Angebot mehr leistet, als ich haben möchte, und wo es meinen Bedarf nicht deckt.

Dann stellt sich natürlich die Frage, ob er darauf eingeht oder nicht. Anbieter, die Standardangebote machen, haben immer eine große Konkurrenz auf ihren Märkten. Sie sind daher häufig gerne bereit, individuelle Vereinbarungen zu treffen, da sie darüber auch dem Preiswettbewerb entgehen.

Verhandlungen über die Preise wiederum sind für manche Entscheider ein Argument, von sich zu behaupten, die Akzeptanzfalle wäre für sie gar kein Thema.

Verhandlungen über den Preis sind allerdings sehr häufig nur ein Zeichen dafür, dass der Entscheider seinen Bedarf nicht genau kennt. Das Einzige, was er sicher weiß, ist, dass der Preis nie niedrig genug sein kann.

4.10.4 Was kostet mich die Akzeptanzfalle?

Die Akzeptanzfalle ist in ihren Auswirkungen ähnlich der Angebotsfalle. Es macht wenig Unterschied, ob ich meinen Bedarf auf die Angebote zurechtstutze oder meinen Bedarf von den Angeboten ableite. In jedem Fall sind die dabei entstehenden Entscheidungen nicht Ausdruck individuellen Unternehmertums, sondern des Abrutschens in ein Mittelmaß. Was bedeutet es, wenn die Unternehmen alle ihre Leistungen auf der Grundlage von Standards erstellen? Sie sind alle vergleichbar. Warum sollte der Markt eine Vielzahl gleichartiger Unternehmen brauchen, wenn diese keine Vielfalt an Alternativen produzieren?

Unternehmen dagegen, die sich durch ihre Individualität abheben und ihren Kunden eine echte Alternative zum standardisierten Einheitsbrei bieten, haben eine echte Existenzberechtigung.

4.10.5 Steckbrief

Name: Akzeptanzfalle

Der Entscheider versäumt es, sich die unternehmerischen Potenziale seiner Entscheidung zu erschließen. Er muss mit dem Kompromiss leben.

Häufigkeit ●●●●○○
Risiko ●●●●○○

Erkennungsmerkmale

Hoch standardisierte Alternativen
Alternativen decken den Bedarf des Unternehmens nur unvollständig
Das einzige Verhandlungsthema ist der Preis

Gegenstrategien

Genaues Wissen über den eigenen Bedarf
Klare Kommunikation, wie der eigene Bedarf genau erfüllt werden soll
Ermittlung der Angebotslücken und durch die Anbieter schließen lassen

4.11 Die Enigmafalle

Der Begriff Enigma steht für „Rätsel, Geheimnis". Genau so gehen viele Entscheider mit einigen wichtigen Entscheidungskriterien um. Sie werden geheim gehalten, weil sie externen Anbietern oder aber auch Mitarbeitern etwas über das Unternehmen und ihre Entscheider verraten. Leider kann niemand Gedanken lesen. Das heißt, die Wahrscheinlichkeit, dass ein Angebot zufällig diese Kriterien erfüllt, ist gering. Daher muss ein Entscheider in der Enigmafalle mit dem Kompromiss leben können, denn er wird selten etwas anderes erleben.

4.11.1 Die Enigmafalle in der Praxis

Klaus Müller möchte in seinem Betrieb eine Mittelstandssoftware einführen lassen. Die Software steht bereits fest, es fehlt nur noch der Implementierungspartner, also eine IT-Beratung, die dafür sorgt, dass die Software reibungslos eingeführt wird. Dazu sind auch noch Anpassungen notwendig, die programmiert werden müssen.

Die Einführung der Software ist nicht das erste Projekt, bei dem Berater in den mittelständischen Betrieb kommen. Daher weiß Müller, dass „Anzugträger" bei seinen Mitarbeitern sehr schlecht ankommen. Sie nehmen dann schnell eine ablehnende Haltung ein. Ähnliches gilt auch für die teuren Autos der Berater, insbesondere wenn die Berater noch jung sind. Das letzte Projekt musste daher enorme innere Widerstände überwinden und wäre fast gescheitert.

Daraus hat er gelernt. Er weiß, dass er die Befindlichkeiten seiner Belegschaft berücksichtigen muss:

- Die Berater sollten keine Anzugträger sein.
- Die Berater sollten nicht mit teuren Autos vorfahren.
- Es sollten eher ältere Berater sein, die über das notwendige Fingerspitzengefühl verfügen.
- Die Fachabteilungen sollten in die Planungen der IT-Berater immer mit einbezogen werden.
- Der Implementierungsplan sollte so gestaltet werden, dass der Projektendtermin auch unter schwierigen Bedingungen eingehalten werden kann.

Neben diesen internen Kriterien stellt er offizielle Anforderungen für die Ausschreibung auf, damit die Anbieter auf dieser Grundlage ihre Angebote abgeben können:

Offizielle Ausschreibungskriterien

Ausschreibungskriterien
Zu implementierende Software
Bestehende Anwendungen, zu denen Schnittstellen angepasst werden müssen
Zu implementierender Leistungsumfang
Gewünschter Projektzeitrahmen
...

Kurze Zeit später kommen fünf Unternehmen zu der von Müller angebotenen Fragestunde. Die Vertreter von vieren davon tragen Anzüge und kommen im obligatorischen BMW. Der fünfte dagegen kommt im Rollkragenpullover und einem leicht schmuddeligen Golf. Das macht ihn zwar für Müllers Belegschaft sympathisch, der Unternehmer selbst jedoch ist nicht so sehr beeindruckt.

Einige Wochen später bekommt er die verschiedenen Angebote. Die Differenzen zwischen den Angeboten sind minimal und lassen sich vornehmlich im Preis ausdrücken. Letztlich bleibt es eine Frage seiner internen Kriterien, wer den Zuschlag bekommen soll.

Leider kann er dazu nur eine geringe Aussage machen. Vom Erscheinungsbild hätte der unkonventionelle fünfte Anbieter diesen zwar am ehesten entsprochen, leider signalisiert er damit auch eine Unangepasstheit, die im Projektverlauf noch mehr Schwierigkeiten schaffen könnte als die Aversion seiner Mitarbeiter auf junge arrogante Berater. Unternehmer Müller hat also ein Ausschlusskriterium, das ihm selbst bisher nicht bewusst war.

Wie soll er sich so entscheiden?

Das Beispiel von Klaus Müller zeigt, wie wichtig es sein kann, offen mit den persönlichen Entscheidungskriterien umzugehen. Wären diese Punkte zumindest in der Fragestunde zur

Sprache gebracht worden, hätten die Ausschreibungsteilnehmer darauf schon zu diesem Zeitpunkt eingehen können oder sogar Teil des schriftlichen Angebots werden lassen.

So wissen weder die Anbieter, dass Müller diese Kriterien anlegen möchte, noch kann der Unternehmer sagen, wie die einzelnen Beratungshäuser damit umgehen würden.

Warum will Müller das nicht zur Sprache bringen? Er befürchtet einfach, dass externe Unternehmen den Eindruck gewinnen, er hätte seinen Laden nicht im Griff.

Andererseits wissen alle IT-Berater, dass die betroffenen Mitarbeiter eine Veränderung wie die Einführung einer Mittelstandssoftware nicht mit großem Jubel willkommen heißen werden.

4.11.2 Wie erkenne ich die Enigmafalle?

Die Enigmafalle gehört zu den am einfachsten zu identifizierenden Entscheidungsfallen. Sobald es offizielle und inoffizielle Entscheidungskriterien gibt, hat die Falle zugeschlagen. Allerdings gibt es die Enigmafalle nicht nur gegenüber externen Firmen. Wenn es Probleme in einem Unternehmen gibt, die ihre Ursache in mehr als nur einer Abteilung haben, bildet man gerne bereichsübergreifende Arbeitsgruppen, die beispielsweise Qualitätsprobleme in den Griff bekommen sollen.

Auch hier gibt es häufig den offiziellen Arbeitsauftrag, verschiedene Lösungen zu finden, und die nicht kommunizierten „geheimen“ Entscheidungskriterien, die nur der Geschäftsführung bekannt sind. Fast unausweichlich sind alle vorgeschlagenen Alternativen aus Sicht der Geschäftsführung suboptimal, obwohl die Arbeitsgruppe sich streng an den Arbeitsauftrag hält.

4.11.3 Wie vermeide ich die Enigmafalle?

Entscheider, die der Enigmafalle aufsitzen, fürchten, dass die Kriterien, auf deren Grundlage sie entscheiden, in den falschen Händen schädlich für ihren Ruf oder das Unternehmen sind.

Wenn ich das Gefühl habe, dass ich bestimmte Entscheidungskriterien nicht kommunizieren kann, muss daher der erste Schritt eine Selbstprüfung sein. Gibt es mögliche Konstruktionen, unter denen es nachteilig ist, wenn Dritte dieses Entscheidungskriterium kennen. Inwiefern entsteht mir dadurch ein Nachteil?

Natürlich ist der menschliche Geist immer kreativ genug, darauf eine Antwort zu finden. Allerdings stellen die meisten Entscheider fest, dass die so entwickelten Szenarien sehr konstruiert sind und die Wahrscheinlichkeit dafür extrem gering ist.

Solchermaßen beruhigt gelingt es den meisten Entscheidern, die für sie persönlich wichtigen Entscheidungskriterien zu kommunizieren.

4.11.4 Was kostet mich die Enigmafalle?

Die Enigmafalle verhindert, dass ich Alternativen angeboten bekomme, die meinem Bedarf entsprechen. Ich kenne zwar meinen Bedarf und kann daher gut erkennen, welche Alternative ihn vergleichsweise am besten erfüllt. Aber die Anbieter bekommen keine Chance, im Rahmen ihrer Möglichkeiten auf mich einzugehen.

Das hat zur Folge, dass ohne Not unternehmerische Chancen vernachlässigt werden.

Wenn wir davon ausgehen, dass unser Bedarf sich aus den Anforderungen des Marktes ergibt, dann wird es schwer für unser Unternehmen. Denn dann können wir genauso wenig auf den Markt eingehen wie vorher die Anbieter unter der Enigmafalle auf uns.

Immer dann, wenn ein anderes Unternehmen uns einen Auftrag um Haaresbreite wegschnappt, weiß ich, die Enigmafalle hat möglicherweise wieder sein Opfer gefordert.

4.11.5 Steckbrief

Name: Enigmafalle

Der Entscheider macht aus seinen Entscheidungskriterien ein Geheimnis. Leider können andere keine Gedanken lesen und bieten daher die falschen Alternativen.

Häufigkeit	●●○○○○
Risiko	●●●●○○

Erkennungsmerkmale

Entscheider scheut die Transparenz seiner Entscheidungskriterien
Dritte kennen nur einen Teil der Anforderungen
Die Alternativen entsprechen nicht dem Bedarf des Unternehmens

Gegenstrategien

Aufdeckung aller relevanten Entscheidungskriterien gegenüber Dritten

4.12 Die Schneckenfalle

„Keine Entscheidung zu treffen ist auch eine Entscheidung", höre ich hin und wieder. Aus meiner Sicht ist das nicht richtig. Denn mit Ihrer Entscheidung übernehmen Sie die Kontrolle über den Fluss der Dinge.

Die Schneckenfalle ist genau das Gegenteil. Der Entscheider lässt die Dinge vor sich hin laufen, verdrängt und schiebt die Entscheidung hinaus, bis es keine andere Möglichkeit mehr gibt. Das Ergebnis ist dann weniger von Kontrolle als vom hilflosen Treiben im Fluss geprägt.

Warum verdrängen wir als Entscheider eine Entscheidung? Meist liegt es daran, dass wir Angst vor kaum einschätzbaren Konsequenzen haben oder ungern jemanden vor den Kopf stoßen.

Bei der Schneckenfalle verdränge ich als Entscheider meine Entscheidung so lange wie möglich.

Das heißt, in der Zeit vom Entscheidungsbedarf bis zur tatsächlich unter Zwang getroffenen Entscheidung mache ich nichts, um eine Lösung herbeizuführen. Allein sich damit schon zu beschäftigen bereitet mir so viel Unbehagen, dass ich es lieber lasse.

Oft fragt man sich, warum der eine oder andere gescheiterte Unternehmer nicht frühzeitig mit seiner Bank gesprochen hat, um z. B. eine liquiditätsspendende Überbrückungsfinanzierung zu bekommen. Dahinter steckt genau dieses Verhalten. Der Unternehmer verdrängt das Problem, bis es nicht mehr geht. Gleichzeitig eignen Banken sich nicht als Notnagel. Sie müssen schließlich ihr Risikoprofil niedrig halten. Wenn ein Unternehmer Tage vor der Insolvenz steht, ist das kein vertrauenerweckendes Signal.

Für mich als Entscheider führt die Schneckenfalle unausweichlich in eine Situation, in der ich es selbst nicht mehr in der Hand habe, eine gute Entscheidung zu treffen. Denn irgendwann ist keine Zeit mehr, neben den bedrohlichen Alternativen auch attraktive Handlungsalternativen zu schaffen.

4.12.1 Die Schneckenfalle in der Praxis

Unternehmer Hans Bremer ist in einer schwierigen Entscheidungssituation. Er hat die operative Führung seines Unternehmens vor einigen Jahren in die Hände des externen Geschäftsführers Frank Hauf gelegt. Nicht ganz zufällig ist Hauf auch Bremers bester Freund und hat diesem in der Jugendzeit häufig aus der Klemme geholfen.

Leider ist Geschäftsführer Hauf nicht das Idealbild des guten Freundes. So weiß unser Unternehmer seit Jahren, dass sein „guter Freund“ sich immer wieder Geld abgezweigt hat und alkoholabhängig ist.

Seit vier Jahren wiederholt sich jedes Quartal das gleiche Spiel: Es kommt zum kleinen Showdown und Bremer konfrontiert Hauf mit dessen Fehlern. Hauf ist dann sehr zerknirscht und gelobt ewige Besserung. Nur es passiert leider nichts. Therapien und Entziehungskuren bricht der Geschäftsführer immer wieder schnell ab, weil er sich angeblich Sorgen um das Unternehmen macht.

Dem Unternehmen geht es derweil immer schlechter. Einst eine wahre Perle, haben viele gute Führungskräfte das Weite gesucht, nicht ohne Unternehmer Bremer klar zu sagen, dass Hauf einfach nur unfähig sei. Die Kunden des Unternehmens sind natürlich auch nicht blind und merken, dass Bremers Unternehmen nicht mehr seinem einstigen Ruf gerecht werden kann, und nutzen das in Preisverhandlungen oder suchen sich einen anderen Anbieter.

Bremer ist in dieser Situation wie gelähmt. Auf der einen Seite weiß er seit Jahren, dass er Hauf auf die Straße setzen müsste, auf der anderen Seite bringt er es nicht fertig, genau das zu tun.

Tatsächlich hat Bremer zwei Entscheidungsprobleme miteinander vermengt. Zum einen das Führungsproblem, das wohl nicht mit einem Alkoholkranken gelöst werden kann, zum anderen die Frage, wie er seinem Freund helfen kann.

Da er die Problematik aber immer wieder verdrängt und mit dem untauglichen Mittel eines persönlichen Gesprächs zu lösen versucht, kann er auch keine guten Alternativen finden. Es ist absehbar, dass er bald keine Kontrolle mehr über die Situation ausüben kann. Denn dann steht das Überleben des Unternehmens auf der Tagesordnung. Für „zivile" Entscheidungen wird dann kein Platz mehr sein.

Hätte Unternehmer Bremer dagegen frühzeitig eine klare Entscheidung getroffen, hätte er sich viele Probleme erspart.

4.12.2 Wie erkenne ich die Schneckenfalle?

Die Schneckenfalle tritt in vielen Unternehmen als die lange vor sich hin kochende Suppe in Erscheinung, die keiner gerne anrührt. Ein Mitarbeiter, der es immer wieder schafft, Unruhe in die Mannschaft zu bringen. Ein Lieblingsprojekt, das seit Jahren nur Kosten produziert und keine Ergebnisse. Ein Kunde, mit dem sich auf lange Sicht kein Geld verdienen lässt und der große Ressourcen bindet. Das Finanzierungsproblem, das wie ein Damoklesschwert über dem Unternehmen hängt. Die Liste lässt sich endlos fortsetzen.

Diesen Problemen ist immer eines gemeinsam. Ein Externer mit gesundem Menschenverstand würde nach kurzer Zeit fragen, warum diese Aspekte nicht angegangen werden, und niemand könnte darauf eine zufriedenstellende Antwort liefern.

Denn der Entscheider hat schon vorab die Kontrolle aufgegeben.

Da die Schneckenfalle für den Entscheider nicht an eine konkrete Entscheidungssituation gekoppelt ist, wird er nicht in so einer Situation auf sie aufmerksam, sondern er muss sich danach auf die Suche machen. Dabei helfen uns folgende Fragen:

1. Welche Problemstellungen und Aspekte im Unternehmen sind derzeit unbefriedigend?
2. Welche dieser Problemstellungen wurden seit mindestens zwei Wochen nicht mehr von mir aktiv bearbeitet?
3. Für welche dieser Problemstellungen gibt es derzeit keine attraktiven Lösungsalternativen?

Im nächsten Schritt muss ich als Entscheider wieder die Kontrolle übernehmen und dringlichkeitsorientiert die offenen Fragen abarbeiten.

4.12.3 Wie vermeide ich die Schneckenfalle?

Am liebsten würde ich Ihnen sage, dass Sie Entscheidungen nicht mehr verschieben sollten. Aber die Praxis zeigt, dass dies so nicht funktioniert. Es gibt immer etwas extrem Wichtiges und Dringliches und gerade aufkommende Problemstellungen müssen dann warten.

Vielen Entscheidern hilft eine stets aktuelle Liste der zu treffenden Entscheidungen bzw. Problemstellungen mit einem jeweils definierten Zeitplan. Entscheidungen können leicht in drei Phasen aufgeteilt werden:

1. Entscheidungsklarheit gewinnen.
2. Attraktive Alternativen schaffen.
3. Größtmögliche Unterstützung sichern.

Am Ende dieser drei Phasen steht die Entscheidung.

Wenn wir für jedes Entscheidungsproblem diese Phasen einplanen und den aus unserer Sicht spätesten Entscheidungszeitpunkt, dann behalten wir die Kontrolle für alle Entscheidungssituationen und stellen sicher, dass wir auch die Ergebnisse erzielen, die wir von uns erwarten.

Anders ist die Situation natürlich, wenn wir die Entscheidung verdrängen wollen, weil wir damit beispielsweise eine andere Person vor den Kopf stoßen oder eine ursprünglich gegebene Zusage nicht einlösen können. Egal, um welche Sache es sich handelt. Je früher ich als Betroffener Bescheid weiß, desto früher kann ich darauf reagieren. Ein Lieferant, der z. B. mit Ihrem Auftrag rechnet, wird eventuell einen anderen Auftrag aus Kapazitätsgründen ablehnen. Ein Mitarbeiter, dem Sie am Ende doch kündigen werden, lehnt vielleicht eine anderes Jobangebot ab, weil er seinen Arbeitsplatz als sicher einstuft. Wenn Sie frühzeitig Klarheit schaffen, dann ist das im Interesse des Anderen. Wenn Sie es vertagen, werden Sie sich unwohl fühlen, weil die Entscheidung wie ein Damoklesschwert über Ihnen hängt. Sie werden trotzdem irgendwann die unangenehme Entscheidung verkünden müssen und Ihr „Opfer“ hat einige Chancen weniger, als wenn Sie es rechtzeitig getan hätten.

4.12.4 Was kostet mich die Schneckenfalle?

Je länger Sie mit einer Entscheidung warten, desto weniger Zeit bleibt am Ende, gute Alternativen zu schaffen. Schlechte Alternativen werden Sie immer finden, aber gute muss man sich selbst erarbeiten.

Wenn wir bei der Schneckenfalle von Kosten sprechen, müssen wir zum einen die persönlichen Kosten und zum anderen die unternehmerischen Kosten unterscheiden.

Die persönlichen Kosten bestehen darin, dass die Schneckenfalle wie eine selbsterfüllende Prophezeiung wirkt. Wir verschieben die Entscheidung, weil wir unangenehme Konsequenzen befürchten. Weil wir die Kontrolle bereits im Vorfeld abgegeben haben, sind die Konsequenzen in der Regel am Ende schmerzhaft. Unsere Vorbehalte werden also bestätigt. Gleichzeitig wissen wir, dass es falsch ist, die Entscheidungen zu vertagen. Aber mit jedem Mal, in dem wir nur aus schlechten Alternativen auswählen können, verleiden wir uns das Entscheiden mehr und mehr.

Die Schneckenfalle ist eine Falle, die jeder Entscheider sehen kann, aber je öfter er auf sie hereinfällt, desto schwieriger wird es für ihn, sich ihres Sogs zu widersetzen. Die persönlichen Kosten liegen also darin, dass unser Entscheidungsverhalten dauerhaft beschädigt wird.

Die Folgen für unser Unternehmen sind ungleich dramatischer. Als Entscheider kann ich nie wirklich falsch liegen. Denn es gibt immer eine Anzahl von Alternativen, die mir bekannt ist, und eine unbekannte Anzahl von Alternativen, die ich nicht kenne. Als Entscheider ist es meine Aufgabe, im Rahmen meiner Möglichkeiten attraktive Alternativen zu schaffen und im Rahmen meines Bedarfs die mir bekannte beste Alternative auszuwählen.

Der Kontrollverlust durch die Schneckenfalle führt in der Regel dazu, dass ich keine attraktiven Alternativen zur Verfügung habe, weil mir die Zeit ausgeht. Mit anderen Worten, ich habe nur bescheidene Alternativen zur Auswahl. Wenn ich keine neuen Alternativen schaffe, dann komme ich einer meiner wichtigsten Aufgaben nicht nach. Daher trifft der Entscheider in der Schneckenfalle fortwährend Fehlentscheidungen.

Damit steuere ich das Unternehmen mittelfristig in den Abgrund. In der Konsequenz gibt es wohl keine Entscheidungsfalle, die so zerstörerisch wirkt wie die Schneckenfalle!

4.12.5 Steckbrief

Name: Schneckenfalle

Der Entscheider zögert unangenehme Entscheidungen immer weiter heraus, bis keine attraktiven Alternativen mehr geschaffen werden können.

Häufigkeit	●●●●●○
Risiko	●●●●●●

Erkennungsmerkmale

Lange Entscheidungszyklen
Unattraktive Entscheidungsalternativen
Keine aktive Alternativenschöpfung durch den Entscheider

Gegenstrategien

Aufstellung einer Liste aller aktiven und inaktiven Entscheidungen
Regel: Enscheidungen bleiben nicht länger als einen Monat liegen
Mit dem Entscheidungsbedarf beginnt die Suche nach Alternativen

4.13 Die Bärenfalle

Wer in der Schneckenfalle sitzt, kommt automatisch in die nächste Falle, die Bärenfalle. Sie zeichnet sich dadurch aus, dass es nur schlechte Alternativen gibt. In so einem Fall haben Sie natürlich keine Chance, eine gute Entscheidung zu treffen.

Als Odysseus die Straße von Messina passieren wollte, hatte er die Wahl zwischen Scylla und Charybdis. Ein Monster auf der einen Seite, ein Wasserstrudel auf der anderen. Nichts davon würde angenehm werden. Der Held der Odyssee sieht leider keine andere Möglichkeit nach Hause zu kommen, als mit seinen Gefährten nahe dem Meeresungeheuer Scylla vorbeizusegeln. Als Entscheider sind wir allerdings meistens keine Helden und leben auch in keiner Saga. Daher können wir uns die dramatischen Momente gerne ersparen.

Für jede Entscheidung gibt es in der Regel eine sehr große Anzahl von Alternativen, die wir leider noch nicht kennen. Bei der Bärenfalle akzeptieren wir also eine Situation, die wir genauso gut auch ändern könnten.

Die Bärenfalle kommt auf zweierlei Weise zustande. Zum einen als Folge der Schneckenfalle, wo der Entscheider seine Zeit zu handeln verspielt, und zum anderen als Wahrnehmungsfehler des Entscheiders, der sich glauben macht, dass es keine besseren Alternativen für diese Entscheidungssituation gibt.

Wie auch die Schneckenfalle ist die Bärenfalle eine Situation, in der ich als Entscheider meine Kontrolle an die Situation abgebe.

4.13.1 Die Bärenfalle in der Praxis

Der Senior-Unternehmer Mark Gruber hat jahrelang die Entscheidung über seine Nachfolge verdrängt. Seine Kinder hatten kein Interesse, es fehlte also an familiären Alternativen. Dann wurde er von einem Tag auf den anderen krank. Wie bei vielen Mittelständlern üblich, war das ganze Unternehmen völlig auf seine Person ausgerichtet. Alles ist bis zu seiner Erkrankung über seinen Schreibtisch gelaufen. Unter diesen Bedingungen klappte jetzt natürlich gar nichts mehr. Das Unternehmen ging in den freien Fall über.

Hätte er sich rechtzeitig um eine Lösung bemüht, wären

bei einem Verkauf ca. fünf Millionen Euro erlöst worden. So hatte er die Wahl, entweder den Betrieb der Bank zu überlassen oder ihn an einen Wettbewerber zu veräußern, der gerade so viel zahlen wollte, dass damit die persönlichen Kredite des Unternehmers abgedeckt werden.

Man kann also sagen, die Alternativen sind ihm ausgegangen und sein Lebenswerk war vergebens. An dem Beispiel kann man sehr schön verfolgen, wie der Entscheider aus der Schneckenfalle direkt in die Bärenfalle gerät. Eine zusätzliche Erschwernis liegt darin, dass der Unternehmer aufgrund der Schwere seiner Krankheit nicht weiß, wie viel Zeit ihm noch bleibt. Wie soll er sich entscheiden?

Im konkreten Fall darf er bei Betrachtung der Alternativen keine endgültige Entscheidung treffen. Denn jede Alternative ist extrem verlustreich und lässt den kranken Unternehmer wie auch seine Familie ohne finanzielle Absicherung zurück. Allerdings kann man sich mitunter Zeit kaufen. Genau das hat Unternehmer Gruber im konkreten Fall getan.

Er stellte schließlich einen Interimsmanager ein, der es erstaunlicherweise fertigbrachte, das Unternehmen aus dem freien Fall innerhalb von zwölf Monaten wieder in die Gewinnzone zu bringen. Es lief dann schließlich so gut, dass der Interimsmanager selbst das Unternehmen über ein „Management-Buy-out" gekauft hat.

Auch wenn der Interimsmanager das Unternehmen nicht gekauft hätte, wären nach der Stabilisierung der Firma die Aussichten auf bessere Alternativen wesentlich besser gewesen als zuvor.

4.13.2 Wie erkenne ich die Bärenfalle?

Die Bärenfalle sollte einfach zu erkennen sein, denn solange ich keine positive Alternative habe, über die ich entscheide, ist es wohl die Bärenfalle, oder? Leider ist es nicht immer ganz so.

Stellen Sie sich vor, einer Ihrer Märkte stirbt, weil z. B. neue Technologien ihn überflüssig machen. Dann geht es bei einer Entscheidung um die Beendigung Ihres Engagements in dem Markt. Die Alternativen reichen dann von „Augen zu und durch" bis zu einem frühen Umstieg in einen neuen Markt.

Selbst die letzte Alternative klingt nicht wirklich großartig. Ein steuerflüchtiger Unternehmer, der die Wahl zwischen einer Landflucht, einer Gefängnisstrafe oder einer hohen Geldstrafe hat, wird die Alternativen auch nicht unbedingt zu schätzen wissen.

Worauf es am Ende ankommt, ist, ob ich mich dafür eingesetzt habe, relativ bessere neue Alternativen zu schaffen oder nicht.

Letztlich ist die Alternative mit einem Marktumstieg besser als die, bis zum bitteren Ende im Markt zu bleiben. Es ist wahrscheinlich auch besser, eine Geldstrafe zu begleichen, als für einige Jahre ins Gefängnis zu müssen.

Ob ich in die Bärenfalle gegangen bin, hängt schlichtweg davon ab, ob ich mich aktiv um neue Alternativen kümmere oder nur darüber lamentiere, dass die Alternativen so schlecht sind.

Zu Überprüfung taugt es, eine Aufstellung zu machen, mit den Alternativen vor Ihrem Einsatz als Entscheider und den Alternativen danach. Ist mindestens eine bessere Alternative dazugekommen, sind Sie zumindest kein Opfer der Bärenfalle geworden.

4.13.3 Wie vermeide ich die Bärenfalle?

Die Bärenfalle kann zum einen durch die Schneckenfalle zustande kommen. Dann ist sie im Regelfall verschärft, weil es an Zeit mangelt, bessere Alternativen zu schaffen. Wie im Beispiel kann ich aber immer versuchen, Zeit zu kaufen. Unternehmer Gruber hat das über das Engagement des Interimsmanagers getan, der sich am Ende auch als Lösung des Gesamtproblems erweist. Das wird nicht immer so sein. Aber es braucht häufig Zeit, um neue Alternativen zu erarbeiten.

Entscheidungssituationen mit ausschließlich schlechten Alternativen können allerdings auch ohne die Schneckenfalle auftreten. Es kommt dann darauf an, die Entscheidung so lange nicht zu treffen, bis bessere Alternativen geschaffen wurden.

4.13.4 Was kostet mich die Bärenfalle?

Da die Schneckenfalle immer in die Bärenfalle führt, sind die Auswirkungen die gleichen. Zum einen sind wir als Entscheider betroffen, weil wir vor Augen geführt bekommen, dass wir unsere Entscheidungen nicht unter Kontrolle haben. Zum anderen sind die Entscheidungsergebnisse, die wir für unser Unternehmen erzielen, am untersten Ende unserer tatsächlichen Möglichkeiten.

4.13.5 Steckbrief

Name: Bärenfalle

Immer wenn es lediglich schlechte Alternativen gibt und der Entscheider keine weiteren Alternativen schafft, sitzt er in der Bärenfalle.

Häufigkeit ●●●○○○

Risiko ●●●●●●

Erkennungsmerkmale

Keine attraktiven Alternativen
Kein Versuch, gute Alternativen zu schaffen
Die Kontrolle liegt nicht beim Entscheider, sondern bei der Situation

Gegenstrategien

Ziel für die Entscheidung festlegen
Den eigenen Bedarf als Entscheidungskriterien formulieren
Alternativen schaffen, die den eigenen Bedarf decken

4.14 Die Vorwärtsfalle

Die Vorwärtsfalle besteht schlichtweg darin, die wichtigste Alternative im Entscheidungsprozess außer Acht zu lassen, die Ausgangssituation. Egal, welche Alternativen zur Wahl stehen, sie müssen sich immer zuallererst an der Ausgangssituation messen lassen. Denn es kann nicht Ziel einer Entscheidung sein, danach schlechter dazustehen als zuvor.

Wie kommt es zu der Vorwärtsfalle? Opfer sind in der Regel Entscheider, die etwas bewegen wollen und sich daher nicht vorstellen können, den Status quo beizubehalten. Bei einer Stellenneubesetzung wird der Nachfolger oft versuchen, die Dinge anders zu organisieren als der Vorgänger. Wegen der Unkenntnis vieler informeller Organisationsstrukturen geht das allerdings oft schief.

Für derart gestaltende Entscheider ist die Ausgangssituation ein rotes Tuch. Allerdings erkennen sie schnell an, dass die Konsequenzen der Entscheidung sich zumindest am Status quo messen lassen sollten.

14.14.1 Die Vorwärtsfalle in der Praxis

Rupert Franz sitzt in der Geschäftsleitung einer mittelständisch geprägten Restaurantkette. Das Unternehmen hat gerade einen neuen Vertriebschef bekommen. Dieser möchte die Arbeitskleidung der Restaurantfachkräfte modernisieren und hat sich dazu Vorschläge von verschiedenen Unternehmen eingeholt.

Zur Wahl stehen:

- die klassische weiße Variante mit Applikationen in der Firmenfarbe „clean Look“,
- die modische Variante im Anzugstil für alle Mitarbeiter und Mitarbeiterinnen,
- die sportliche Variante mit Basecaps, Sweatshirts und Jeans in Firmenfarben-Kombinationen.

Die Entscheidungskriterien, nach denen die Geschäftsleitung entscheiden wird, sind:

1. Die Arbeitsbekleidung muss von den Mitarbeitern akzeptiert werden.
2. Die neue Arbeitsbekleidung darf nicht zu teuer sein, daher viel Polyester und wenig Naturmaterialien.
3. Die Arbeitsbekleidung muss in den Kundentests als solche erkannt werden.
4. Die Arbeitsbekleidung muss die Botschaft „Wir sind für unsere Kunden da“ gut transportieren.

Dabei wird die Mitarbeiterakzeptanz am stärksten bewertet. Denn die Mitarbeiter müssen die Arbeitskleidung täglich tragen.

Nach umfangreichen Befragungen und Tests stellt sich heraus, dass alle Vorschläge von den Mitarbeitern vehement abgelehnt werden. Selbst eine Nachbesserungsrunde der Hersteller bringt kein Ergebnis.

Franz ist ratlos. Es muss den Mitarbeitern in den Restaurants doch klar sein, dass es ohne die einheitliche Arbeitsbekleidung nicht geht. Woran sollen die Kunden sonst erkennen, dass ein Mitarbeiter des Hauses vor ihnen steht?

Auf der anderen Seite würde eine viel gehasste Firmentracht auch absichtlich „vergessen“. Was also tun? Er beschließt, selbst das Gespräch mit den Mitarbeitern zu suchen. Und ist überrascht. Diese möchten nämlich gerne alles beim Alten belassen. Wie sich herausstellt, ist es auch nicht der bereits angestaubte Schick, der sie dazu führt, sondern die vielen selbst gekauften Hemden und Blusen, die sie bereits in der Uniformfarbe besitzen.

Auch beim Kauf der letzten Modellgeneration hatte das Unternehmen auf die Kosten geachtet und vorwiegend Polyesterbekleidung angeschafft. Die findigen Mitarbeiter hatten sich aber über andere Quellen Baumwollversionen von Hemden und Hosen besorgt, was den Tragekomfort erheblich erhöht.

Was ist passiert? Die Restaurantkette hat viel Zeit und Geld in die Vorbereitung der Einführung einer neuen Firmenuniform investiert und bei der Entscheidung den Referenzmaßstab vergessen, die letzte Version der Firmenuniform! Daher blieb auch lange verborgen, dass die Mitarbeiter ein vitales Interesse an dem Festhalten am Status quo haben.

14.14.2 Wie erkenne ich die Vorwärtsfalle?

Die Vorwärtsfalle ist immer daran zu erkennen, dass die Ausgangssituation nicht berücksichtigt wird. Die Ursachen dafür sind entweder eine Nachlässigkeit, dass ich einfach nicht an diese Grundalternative gedacht habe, oder dass ich den Status quo ablehne. Doch selbst wenn ich ihn ablehne, werde ich als Entscheider der Logik nicht entkommen können, dass die Alternative, für die ich mich entscheide, nicht schlechter sein darf als mein Ausgangspunkt.

14.14.3 Wie vermeide ich die Vorwärtsfalle?

Der einfachste Weg, die Vorwärtsfalle zu vermeiden, ist, die Ausgangssituation immer als Standardalternative direkt in meine Entscheidung aufzunehmen. Wenn die Ausgangssituation sehr schlecht ist und es klar ist, dass unbedingt eine bessere Lösung gefunden werden muss, dann kann ich die Standardalternative als Mindeststandard definieren, der die gleiche Funktion wie ein Ausscheidungskriterium hat. Auf diese Weise werden Alternativen vorab aussortiert, die nicht mindestens diesem Standard entsprechen können.

Auf diese Weise verhindern Sie, vom Regen in die Traufe zu kommen.

14.14.4 Was kostet mich die Vorwärtsfalle?

Die Vorwärtsfalle schlägt im Regelfall dann besonders hart zu, wenn der Entscheider es gar nicht brauchen kann – im Krisenfall. Die Krise ist dann die Ausgangssituation für den Unternehmer. Natürlich möchte keiner die schlimme Situation beibehalten, sondern daran dringend etwas ändern. Wer noch etwas ändern kann, hat in der Regel noch Möglichkeiten und Ressourcen. Der Entscheider muss dann beurteilen, ob der eingeschlagene Weg auch nachhaltig aus der Krise führt. Das Unternehmen soll ja nicht binnen kurzer Zeit wieder am Abgrund stehen.

Der harmlose Fall ist dagegen der neue Chef, der gerne vieles verändern möchte, um seinem Bereich den eigenen Stempel aufzudrücken. Dabei wird zwar häufig viel Sinnloses in die Wege geleitet, das bedroht aber nicht die Existenz des Unternehmens.

14.14.5 Steckbrief

Name: Vorwärtsfalle

Der Entscheider vernachlässigt den Status quo als Maßstab für alle anderen Alternativen. Wo das Grundmaß fehlt, kommt es leicht zu Fehlentscheidungen.

Häufigkeit	●●○○○○
Risiko	●○○○○○

Erkennungsmerkmale

Der Status quo fehlt als Alternative

Gegenstrategien

Berücksichtigung des Status quo als Grundmaß für alle Entscheidungen

4.15 Die Infofalle

Für viele Entscheider beginnt die eigentliche Arbeit, wenn sie bewerten müssen, inwiefern die verschiedenen Entscheidungsalternativen ihre Kriterien erfüllen.

Das ist oft keine Mess-, sondern eine Bewertungsfrage (siehe Faktenfalle). Den einen oder anderen verleitet dieser Bewertungsprozess zum Schätzen ohne Informationsbasis.

Angenommen wir haben es unterlassen, uns über die Kreditwürdigkeit eines Geschäftspartners zu erkundigen. Was spricht dagegen, trotzdem eine Einschätzung abzugeben?

„Er macht einen seriösen Eindruck auf mich, er ist bestimmt solvent."

Wer so vorgeht, riskiert viel. Ein noch unbekannter Geschäftspartner wird besonders darauf bedacht sein, negative Aspekte zu verdecken. Im Falle einer schlechten Zahlungsgeschichte mimt er dann den seriösen und pflichtbewussten Unternehmer oder Ähnliches.

Gerade bei Informationen, die mit nur geringem Aufwand ermittelt werden können, werde ich sie als Entscheider auch immer einholen.

Ein nicht unwesentlicher Teil der Entscheidungszeit fließt in das Design der richtigen Entscheidungskriterien. Diese Arbeit wird entwertet, wenn Sie einfach nur schätzen, inwieweit eine Alternative diese Kriterien erfüllt. Denn was nutzt es, seine Entscheidungskriterien gewichtet zu haben, wenn die damit bewerteten Aspekte der Alternativen völlig aus der Luft gegriffen sind?

Die Infofalle besteht in einer falschen Sicherheit, die sich der Entscheider schafft, ohne dass diese gerechtfertigt wäre.

4.15.1 Die Infofalle in der Praxis

Ein IT-Dienstleister startet zusammen mit einer großen Beratung ein Projekt. In einem ersten Schritt muss das zukünftige Projektteam zusammengesetzt werden. Dazu hat ein von beiden Unternehmen gemeinschaftlich besetztes Gremium die genauen Anforderungsprofile für die erforderlichen Projektmitarbeiter erstellt.

Norbert Steinke soll die Mitarbeiter aus seiner Abteilung für das Projekt auswählen. Die Profile gehen dabei sehr in die Tiefe und Steinke hat die Führungsaufgabe erst vor drei Monaten übernommen. Daher berät er sich mit seinem Stellvertreter Jan Bernhard.

Die Fragen nach dem technischen Know-how können die beiden aufgrund der aktuell vorliegenden Profile der Mitarbeiter beantworten. Schwieriger ist da schon das Thema Soft Skills und Motivation.

Das Anforderungsprofil verlangt ausdrücklich einen Projektmitarbeiter, der Informationen schnell über informale Wege verbreitet. Damit soll sichergestellt sein, dass der Informationsfluss auch ohne weitere Initiative gewährleistet ist.

Steinke und Bernhard rätseln nun bei den verschiedenen Kandidaten, wie weit die Fähigkeit ausgeprägt ist. Die Kandidaten sind:

- Annika Friedrich
- Robert Grob
- Heiner Lang

Alle drei haben die notwendigen technischen Fähigkeiten, also kommt es auf die bereits genannte weniger leicht zu fassende Anforderung an.

Bernhard sieht in Frau Friedrich die Anforderung aus biologischer Sicht erfüllt. „Frauen tratschen immer gerne“ ist seine Meinung. Steinke ist sich der diskriminierenden Haltung seines Stellvertreters wohl bewusst und favorisiert Heiner Lang, „weil der so einen kommunikativen Eindruck macht“.

Am Ende schätzen die beiden die drei Kandidaten nach Gusto ein und treffen auf dieser Basis ihre Entscheidung zugunsten von Heiner Lang.

Die beiden Manager sind es gewohnt, Fakten wie die Profile der Mitarbeiter für die Besetzung von Projekten heranzuziehen.

Die Anforderungen aus dem Gemeinschaftsprojekt lösen einen neuen Informationsbedarf aus. Anstatt das zu würdigen, wird dagegen einfach geschätzt. Steinke hätte einen besseren Weg gehen können und enge Kollegen der Kandidaten befragen können, wie diese Informationen kommunizieren.

Auch diese Informationen und die anschließende Bewertung der Kandidaten ist dann subjektiv, aber sie basiert auf einem besseren Wissen.

14.15.2 Wie erkenne ich die Infofalle?

Ein bisschen übertrieben formuliert, basiert die Infofalle auf einer Allmachtsfantasie des Entscheiders. Er glaubt, ohne genaue Informationen eine Einschätzung vornehmen zu können.

Das Perfide an der Infofalle liegt darin, dass sie sich im Detail versteckt. Im Beispiel haben die Manager die Kandidaten in den meisten Anforderungen auf Grundlage der verfügbaren Informationen bewertet. Nur bei einem Kriterium hatten sie nicht genügend Informationen und haben daher einfach geschätzt. Einem Außenstehenden fällt dies auf keinen Fall auf. Und was ist mit dem Entscheider? Er hat die Möglichkeit, sich zu fragen, auf welcher Informationsgrundlage er die Bewertung vorgenommen hat. Wenn er in die Infofalle getappt ist, wird die Antwort so etwas wie „gesunde Menschenkenntnis“ oder andere heiße Luft sein, die er sich selbst nicht abkaufen kann.

Das setzt natürlich Ehrlichkeit sich selbst gegenüber voraus. Damit ist die Infofalle eine der am schwersten aufzudeckenden Entscheidungsfallen.

14.15.3 Wie vermeide ich die Infofalle?

Wir sind es im Alltag gewohnt und geübt, viele Aspekte unseres Lebens einzuschätzen. Daher erfordert es einen bewussten Vorgang, um nicht in der Infofalle zu landen.

Der Bewertungsprozess in einer Entscheidung sollte daher in drei Phasen aufgeteilt werden:

Phase 1: Ermittlung meines Informationsbedarfs.
Phase 2: Stillung des Informationsbedarfs.
Phase 3: Bewertung der Alternativen.

In Phase 1 stelle ich fest, welche Kriterien ich aufgrund fehlender Informationen nicht bewerten kann, daher überlege ich mir in Phase 2, wie ich die Informationen bekommen kann, und handle danach. Phase 3 ist dann der übliche Bewertungsvorgang, der jetzt aber auf der Basis von weitestgehend belastbaren Informationen vor sich geht.

4.15.4 Was kostet mich die Infofalle?

Die Infofalle muss keine großen Auswirkungen haben, aber sie kann es. Denn wenn wir bezüglich vieler Entscheidungskriterien auf Grundlage fehlender Informationen eine Schätzung vornehmen, dann ist das Ergebnis unserer Entscheidung reiner Zufall und entspricht wahrscheinlich nicht den gesetzten Zielen. Es kann natürlich auch sein, dass wir bei einem relativ unwichtigen Entscheidungskriterium feststellen, dass uns die notwendigen Informationen fehlen. Daher schätzen wir die Bewertung. Mit etwas Glück dürfte die Auswirkung dann nicht so groß sein.

Glück können wir natürlich immer haben, aber halten wir uns an den Ernstfall. Eine Entscheidung, die uns unseren Zielen nicht näher bringt, taugt nicht. Denn wir werden sie revidieren müssen. Das kostet Zeit und Geld und, wenn wir auch noch blind daran festhalten, möglicherweise unsere Existenz.

4.15.5 Steckbrief

Name: Infofalle

Der Entscheider bewertet Alternativen nicht auf der Grundlage seines Wissens, sondern stellt lediglich Vermutungen darüber an, wie die Anforderungen erfüllt werden.

Häufigkeit	●●●●●○
Risiko	●●●●○○

Erkennungsmerkmale

Bewertungen der Alternativen beruhen nicht auf gesichertem Wissen
Der Entscheider versäumt es, Informationen einzuholen, und schätzt sie ab

Gegenstrategien

Ermittlung des Informationsbedarfs
Deckung des Informationsbedarfs über zuverlässige Quellen

4.16 Zusammenfassung

In diesem Kapitel haben ich Ihnen 15 Entscheidungsfallen präsentiert, wie sie mir in der Praxis immer wieder begegnet sind. Keine davon ist wirklich komplex und darin liegt aus meiner Sicht auch die große Gefahr. Denn ihre Auswirkungen werden gerne unterschätzt.

Zusätzlich kann man bei 15 unterschiedlichen Entscheidungsfallen schon einmal die eine oder andere vergessen. Daher werden wir uns im folgenden Kapitel eine Methode erarbeiten, die den meisten dieser Fallen die Grundlage entzieht.

5 Entscheidungsweg ohne Fallen

Im letzten Kapitel haben wir 15 verschiedene Entscheidungsfallen kennengelernt. Dabei wird bei dem einen oder anderen das Bild eines Minenfelds entstanden sein. Doch der Eindruck täuscht.

Wenn Sie wissen, wie, vermeiden Sie die Entscheidungsfallen ganz einfach!

Dieses „Wie“ werde ich mit Ihnen in diesem Kapitel erarbeiten. Aus Kapitel 3 kennen Sie bereits die Zutaten für eine gute Entscheidung. Jetzt geht es nur noch darum, mit dem richtigen Rezept gute Entscheidungen zu backen.

Jede Entscheidung hat vier Phasen:

1. Entscheidungsklarheit erzielen.
2. Attraktive Alternativen schaffen.
3. Größtmögliche Unterstützung für die Umsetzung sichern.
4. Die Entscheidung treffen.

Die ersten drei Phasen habe ich bereits in Kapitel 3 ausführlich besprochen. In Phase 4 werden die einzelnen Alternativen mit Ihren Entscheidungskriterien bewertet.

Das Ergebnis ist die für Sie wertvollste Alternative.

Unser Entscheidungsweg wird sich an diesen vier Phasen orientieren. Damit wir dabei keinen Trockenschwimmkurs machen, zeige ich das Ganze anhand eines praktischen Beispiels.

Der strategische Kunde

Goran Fritz ist Leiter eines Softwarehauses. Sein Unternehmen bietet seit Jahren erfolgreich eine CRM-Lösung für den Mittelstand an. Mit dieser Software verbessern seine Kunden ihr

Verhältnis zu den eigenen Kunden. Denn alle Mitarbeiter mit Kundenkontakt können jeweils auf alle Informationen über einen bestimmten Kunden zugreifen. Angefangen vom letzten Kontakt bis zu Vorlieben wie Zahlungsmodalitäten etc.

Wesentliche Erfolge, die mit so einer Software erzielt werden, sind Kundenbindung und eine hohe Konversionsrate von Interessenten. Vor einem Jahr hat sich das Management entschlossen, diese Lösung auch für Großunternehmen anzubieten. Dabei war allen Beteiligten klar, dass dieser Markt von drei großen Anbietern dominiert wird.

Entscheider bei potenziellen Kunden werden daher eher das Risiko scheuen, einem Newcomer eine Chance zu geben. Diese Einschätzung sollte sich bestätigen. Obwohl Fritz erfahrene Vertriebsberater mit besten Kontakten zu den Zielkunden angestellt hat, bleiben die Aufträge nach wie vor aus.

Die potenziellen Kunden haben zwar teilweise unbezahlte Testinstallationen laufen lassen, dies hat allerdings bisher noch nicht zu einer Änderung der Auftragslage geführt.

Die unbefriedigende Lage ist beinahe jede Woche Thema der Managementsitzung. Doch diesmal steht ein neuer Vorschlag zur Debatte. Danach soll die Fritz Business Software GmbH ihre neue CRM-Lösung in ein sogenanntes strategisches Projekt mit der Banana Fruit SA einbringen.

Banana Fruit ist ein international agierendes Handelsunternehmen mit ca. 5 000 CRM-Benutzern. Normalerweise wäre so ein Projekt der Zeitpunkt für eine Magnum-Flasche Champagner gewesen. Aber der Begriff „strategisches Projekt“ ist ein Euphemismus für ein Gratisprojekt, bei dem der Anbieter für alle Kosten selbst aufkommt.

Im Gegenzug stellt sich die Banana Fruit SA als ein zukünftiger Referenzkunde zur Verfügung.

Die Implementation der CRM-Lösung und die Einführung und Schulung an der Software würden mindestens 18 Monate dauern.

Eine Managemententscheidung ist gefragt.

5.1 Entscheidungsklarheit erzielen

Die einzelnen Schritte, um Entscheidungsklarheit zu gewinnen, sind uns ja bereits aus Kapitel 3 bekannt.

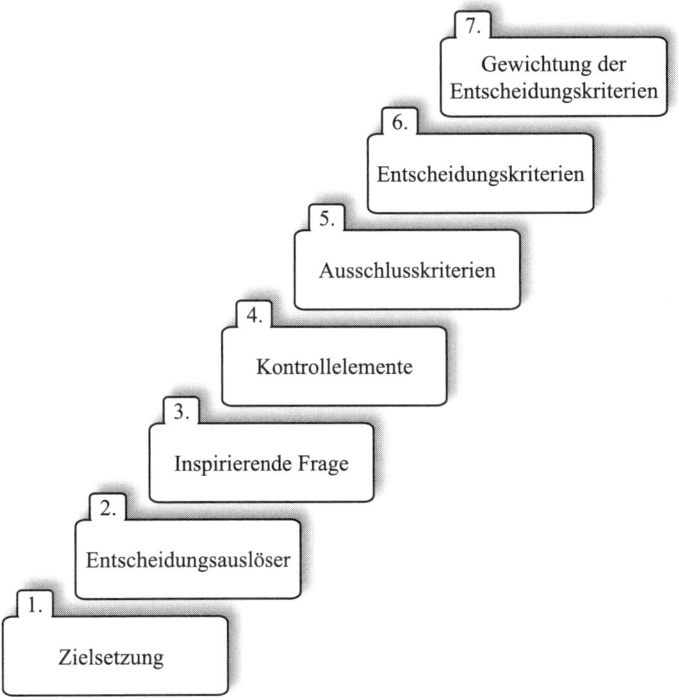

Abfolge der Schritte zur Erzielung von Entscheidungsklarheit

5.1.1 Ziel festlegen

Jede Entscheidung braucht ein Ziel, daher muss jeder Entscheider zuallererst das Ziel für seine Entscheidung festlegen. Wenn wir unser Ziel formulieren, sollten wir immer auch unsere unternehmerische Vision im Blick haben. Denn mit jeder Entscheidung kommen wir ihr entweder näher oder entfernen uns davon. Wenn wir einen Schlingerkurs vermeiden wollen, muss unsere Vision das prägende Element sein.

In diesem ersten Schritt müssen wir im Blick haben, dass gleich zu Beginn eine Reihe von Entscheidungsfallen auf uns wartet.

- *Die Verwechslungsfalle.* Der Entscheider hat zwar ein Problem auf dem Weg zu seinem Zielbild richtig erkannt, macht aber lediglich dessen Lösung zum Ziel seiner Entscheidung und nicht das Zielbild.
- *Die Wahllosfalle.* Der Entscheider erkennt nicht das Entscheidungsproblem. Er hat lediglich eine einzige Handlungsalternative und fragt sich, ob er es machen soll oder nicht.
- *Die Vorteil-Nachteil-Falle.* Ohne eine Zielformulierung zählt der Entscheider die Vor- und Nachteile seiner ihm zur Verfügung stehenden Alternativen auf.

Was soll das Ziel für die Entscheidung über den strategischen Kunden sein?

Fritz möchte die Frage klären, ob er das strategische Projekt mit der Banana Fruit SA eingehen soll oder nicht. Seine erste Formulierung des Entscheidungsziels lautet daher: „Gewinnung der Banana Fruit SA als Referenzkunden."

Nach einigem Überlegen stellt er fest, dass er durch diese Zielsetzung bereits eine Entscheidung trifft und dann nur in dem engen Rahmen seiner Entscheidung verschiedene Alternativen der Ausgestaltung bewerten würde. Diese Zielsetzung ist für ihn nicht tauglich, daher formuliert er neu: „Einen Großkunden für die Fritz Business Software GmbH akquirieren." Ein Ziel also, das dem Unternehmen seit einem Jahr auf den Nägeln brennt.

Fritz drohte hier in zwei Entscheidungsfallen gleichzeitig zu treten. Zum einen die Verwechslungsfalle. Die Problemstellung, mit der er sich befasst, ist es, zu klären, ob er ein strategisches Projekt eingehen soll oder nicht. Allerdings ist das strategische Projekt lediglich ein Mittel zum Ziel. Wenn er das vernachlässigt, fallen weitere verfügbare Alternativen aus.

Vielleicht fragen Sie sich jetzt, wozu Fritz weitere Alternativen braucht. Das Angebot liegt schließlich auf dem Tisch. Der Ökonom versucht verfügbare Ressourcen so einzusetzen, dass er jeweils das beste Ergebnis erreicht. Daher muss ich als Entscheider meine Entscheidungsalternativen immer relativ zu den anderen verfügbaren Optionen bewerten.

Genau da sind wir dann auch bei der anderen Entscheidungsfalle, der Fritz durch die Neuformulierung entgangen ist. Die Fragestellung: „Mach ich es oder mache ich es nicht?“, ist klassisch für die Wahllosfalle. Das wahre Entscheidungsproblem wäre in diesem Fall verborgen geblieben.

5.1.2 Den Entscheidungsauslöser identifizieren

Der Entscheidungsauslöser ist entweder eine Chance oder ein Problem auf dem Weg, das eigene unternehmerische Zielbild umzusetzen.

Der Entscheidungsauslöser für das Softwarehaus

Die große Problemstellung für die Fritz Business Software GmbH liegt in den großen informellen Zugangshürden auf dem für sie unbekannten Großkundenmarkt.

Obwohl die konkrete Fragestellung nach der strategischen Partnerschaft für die Entscheidung verantwortlich ist, hat Fritz hier die Wahl zwischen zwei verschiedenen Entscheidungsauslösern. Zum einen der Vorschlag über ein strategisches Projekt, was als Chance aufgefasst werden kann. Zum anderen die Problemstellung, noch keinen einzigen Kunden in der neuen Klientel gewonnen zu haben. Welchen der beiden Fritz zum Entscheidungsauslöser erklärt, hängt von der jeweiligen Wichtigkeit für sein Unternehmen ab.

Wenn der Entscheidungsauslöser sich an einer Chance orientiert, dann ist die grundlegende Fragestellung hinter der Entscheidung, ob es noch bessere Chancen gibt. Wenn sich die Entscheidung dagegen an einem Problem orientiert, dann muss er möglichst attraktive Lösungen finden, um es zu lösen. Während im ersten Fall auch immer die Option, nichts zu tun, eine Rolle spielt, wird diese Alternative im zweiten Fall eher ein Kellerkind sein.

Die Frage nach dem Entscheidungsauslöser hat noch einen weiteren Sinn. Es kann durchaus sein, dass gar keine Entscheidung getroffen werden muss. Wenn es gar keinen Auslöser gibt, dann brauchen wir in der Regel auch keine Entscheidung.

Die Kundenflaute in dem neuen Marktsegment hat eindeutig eine höhere Priorität für das Softwarehaus. Daher ist der Entscheidungsauslöser: „Die Schwierigkeit, einen Kunden im Segment der Großunternehmen gewinnen zu können."

Auch in anderer Hinsicht spielt der Entscheidungsauslöser eine wichtige Rolle. Fehlt er, muss unter Umständen keine Entscheidung getroffen werden.

5.1.3 Inspirierende Frage

Die inspirierende Frage hat den Sinn, das Entscheidungsthema in Form einer Frage zu verpacken. Dadurch fokussiert sich der Entscheider, zudem inspiriert sie ihn zu neuen Lösungsalternativen.

Die inspirierende Frage ist für die Entscheidung ein reines Hilfsmittel. Unser Gehirn produziert auf Fragen automatisch passende Lösungen. Die Gefahr einer Entscheidungsfalle besteht nicht.

Die inspirierende Frage für Goran Fritz

Was Goran Fritz am nötigsten für diese Entscheidung braucht, sind attraktive Entscheidungsalternativen. Dies drückt er auch so in seiner inspirierenden Frage aus:

„Wie erreiche ich, dass wir einen Fuß in das Marktsegment der Großunternehmen setzen können?"

Der erste Teil der inspirierenden Frage ist immer ähnlich. Er zielt auf die eigenen Fähigkeiten und Ressourcen des Entscheiders. Jede Entscheidung ist nur vollständig durch ihre Umsetzung. Als Entscheider müssen wir dies von Beginn an im Blick haben.

5.1.4 Die Kontrollelemente definieren

Die Kontrollelemente helfen uns als Entscheider, uns darüber klarzuwerden, was wir tatsächlich mit unserer Entscheidung erreichen wollen. Zudem erleichtern uns die drei Kontrollelemente die Entwicklung von Entscheidungskriterien. Die Aufteilung in gewünschte Ergebnisse, Status-quo-Ergebnisse und unerwünschte Ergebnisse trägt dazu bei, dass fremde Einflüsse auf die Entscheidung zwar nicht ausgeschlossen, aber doch minimiert werden.

Sie bilden eine Prävention, um der Angebotsfalle zu entgehen, bei der wir uns von den angebotenen Alternativen unseren Bedarf vorschreiben lassen.

Zudem bereiten wir mit den Kontrollelementen einen Maßstab vor, der uns gegen die Akzeptanzfalle hilft. Also dem blinden Akzeptieren der sich darstellenden Alternativen.

Die Kontrollelemente in der Entscheidung über das strategische Projekt

Goran Fritz weiß genau, was er mit seiner Entscheidung erreichen will. Die Mannschaft und Marketingressourcen, die er seit einem Jahr für dieses Ziel einsetzt, kosten das Unternehmen sehr viel Geld. Er möchte Resultate in Form von rentablen Projekten sehen. Der Markt soll seine Lösung als intelligente Alternative zu den großen Gegenspielern sehen. Er will sich durch Leistung positionieren. Die Zusammenarbeit mit den Kunden sollte auf Augenhöhe stattfinden. Dreh- und Angelpunkt ist natürlich überhaupt der Auftrag in diesem Segment. Auf diese Weise sollten seine Leute die notwendige Erfahrung in Großkundenprojekten sammeln können und als Abteilung erstmals ausgelastet werden. Das Ganze sollte natürlich auch möglichst bald umgesetzt werden.

Vom derzeitigen Status quo möchte er auf alle Fälle die Eigenständigkeit des Unternehmens bewahren und seinen exzellenten Ruf.

Dringend sollen weitere Verluste durch das Großkundengeschäft vermieden werden. Genauso wenig hat er etwas für Knebelverträge übrig, denn Fritz legt sehr viel Wert auf seine unternehmerische Bewegungsfreiheit.

Die drei Kontrollelemente von Goran Fritz

Gewünschte Ergebnisse
Rentable Projekte mit Großunternehmen
Ruf als intelligente Alternative
Positionierung durch Leistung
Kundenbeziehung auf Augenhöhe
Auftrag eines Großkunden
Erfahrung in Großkundenprojekten
Auslastung der Großkundenabteilung
Zeitnahe Auftragserteilung
Status-quo-Ergebnisse
Eigenständigkeit
Exzellenter Ruf
Unerwünschte Ergebnisse
Weitere Verluste mit Großunternehmen
Knebelverträge

5.1.5 Ausschlusskriterien bilden

Ausschlusskriterien spielen eine besondere Rolle im Entscheidungsprozess. Sie sind wie die Türsteher bei einem exklusiven Klub. Wer nicht den Anforderungen entspricht, der darf nicht rein. Bezogen auf die Entscheidungsalternativen bei einem Investitionsobjekt heißt das beispielsweise, Projekte mit einem negativen Return on Investment werden gleich vorher aussortiert.

Mit den Ausschlusskriterien legen Sie fest, was eine Alternative unbedingt erfüllen muss und was damit auf keinen Fall verbunden sein darf. Diese Kriterien legen also das Pflichtprogramm fest, während mittels der Entscheidungskriterien später die Kür bewertet wird.

Ausschlusskriterien müssen messbar sein, damit unsere Vorentscheidung auf Fakten basiert.

Was würde es für einen Unterschied machen, Ausschlusskriterien generell wie Entscheidungskriterien zu behandeln? In dem Fall wären die umgewidmeten Ausschlusskriterien übermächtig gegenüber den „normalen" Entscheidungskriterien. Mit anderen Worten, wenn Sie das Gefühl haben, einzelne Entscheidungskriterien müssten sehr viel höher gewichtet werden, als das System es zulässt, haben Sie vermutlich ein Ausschlusskriterium vor Augen.

Ausschlusskriterien bei der Entscheidung über ein strategisches Projekt

Goran Fritz gewinnt seine Ausschlusskriterien aus den drei Kontrollelementen. Er konzentriert sich dabei vornehmlich auf die unerwünschten Ergebnisse. Allerdings kommt noch die „zeitnahe Auftragserteilung" aus den gewünschten Ergebnissen dazu.

Er überlegt, wie er mit dem Wunsch, Verluste mit dem Marktsegment „Großunternehmen" zu vermeiden, und dem Thema „Knebelverträge" umgehen soll. Da Fritz Realist

ist, macht er aus dem Ersteren kein Ausscheidungskriterium.

Anders sieht es mit der möglichen Aussicht auf einen Knebelvertrag aus, der dem Unternehmen die Bewegungsfreiheit raubt. Das möchte er auf jeden Fall vermeiden. Ausschlusskriterien müssen messbar sein. Daher legt Fritz fest, dass ein Knebelvertrag dann vorliegt, wenn von den vier Kriterien alle erfüllt sind:

- Der Kunden diktiert den Preis.
- Die Vertragslaufzeit ist unbeschränkt.
- Der Vertrag kennt nur Pflichten, aber keine Rechte.
- Fritz muss für einen oder mehrere Märkte Exklusivität einräumen.

Damit stehen die Ausschlusskriterien von Goran Fritz fest.

Die Ausschlusskriterien von Goran Fritz

Ausschlusskriterien
Keine zeitnahe Auftragserteilung
Knebelvertrag

Damit ist die Fritz Business Software GmbH relativ offen für geeignete Alternativen.

5.1.6 Die Bildung von Entscheidungskriterien

Die Bildung von Entscheidungskriterien ist eine hohe Kunst, die dennoch leicht beherrschbar ist. Als Entscheider gehen wir dabei auf dem schmalen Grat, alle wichtigen Aspekte abzudecken. Auf der einen Seite sollten wir möglichst keine überflüssigen Aspekte aufnehmen, auf der anderen Seite dürfen wir natürlich auch keine relevanten Aspekte vergessen.

Ich habe in meiner Praxis immer wieder gesehen, dass sich viele Menschen damit schwertun. Deshalb haben wir den Schritt mit den drei Kontrollelementen vorgeschaltet. Aus diesen können wir relativ leicht unsere Entscheidungskriterien gewinnen und stellen damit sicher, dass wir nichts Wichtiges vergessen.

Allerdings müssen wir sehr darauf achten, dass tatsächlich nur relevante Aspekte in unseren Entscheidungskriterien vertreten sind. Gleichzeitig darf jeder Aspekt nur einmal vorhanden sein.

An diesem Punkt lauert die Elefantenfalle. Dabei lässt der Entscheider mehrere sehr ähnliche Aspekte in unterschiedlichen Entscheidungskriterien münden. Zum Beispiel bei einer Investitionsentscheidung die Anschaffungskosten, die laufenden Kosten und die Budgettreue. Dadurch wird der Fokus auf die Kosten unbeabsichtigt zu einem Elefanten aufgeblasen.

Gute Entscheider machen es sich daher zur Gewohnheit, ähnliche Aspekte unter einem einzigen Kriterium zusammenzufassen. In dem Beispiel von eben das Kriterium „Kosten".

Eine weitere Falle, die hier vorkommen kann, ist die Faktenfalle. Sie entsteht, wenn wir als Entscheider versuchen, übertrieben rational zu entscheiden und daher nur messbare Entscheidungskriterien zulassen. Damit blenden wir allerdings viele Aspekte unseres Bedarfs und unsere Ziele aus. Die Entscheidung passt dann nicht zu unseren Absichten.

Die Faktenfalle vermeiden Sie durch einen einfachen Entschluss, während wir die Elefantenfalle durch Konzentration auf das Wesentliche in den Griff bekommen.

Die Entscheidungskriterien der Fritz Business Software GmbH

Unternehmer Fritz ist sich über die Bedeutung von Entscheidungskriterien im Klaren. Er wirft einen Blick auf die drei Kontrollelemente und identifiziert seine wichtigen und relevanten Entscheidungskriterien.

Ein wichtiges Kriterium wird für ihn die „Rentabilität" seiner Projekte mit Großunternehmen sein. Genau damit ist er bisher nicht verwöhnt worden. Es macht nichts, dass der gleiche Punkt auch in seinen Kontrollelementen auftaucht. Wir wissen aus Kapitel 3, dass die Kontrollelemente eine wichtige Rolle im gesamten Entscheidungsprozess spielen. In diesem Schritt sind Sie vorerst eine Hilfe, quasi eine Vorüberlegung. Es spricht für die Qualität der Vorarbeit, wenn wir deren Ergebnisse direkt übernehmen können. Unter dem gleichen Punkt geht dann auch das unerwünschte Ergebnis „weitere Verluste mit Großunternehmen" ein.

Die nächsten beiden Punkte in der Liste der gewünschten Ergebnisse sind „Ruf als intelligente Alternative" und „Positionierung durch Leistung". Das klingt zwar sehr schön, befasst sich aber mit demselben Thema, der „Positionierung" seines Unternehmens im Bewusstsein der Zielgruppe. Daher bildet Goran Fritz daraus das Entscheidungskriterium „Positionierung".

Ein weiteres Entscheidungskriterium bildet er aus den Aspekten „Kundenbeziehung auf Augenhöhe" und „Eigenständigkeit". Diese zieht er unter dem Begriff „partnerschaftliche Geschäftsbeziehung" zusammen.

Nicht zuletzt möchte Fritz mit dem „Auftrag eines Großkunden", die nötige „Erfahrung" in dem Segment sammeln. Ein weiteres Entscheidungskriterium ist geboren.

Goran Fritz' Entscheidungskriterien

Entscheidungskriterien
Rentabilität
Positionierung
Partnerschaftliche Geschäftsbeziehung
Erfahrung in Großkundenprojekten
Auslastung der Großkundenabteilung

Damit sind alle Entscheidungskriterien gebildet. Goran Fritz ist für den nächsten Schritt bereit, der Gewichtung der Kriterien.

5.1.7 Gewichtung der Entscheidungskriterien

Entscheidungskriterien sind die Währung, mit der wir unsere Alternativen bewerten. Die günstige Bewertung in dem einen Kriterium ist aber nicht immer so viel wert wie eine entsprechende Bewertung in einem anderen. Daher gewichten wir die Entscheidungskriterien und drücken so ihre Wichtigkeit für uns aus.

In Kapitel 3 hatte ich zwei verschiedene Verfahren für die Gewichtung Ihrer Entscheidungskriterien vorgestellt. Zum einen können Sie eine absolute Gewichtung nutzen, zum anderen gibt es die Möglichkeit einer relativen Gewichtung der Entscheidungskriterien zueinander.

Zusätzlich lauern zwei Entscheidungsfallen. Die erste Entscheidungsfalle ist die Randfalle. Dabei verschätzt sich der Entscheider bei der Gewichtung seiner Kriterien an den Bewertungsrändern. Also den ganz unwichtigen bzw. den besonders wichtigen Entscheidungskriterien. Abhilfe schafft der paarweise Vergleich (siehe Kapitel 3). Die Randfalle wird damit ausgeschlossen.

Egal, welches Bewertungsverfahren Sie nehmen, es verhindert nicht, dass Sie der Entweder-oder-Falle ins Netz gehen. Wenn der betroffene Entscheider die Wichtigkeit eines Kriteriums gegen das andere abwägt, macht er einen folgenschweren Fehler. Er geht jeweils davon aus, dass nur eines der beiden in einer Alternative vorhanden ist. Zum Beispiel fragt er sich, was von beiden wichtiger ist, seine Mitarbeiter oder seine Produktionsanlagen. Ohne Mitarbeiter lassen sich die Maschinen nicht benutzen. Ohne Maschinen haben die Mitarbeiter nichts zu tun. Das eine wird ohne das andere nicht funktionieren. Schon an diesem Beispiel sehen wir, dass der Entscheider mit etwas mehr Augenmaß besser vorankommt. Machen Sie also kein „Entweder-oder“ daraus, sondern ein „Sowohl-als-auch“.

Die Gewichtung der Entscheidungskriterien von Goran Fritz

Fritz traut seinem Schätzvermögen nicht über den Weg und nutzt daher den paarweisen Vergleich seiner Entscheidungskriterien. Dazu stellt er jeweils zwei Entscheidungskriterien einander gegenüber und fragt sich, welches davon für ihn wichtiger ist. Der jeweilige Gewinner bekommt einen Punkt. Wenn beide gleichwertig sind, erhalten beide einen Punkt.

Damit er nicht durcheinanderkommt, nutzt er dazu eine vorbereitete Matrix.

		Vergleichsfelder					
Entscheidungskriterium		**A**	**B**	**C**	**D**	**E**	**Gewichtung**
A.	Rentabilität		B	A	D	E	1
B.	Positionierung			B	D	B	3
C.	Partnerschaftl. Geschäftsbeziehung				D	C	1
D.	Erfahrung in Großprojekten					D	4
E.	Auslastung der Großkundenabteilung						1

Gewichtung von Fritz' Entscheidungskriterien

Demnach ist die Erfahrung in Großkundenprojekten neben der Positionierung des Unternehmens als Alternative zu den großen drei und als leistungsfähiger Anbieter für die Fritz Business Software GmbH am wichtigsten. Auf den Plätzen folgen die Rentabilität der Großkundenabteilung und die partnerschaftliche Geschäftsbeziehung sowie die Auslastung der Großkundenabteilung. An diesen Kriterien müssen sich alle Alternativen zur Problemlösung messen lassen.

5.2 Attraktive Alternativen schaffen

Die erste Hürde ist genommen, unser Entscheider hat für sich Entscheidungsklarheit erzielt oder, wie ich es gerne nenne, er hat seinen Entscheidungskompass in der Hand.

Es ist schön zu wissen, was wir wollen. Das hilft uns natürlich nicht viel, wenn die verfügbaren Alternativen das nicht hergeben.

Wer gute Entscheidungen treffen will, der muss auch gute Alternativen haben. Denn die Qualität unserer Entscheidungen ist begrenzt durch die Güte unserer Wahlmöglichkeiten.

In Kapitel 3 habe ich diverse Möglichkeiten dargestellt, wie wir neue Alternativen schöpfen können. Und in Kapitel 4 haben wir einige Entscheidungsfallen kennengelernt, die direkt unsere Arbeit daran betreffen.

Wenn wir zu wenig Alternativen haben, laufen wir Gefahr, in die Wahllosfalle zu gehen. Bei der Verwechslungsfalle beschäftigen wir uns mit den falschen Alternativen, da wir unser Zielbild aus den Augen verloren haben und uns lediglich mit der Lösung der Entscheidungssituation beschäftigen.

Bei der Schöpfung attraktiver Entscheidungsalternativen sind wir oft genug auf die Hilfe externer Dritter angewiesen. Wenn wir dabei eigenbrötlerisch nicht alle unsere Entscheidungskriterien aufdecken, gehen wir in die Enigmafalle. Denn in Unkenntnis dieser verborgenen Kriterien bieten unsere Lieferanten nur mit viel Glück das an, was wir wirklich brauchen.

Wenn wir dann eine erste Liste von geeigneten Alternativen aufgestellt haben, lauert schon die Akzeptanzfalle. Denn jede Alternative sollte noch bezüglich der drei Kontrollelemente optimiert werden. Wer dagegen gleich alle Wahlmöglichkeiten als unabänderlich akzeptiert, verliert wichtige Chancen.

Manche Entscheider glauben ja, dass sich die guten Alternativen von selbst zeigen werden, und zögern die Entscheidung bei eigener Untätigkeit immer weiter hinaus, bis unter Druck eine Entscheidung mit meist schlechten Alternativen getroffen werden muss. Nach der Geschwindigkeit des Entscheidungsverhaltens heißt diese Falle „Schneckenfalle".

Es gibt natürlich auch Entscheider, die sich gar nicht um attraktive Alternativen kümmern, sondern trotz schlechter Alternativen eine Entscheidung treffen. Diese gehen dann in die Bärenfalle.

Alle diese Entscheidungsfallen haben einen starken Bezug zu dem Thema „Alternativen schaffen". Daher habe ich Sie Ihnen hier noch einmal aufgezählt.

Grundsätzlich gilt, je mehr Wahlmöglichkeiten wir haben, desto größer ist die Chance, dass wir eine darunter finden, die unseren Bedarf auch wirklich abdeckt.

5.2.1 Die Bedarfslücke ermitteln

Bei jeder Entscheidung gibt es Alternativen, die der Entscheider auch ohne große intellektuelle Leistung zur Auswahl hat. Neben der Standardalternative, nichts zu ändern, sind das meist auch die Bestandsalternativen. Wenn dabei bereits eine Alternative dabei ist, die unseren Bedarf gut abdecken kann, verleiht das dem Entscheidungsprozess Sicherheit. Bei Entscheidungen unter Zeitdruck erübrigt sich dann auch häufig die weitere Suche nach weiteren Alternativen.

Ein besonderer Spezialfall ist es, wenn die Standardalternative, nichts zu verändern, den eigenen Bedarf perfekt abbildet. Dann sollten wir den Entscheidungsauslöser hinterfragen. Eine Entscheidung ist dann eigentlich nicht mehr erforderlich.

Goran Fritz und seine Bedarfslücke

Die Alternativen von Goran Fritz sind relativ begrenzt. Wie jeder Entscheider hat auch er die Möglichkeit, nichts zu verändern und alles so weiterlaufen zu lassen.

Allerdings liegt auch das Angebot auf dem Tisch, ein strategisches Projekt mit der Banana Fruit SA auf internationaler Ebene durchzuführen. Nachdem Fritz durch seinen Entscheidungskompass genau weiß, was er will, kann er sich inzwischen gefahrlos mit den Modalitäten des Angebots auseinandersetzen. Hätte er es anders herum gemacht, wäre er in die Angebotsfalle gerutscht. Er hätte seinen Bedarf ein Stück weit an dem auf dem Tisch liegenden Angebot orientiert.

Die Banana Fruit SA ist bereit, zusammen mit der Fritz Business Software GmbH deren Produkt für Großunternehmen international auf allen ihren kundenorientierten Arbeitsplätzen zu installieren.

Als strategischer Kunde möchte das Unternehmen einen großen Katalog individueller Softwareanpassungen vornehmen lassen. Lizenzkosten dürfen in den ersten fünf Jahren keine anfallen und von dem involvierten Personal würde die Banana Fruit SA ein Drittel der Selbstkosten tragen. Obwohl die Banana Fruit SA ihren Markt mit weitem Abstand anführt, darf die Fritz Business Software GmbH keine unmittelbaren und mittelbaren Wettbewerber des Unternehmens beliefern. Allerdings würde die internationale IT-Tochter des Fruchtgroßhändlers viele Arbeiten übernehmen. Insbesondere der aufwendige Rollout in alle Ländertöchter des Unternehmens liegt bei Banana Fruit.

Allein diesem Punkt ist es geschuldet, dass Fritz dieses Projekt ohne weitere Neueinstellungen durchführen kann.

Als Kompensation für diese Zugeständnisse darf die Fritz Business Software GmbH das Projekt als Referenz nennen und mit Kunden Vorführungen bei der Banana Fruit SA durchführen.

Wahrscheinlich geht es Ihnen genauso wie Goran Fritz. Dieses Angebot kennt in erster Linie einen Gewinner, das Großunternehmen. Ohne die bereits in das Produkt investierten Entwicklungskosten zu rechnen, müsste Fritz 1,2 Millionen Euro auf den Tisch legen, um sich auf diese Weise eine Referenz zu kaufen.

Weitere Alternativen stehen dem Unternehmer vorab nicht zur Verfügung.

Alternativen zu Beginn des Entscheidungsprozesses

Standardalternative	Übliche Lösung
Nichts verändern	Strategisches Projekt mit der Banana Fruit SA

In einem ersten Schritt muss Goran Fritz zunächst seine unerwünschten Ergebnisse positiv umformulieren. Denn an den drei Kontrollelementen wird er ja seine Alternativen messen, um eventuelle Bedarfslücken aufzudecken.

Neuformulierung von Goran Fritz' unerwünschten Ergebnissen

Unerwünschte Ergebnisse	Positive Neuformulierung
Weitere Verluste mit Großunternehmen	Rentable Projekte mit Großunternehmen
Knebelverträge	Offene Vertragsgestaltung

Die positive Formulierung des unerwünschten Ergebnisses „weitere Verluste mit Großunternehmen" führt zu dem bereits in den gewünschten Ergebnissen formulierten „rentable Projekte mit Großunternehmen".

Im nächsten Schritt bestimmt der Unternehmer die Bedarfslücken der beiden Alternativen.

Bedarfslücken in den Bestandsalternativen

Ergebnisse	Nichts tun	Banana Fruit
Rentable Projekte mit Großunternehmen	Nein	Nein
Ruf als intelligente Alternative	Nein	Ja
Positionierung durch Leistung	Nein	Ja
Kundenbeziehung auf Augenhöhe	Ja	Nein
Auftrag eines Großkunden	Nein	Ja

Ergebnisse	Nichts tun	Banana Fruit
Erfahrung in Großkunden-projekten	Nein	Ja
Auslastung der Großkunden-abteilung	Nein	Ja
Zeitnahe Auftragserteilung	Nein	Ja
Eigenständigkeit	Ja	Nein
Exzellenter Ruf	Ja	Ja
Offene Vertragsgestaltung	Ja	Nein

Bei beiden Alternativen gibt es erhebliche Lücken gegenüber dem Bedarf der Fritz Business Software GmbH. Daher muss Fritz weitere Alternativen schaffen.

5.2.2 Die neuen Alternativen von Goran Fritz

Da kreative Prozesse zwar durch Methoden angeleitet werden, aber immer im Kopf des Kreativen stattfinden, springen wir direkt zu den Ergebnissen, die Goran Fritz und sein Team innerhalb eines Tages zusammen erarbeitet haben.

1. Die Auflösung der Großkundenabteilung.
   Die Fritz Business Software GmbH hat inzwischen ca. 700 000 Euro in das neue Marktsegment investiert. Diese Investitionen direkt abzuschreiben würde wehtun.
2. Ausschreibung einer Finanzbehörde im europäischen Ausland.
   Die Ausschreibung einer großen Behörde in einem europäischen Nachbarland bildet relativ genau das Leistungsportfolio der eigenen Software ab. Warum sollte das Finanzamt nicht auch eine Art Customer Relationship Management mit dem Steuerzahler aufbauen? Wenn Fritz sich daran beteiligt, könnte er mit Selbstkosten kalkulieren und bei der Software nur die Updates und Upgrades

kostenpflichtig machen. Daher stehen die Chancen gut, die Ausschreibung für sich zu gewinnen. Die Behörde hat auch ca. 5 000 Arbeitsplätze an die Software anzuschließen.

3. Ein Angebot auf Selbstkostenbasis formulieren und den Zielkunden offerieren.
   Dabei gilt das Angebot nur für den ersten Kunden. Das heißt, wer sich zu spät entscheidet, kann nicht mehr zum Zuge kommen. Auf diese Weise verhindert Fritz auch, dass sich die Vertriebsleute auf Dauer die Preise bei den Zielkunden verderben.
4. Eine Partnerschaft mit einem anderen Unternehmen eingehen, das bereits über Referenzen bei Großunternehmen verfügt, und unter dessen Dach die Software anbieten.
5. Einem Großunternehmen die Beteiligung an der Fritz Business Software GmbH anbieten, mit der Absicht, den Investor zum Kunden zu machen.
6. Die Abteilung für Großunternehmen an einen anderen Anbieter mit komplementären Produkten verkaufen.

Diese Alternativen müssen natürlich noch weiter detailliert werden. Alternative 3 ist eine Handlungsoption, die zu weiteren Alternativen führen kann. In diesem Fall auch mit Erfolg. Die deutsche Tochter einer spanischen Bank stellt den Kontakt zur Muttergesellschaft her und die Bedingungen des Deals finden großen Anklang. Allerdings gibt es einen kleinen Wermutstropfen. Bevor eine endgültige Entscheidung fällt, soll zunächst ein Pilotprojekt nachweisen, dass die Software im Einsatz hält, was sie verspricht.

5.2.3 Alternativen optimieren

An diesem Punkt lauert eine große Entscheidungsfalle. Gerade weil mit viel Aufwand neue Alternativen entwickelt wurden, tendieren wir gerne dazu, diese direkt in den Entscheidungsprozess zu übernehmen. Meine These, die sich in über 1 000 Entscheidungsprozessen immer wieder bewahrheitet hat:

Jede Alternative lässt sich vor der Entscheidung noch optimieren

Denken Sie an die zwei Schlüsselfragen für die Alternativenoptimierung:

1. Gibt es physische Gründe, die eine Flexibilität in diesem Merkmal verhindern?
2. Gibt es psychologische Gründe, die eine Flexibilität in diesem Merkmal verhindern?

Für die meisten Entscheider spielt die zweite Frage eine ebenbürtige Rolle zur ersten. Aber Sie wissen es inzwischen besser. Ist es kein physischer Grund, dann können wir immer optimieren. Vielleicht gelingt es uns nicht, aber möglich ist es.

Goran Fritz nimmt sich zunächst die Bestandsalternative Banana Fruit SA vor. Denn diese ist einer Realisation am nächsten.

Optimierung der Alternative „Banana Fruit"

Kontrollelemente	Banana Fruit	Optimierung
Rentable Projekte mit Großunternehmen	Projekt weist einen ROI von minus 30 % auf.	Nach Verhandlung: ROI = 0
Ruf als intelligente Alternative	Die Lösung ist schlanker und schneller als die der Konkurrenz.	Keine Optimierung
Positionierung durch Leistung	Die extremen Anforderungen der Banana Fruit SA werden erfüllt.	Keine Optimierung

Kontrollelemente	Banana Fruit	Optimierung
Kundenbeziehung auf Augenhöhe	Diktat der Bedingungen	Keine Optimierung
Auftrag eines Großkunden	Die Banana Fruit entspricht dem Bild eines Großkunden.	Weitere Partnerfirmen der Banana Fruit SA werden die Lösung nach der Implementation evaluieren.
Erfahrung in Großkundenprojekten	Das Projekt enthält sehr viel Erfahrungspotenzial.	Keine Optimierung
Auslastung der Großkundenabteilung	Die Großkundenabteilung ist mit dem Projekt ausgelastet.	Keine Optimierung
Zeitnahe Auftragserteilung	Auftrag kann unmittelbar erteilt werden.	Keine Optimierung
Eigenständigkeit	Die Eigenständigkeit ist auf dem Markt für Fruchtgroßhandel eingeschränkt.	Keine Optimierung
Exzellenter Ruf	Der Ruf der Fritz Business Software wird durch das Projekt nicht belastet.	Die Banana Fruit SA wird als Teil des Deals in der Presse über die gute Arbeit des Softwareanbieters berichten lassen.
Offene Vertragsgestaltung	Der Vertrag verpflichtet die Fritz Business Software in vielerlei Hinsicht.	Keine Optimierung

Mit dieser Optimierung konnte die Alternative „Banana Fruit“ bereits stark aufgewertet werden. Nicht alle Anforderungen werden erfüllt, aber die Fritz Business Software GmbH könnte dieses Projekt ohne schlechtes Gewissen durchführen.

Es reicht natürlich nicht, nur eine Alternative zu optimieren, sondern parallel wird das auch für alle anderen Alternativen durchgeführt. Besonders vielversprechend ist dabei das Ergebnis für das Projekt mit der spanischen Bank.

Optimierung der Alternative „spanische Bank"

Kontrollelemente	**Spanische Bank**	**Optimierung**
Rentable Projekte mit Großunternehmen	ROI = 0	Keine Optimierung
Ruf als intelligente Alternative	Die Bank sucht eine schlanke Lösung, die trotzdem ihre Anforderungen abdeckt.	Die Bank würde die Lösung in ihrer Pressearbeit herausstellen.
Positionierung durch Leistung	Die Anforderungen entsprechen dem üblichen Leistungsprogramm.	Keine Optimierung
Kundenbeziehung auf Augenhöhe	Das Angebot kommt von der Fritz Business Software GmbH.	Keine Optimierung
Auftrag eines Großkunden	Die spanische Bank ist ein Großunternehmen mit zahlreichen Auslandstöchtern.	Keine Optimierung
Erfahrung in Großkundenprojekten	Fritz’ Mannschaft würde die notwendige Erfahrung sammeln.	Keine Optimierung

Kontrollelemente	Spanische Bank	Optimierung
Auslastung der Großkundenabteilung	Die Abteilung wäre ausgelastet.	Keine Optimierung
Zeitnahe Auftragserteilung	Nein, wegen Piloteinsatz.	Die Bankmanager begnügen sich mit Erfahrungsberichten von anderen Pilotanwendern.
Eigenständigkeit	Die Eigenständigkeit ist gewährleistet.	Keine Optimierung
Exzellenter Ruf	Ist nicht in Gefahr.	Projekt findet Erwähnung in der Pressearbeit der Bank.
Offene Vertragsgestaltung	Der Vertrag kommt von der Fritz Business Software GmbH.	Keine Optimierung

Viel konnte das Verhandlungsteam hier nicht mehr optimieren. Allerdings wurde ein wichtiges Verhandlungsergebnis erreicht. Die Bankmanager sind damit einverstanden, sich mit den Erfahrungsberichten anderer Pilotanwender zu begnügen.

Wenn Sie sich in dem Geschäft mit Business Software ein wenig auskennen, dann wissen Sie, darauf geht im Normalfall kein potenzieller Kunde ein. Aber da es keinen physischen Grund gab, in diesem Merkmal nicht flexibel zu sein, verhandelte die Fritz Business Software GmbH trotzdem darüber und erzielte das erstaunliche Ergebnis!

5.3 Sich die größtmögliche Unterstützung sichern

Nachdem Goran Fritz seine Alternativen optimiert hat, muss er sich im Vorfeld überlegen, wie er die Umsetzung seiner Entscheidung sicherstellen kann. Sie ahnen es schon, es geht wieder um Betroffene und Beteiligte. Da wir diesen Punkt in aller Ausführlichkeit in Kapitel 3 besprochen haben und hier keine besondere Entscheidungsfalle lauert, überspringen wir diesen Teil für unser Beispiel.

5.4 Der Bewertungsmaßstab

Wenn unsere Entscheidungsalternativen bereitliegen und wir geklärt haben, wie wir sie mit der richtigen Unterstützung umsetzen, müssen wir sie nur noch bewerten.

Bei der Bewertung Ihrer Entscheidungsalternativen lauert die Infofalle. Bei dieser Entscheidungsfalle schätzt der Entscheider ein, inwiefern eine Alternative in einem nicht messbaren Entscheidungskriterium abschneidet, ohne über genügend Informationen zu verfügen. Wir können das jedoch verhindern, wenn wir vorher einen Bewertungsmaßstab entwickeln.

Wenn wir unternehmerische Entscheidungen treffen, sollten diese für uns nachvollziehbar und reproduzierbar sein. Was wäre das für eine Entscheidung, die Sie nach einem Tag bereits wieder anders treffen würden?

Viele Entscheidungskriterien, die wir bilden, sind nicht direkt messbar. Das heißt, wir haben bei unseren Bewertungen immer einen großen Ermessensspielraum. Damit wir nicht in der Beliebigkeit enden, brauchen wir daher einen Bewertungsmaßstab.

Jeder Maßstab besteht aus zwei Komponenten. Zum einen die Skala und zum anderen die dahinterliegende Bedeutung.

Ich kenne viele Entscheider, die als Skala Prozentwerte verwenden. Zum Beispiel bei einer Personalentscheidung wird die Qualifikation des Bewerbers auf 85 % vom maximal Erwarteten eingeschätzt. Ein anderer Bewerber ist noch nicht ganz so weit und kommt nur auf 70 %.

Ich persönlich halte die Prozenteinteilung für nicht messbare Kriterien für viel zu fein. Denn so genau können wir im Regelfall nicht differenzieren. Stellen Sie sich vor, Sie müssten auf den Prozentpunkt genau einschätzen, welche Freiheiten Ihnen ein Kooperationsvertrag belässt. Wenn Sie nicht gerade ein eigenes Punktesystem zur Einschätzung von Freiheitsgraden von Verträgen entwickelt haben, wird Ihnen das wahrscheinlich nicht gelingen.

Daher schlage ich eine gröbere Skala vor. In den meisten Fällen reicht eine Einteilung von null bis vier Punkte. Jede Verfeinerung der Skala bringt zusätzliche Arbeit mit sich. Denn wir müssen ja auch noch deren Bedeutung festlegen.

Nehmen wir an, Sie möchten die Transparenz in der Geschäftsbeziehung mit einem potenziellen Lieferanten evaluieren. Dann könnte im Rahmen einer Skala von null bis vier Punkten die jeweilige Bedeutung so aussehen:

Bewertungsskala für das Entscheidungskriterium „Transparenz"

Punktwert	**Bedeutung**
Null Punkte	Sie haben keinerlei Einsicht in das Geschäft des Lieferanten.
Ein Punkt	Der Lieferant ist Ihnen seit Längerem vom Namen her bekannt.
Zwei Punkte	Der Lieferant kann Ihnen überprüfbare Referenzen vorlegen.
Drei Punkte	Sie haben mit dem Lieferanten bereits zusammengearbeitet.
Vier Punkte	Der Lieferant legt Ihnen gegenüber seine Geschäftszahlen offen, sodass Sie seine Solidität einschätzen können.

Sie können natürlich auch eine feinere Einteilung von z. B. null bis zehn verwenden. Allerdings wird Ihre Entscheidung dadurch erheblich aufwendiger als mit einer groben Einteilung. Denn Sie müssen für jede Punktzahl die Bedeutung festlegen. Diese Prozedur wiederholen Sie mit jedem einzelnen Entscheidungskriterium.

Die verwendete Skala muss für alle Entscheidungskriterien einer Entscheidung gleich sein, Sie können also nicht für das eine Kriterium eine Skala von null bis vier und für das andere Kriterium eine Skala von null bis acht verwenden.

Der Bewertungsmaßstab von Goran Fritz

Auch Goran Fritz entscheidet sich für einen groben Bewertungsmaßstab von null bis vier Punkten.

Im nächsten Schritt legt er die Bedeutung der Bewertungspunkte im Rahmen der einzelnen Kriterien fest.

Sein Entscheidungskriterium „Rentabilität" ist im Normalfall ein messbares Kriterium. Trotzdem ist es in diesem Zusammenhang nicht einfach linear von null bis vier fortzuschreiben. Denn strategische Projekte zeichnen sich ja häufig nicht durch ihre Rentabilität aus. Im Gegenteil können wir es bereits als Glücksfall betrachten, wenn wir keinen Verlust damit machen. Für die Rentabilität nutzt der Unternehmer das Maß „Return on Investment", das sich durch das Verhältnis von Gewinn zum eingesetzten Kapital ausdrückt. Im Falle eines Verlustgeschäfts kommt daher ein negativer Wert heraus.

Die Bedeutung der jeweiligen Bewertungspunktzahl bei dem messbaren Kriterium „Rentabilität" für Goran Fritz sieht so aus:

Bewertungsskala für das Entscheidungskriterium „Rentabilität"

Punktwert	**Bedeutung**
Null Punkte	Alle Werte unter –60 %
Ein Punkt	Werte zwischen –60 % und –30 %
Zwei Punkte	Ein Wert von 0 %, also weder Gewinn noch Verlust
Drei Punkte	Ein Wert zwischen 0 % und 30 %
Vier Punkte	Alle Werte über 30 %

Wenn eine Projektalternative die Fritz Business Software GmbH kein Geld zu kostet, dann ist das in der Bewertung zwei Punkte für das Kriterium „Rentabilität" wert.

In einem Investitionsumfeld würde sich ein Projekt mit null Rendite auch nur null Punkte verdienen.

Die Bewertungsskala ist somit immer auch stark vom Entscheidungsumfeld abhängig. Daher können wir als Entscheider nicht für ein paar Standardkriterien Bewertungsmaßstäbe schaffen und immer wieder darauf zurückgreifen. Jede Entscheidungssituation verdient ihre eigene Betrachtung.

Das nächste Entscheidungskriterium von Unternehmer Fritz, die „Positionierung", ist in jedem Fall kein messbares Entscheidungskriterium. Er muss andere Unterscheidungen entwickeln. Fündig wird er dabei schnell bei den Ergebnissen aus den drei Kontrollelementen, die für die Formulierung des Entscheidungskriteriums ursächlich sind. Zum einen die Positionierung über Leistung und zum anderen, der Wunsch, als intelligente Alternative zu gelten.

Bewertungsskala für das Entscheidungskriterium „Positionierung"

Punktwert	Bedeutung
Null Punkte	Projekt für wenig intelligente Lösung mit geringen Anforderungen
Ein Punkt	Projekt für wenig intelligente Lösung mit durchschnittlichen Anforderungen
Zwei Punkte	Projekt für eine intelligente Lösung mit durchschnittlichen Leistungsanforderungen
Drei Punkte	Projekt für eine intelligente Lösung mit hohen Leistungsanforderungen
Vier Punkte	Einzigartiges Projekt für eine hochintelligente Lösung mit extrem hohen Leistungsanforderungen

Das betrachtete Kriterium zur Bewertung gehört zu den „weichen Kriterien". Der Entscheider muss es einschätzen. Allerdings legt er sich mit dem Bewertungsmaßstab bereits fest.

Wenn er einer Alternative für das Kriterium „Positionierung" drei Punkte gibt, kann er jederzeit beantworten, warum er dafür z. B. keine vier Punkte vergeben hat.

Gleichzeitig zwingt ihn sein Bewertungsmaßstab, Informationen einzuholen, die ihm eine Einschätzung ermöglichen. Der potenzielle Kunde mag zwar von einer hochintelligenten Lösung sprechen, aber Fritz tut gut daran, seinen Entwicklungschef zu befragen, wie das Projekt tatsächlich einzuordnen ist.

Auch das nächste Entscheidungskriterium gehört zu den nicht messbaren Kriterien. Eine partnerschaftliche Geschäftsbeziehung möchten wir zwar immer zu unseren Kunden haben, aber messen können wir das nicht. Unternehmer Fritz hatte dieses Kriterium aus den gewünschten Ergebnissen „Kundenbeziehung auf Augenhöhe" und „Eigenständigkeit" des Unternehmens gebildet. Eigenständigkeit lässt sich noch relativ einfach aus den unterschiedlichen Freiheitsgraden, die ein Vertrag lässt, ableiten. Die Frage der Augenhöhe dagegen ist eine Bewertung der Befindlichkeit. Wenn Fritz das vermeiden möchte, muss er das Thema Augenhöhe über die jeweiligen Vertragsanteile, die er oder der Partner gestaltet hat, ableiten.

Bewertungsskala für das Entscheidungskriterium „partnerschaftliche Geschäftsbeziehung"

Punktwert	**Bedeutung**
Null Punkte	Die Fritz Business Software GmbH ist langfristig gebunden, der Vertrag wurde vom Partner vorgegeben.
Ein Punkt	Die Fritz Business Software GmbH ist langfristig gebunden, der Vertrag wurde zu zwei Dritteln vom Partner vorgegeben.
Zwei Punkte	Die Fritz Business Software GmbH ist mittelfristig gebunden, der Vertrag wurde zu zwei Dritteln vom Partner vorgegeben.
Drei Punkte	Die Fritz Business Software GmbH ist nur im Rahmen der üblichen Verträge gebunden, der Vertrag wurde zur Hälfte vom Partner vorgegeben.
Vier Punkte	Die Fritz Business Software GmbH ist nur im Rahmen der üblichen Verträge gebunden, die Fritz Business Software GmbH hat den überwiegenden Anteil des Vertrages vorgegeben.

Auch diese Kriterien sind weitestgehend weich. Aber trotzdem kann Unternehmer Fritz gegenüber sich selbst und gegenüber anderen, z. B. einem Investor, begründen, wie er zu seiner Bewertung kommt.

Wie erwerbe ich Erfahrung? Indem ich es mache! Daher ist das folgende Entscheidungskriterium wieder sehr leicht auf einem Bewertungsmaßstab festzulegen. Die Erfahrung dürfte im direkten Zusammenhang mit der Komplexität und der Größe des Projekts stehen.

Bewertungsskala für das Entscheidungskriterium „Erfahrung in Großkundenprojekten"

Punktwert	**Bedeutung**
Null Punkte	Projektgröße mit bis zu fünf Mitarbeitern mit geringer Komplexität
Ein Punkt	Projektgröße mit bis zu zwölf Mitarbeitern mit geringer Komplexität
Zwei Punkte	Projektgröße mit bis zu zwölf Mitarbeitern mit mittlerem Komplexitätsgrad
Drei Punkte	Projektgröße mit mehr als zwölf Mitarbeitern mit mittlerem Komplexitätsgrad
Vier Punkte	Projektgröße mit mehr als zwölf Mitarbeitern mit hohem Komplexitätsgrad

Interessant an dieser Einteilung ist die teilweise Messbarkeit über die Anzahl der Projektmitarbeiter und die Komplexität, die Goran Fritz persönlich anhand der Anforderungen einschätzt.

Demnach bringt ein strategisches Projekt, das dem Unternehmen bei der eigenen Positionierung hilft, auch mehr Erfahrung.

Das letzte Entscheidungskriterium schließlich ist gut messbar. Denn die Geschäftsführung kennt ja die Kapazitäten ihrer Abteilung für das Segment „Großunternehmen" und kann daher den Auslastungsgrad angeben. In der derzeitigen Situation ist es sehr wünschenswert, möglichst große Teile der Abteilung auszulasten, auch wenn das Projekt eventuell nicht kostendeckend ist. Denn die Fixkosten für das Personal fallen ja ohnehin an.

Bewertungsskala für das Entscheidungskriterium „Auslastung der Großkundenabteilung"

Punktwert	Bedeutung
Null Punkte	Bis zu 20 % der Kapazität sind ausgelastet.
Ein Punkt	Bis zu 40 % der Kapazität sind ausgelastet.
Zwei Punkte	Bis zu 60 % der Kapazität sind ausgelastet.
Drei Punkte	Bis zu 80 % der Kapazität sind ausgelastet.
Vier Punkte	Die Abteilung ist voll ausgelastet.

Damit hat Goran Fritz für alle seine Entscheidungskriterien den jeweiligen Bewertungsmaßstab definiert.

5.5 Alternativen bewerten

Wir haben unsere Entscheidungskriterien erarbeitet, sie gewichtet und attraktive Alternativen geschaffen. Für die Bewertung der Alternativen haben wir für jedes unserer Entscheidungskriterien einen Bewertungsmaßstab geschaffen. Damit steht einer Entscheidung nichts mehr im Weg.

Ausschlusskriterien – das Casting für Entscheidungsalternativen

Welche Alternativen wird Fritz für seine Entscheidung heranziehen? Wir erinnern uns, dass es zwei dieser Kriterien gibt. Zum einen, wenn ein Knebelvertrag vorliegt, und zum anderen, wenn die Auftragserteilung nicht zeitnah erfolgen kann.

Ausschlusskriterien müssen messbar sein, sonst sind sie für die Aufgabe nicht brauchbar. Die Frage nach dem Knebelvertrag ist allerdings interpretierbar. Das macht insoweit nichts, als Goran Fritz eine klare Liste von Aspekten hat, die alle erfüllt sein müssen, damit das Ausschlusskriterium greift.

Goran Fritz' Messkriterien für das Vorliegen eines Knebelvertrags

Messkriterium	**Ja/Nein**
Preis wird diktiert	
Laufzeit ist unbeschränkt	
Vertrag kennt nur Pflichten, keine Rechte	
Fritz Business Software muss Exklusivität einräumen	

Nur wenn alle vier Messkriterien mit „Ja" beantwortet werden, liegt nach seinem Verständnis ein Knebelvertrag vor.

Einfacher ist das Thema „zeitnahe Auftragserteilung". Diese liegt nicht vor, wenn der Auftrag nicht innerhalb von drei Monaten erteilt werden kann.

Im nächsten Schritt prüft er für die verfügbaren Alternativen, ob eines der beiden Ausschlusskriterien greift.

Prüfung auf Ausschluss der Entscheidungsalternativen

Alternative	**Knebelvertrag**	**Auftragserteilung**
Banana Fruit SA	Nein	Nein
Auflösung der Abteilung	Nein	Nein
Ausschreibung Finanzamt	Nein	Ja
Spanische Bank	Nein	Nein
Partnerschaft mit anderem Unternehmen	Nein	Ja
Verkauf der Abteilung	Nein	Nein
Beteiligung eines Großunternehmens	Nein	Ja

Danach fallen die Alternativen „Ausschreibung einer Finanzbehörde im europäischen Ausland", „Partnerschaft mit einem anderen Unternehmen" und die „Beteiligung eines Großunternehmens" als Alternativen heraus.

Die Bewertungsmatrix

Für die Bewertung seiner Entscheidungsalternativen braucht Goran Fritz das passende Werkzeug.

Dazu verwenden wir eine Entscheidungsmatrix. Vorab noch ein Wort zu der Gewichtung der Entscheidungsalternativen. Damit die Bewertungen der verschiedenen Alternativen später vergleichbar sind, werden die Bewertungen mit dem jeweiligen Gewicht multipliziert. Das heißt, dass die Bewertung eines mit dem Gewicht „zwei" ausgestatteten Entscheidungskriteriums für eine Bewertung doppelt so viel wert ist wie die Bewertung eines Entscheidungskriteriums mit dem Gewicht „eins".

So weit, so gut. Denn was passiert mit einem Entscheidungskriterium, das ein Gewicht von null hat?

Damit dies nicht passiert, bekommt jedes Entscheidungskriterium ein Grundniveau verpasst, indem wir bei allen Kriterien eine Eins addieren. Sie könnten jetzt natürlich auf den Gedanken kommen, dass dadurch das Gefüge der Entscheidungskriterien durcheinandergewirbelt wird. Allerdings haben Sie Ihre Entscheidungskriterien ja mit Bedacht gewählt und eine Gewichtung von null heißt zunächst nur, dass alle anderen Entscheidungskriterien wichtiger sind. Es heißt nicht, dass Sie das Entscheidungskriterium nicht brauchen.

Auch Goran Fritz addiert das Grundniveau zu seinen Entscheidungskriterien.

Entscheidungskriterien		Grundniveau		Gewichtung		Multiplikator
A	Rentabilität	1	+	1	=	2
B	Positionierung	1	+	3	=	4
C	Partnerschaftliche Geschäftsbeziehung	1	+	1	=	2
D	Erfahrung im Großkundenbereich	1	+	4	=	5
E	Auslastung der Großkundenabteilung	1	+	1	=	2

Addition des Grundniveaus

In einem zweiten Schritt bewertet Fritz die jeweiligen Alternativen für jedes einzelne Entscheidungskriterium.

Nach der Verhandlungsrunde im Rahmen der Optimierung hatte die Banana Fruit SA einem Honorar zugestimmt, das die Kosten der Großkundenabteilung decken wird. Daher bewertet Fritz die Rentabilität mit zwei Punkten, wie im Bewertungsmaßstab festgelegt.

			Banana Fruit SA	
Entscheidungskriterien		Multiplikator	Ungew.	Gew.
A	Rentabilität	2	2	
B	Positionierung	4	4	
C	Partnerschaftliche Geschäftsbeziehung	2	0	
D	Erfahrung im Großkundenbereich	5	4	
E	Auslastung der Großkundenabteilung	2	4	

Die Bewertung der Alternative „Banana Fruit SA“

Bei dem Kriterium „Positionierung“ kommt es darauf an, wie hoch die Anforderungen aus dem Projekt sind. Das Banana-Fruit-Projekt erfordert eine hochintelligente Lösung bei gleichzeitig sehr hohen Leistungsanforderungen. Fritz’ Bewertungsmaßstab sieht dafür die Höchstpunktzahl von vier Punkten vor.

Es folgt das Kriterium „partnerschaftliche Beziehungen“. Hier hat sich das Verhandlungsteam bei der Optimierung die Zähne ausgebissen. Die Banana Fruit SA ist sich ihrer Stellung bewusst und nutzt das gnadenlos aus. Daher gibt es dafür auch nur null Punkte.

Da die Abteilung mit dem Auftrag zu 100 % ausgelastet wäre, gibt es dafür weitere vier Punkte, und da die Komplexität des Projekts in dem Unternehmen mit an der Spitze steht, brilliert die Alternative auch beim Kriterium „Erfahrung“ mit vier Punkten.

In jeder dieser Bewertungen lauert die Infofalle. Sollte der Unternehmer hier nicht genau Bescheid wissen und einfach nach eigenem Gutdünken schätzen, würde er die zuvor investierte Arbeit entwerten.

Was macht Fritz mit den Einzelbewertungen? Er muss sie miteinander vergleichbar machen. Daher multipliziert er die Einzelbewertungen mit der um das Grundniveau erhöhten Gewichtung.

		Multiplikator	Banana Fruit SA	
Entscheidungskriterien			**Ungew.**	**Gew.**
A	Rentabilität	2	2	4
B	Positionierung	4	4	16
C	Partnerschaftliche Geschäftsbeziehung	2	0	0
D	Erfahrung im Großkundenbereich	5	4	20
E	Auslastung der Großkundenabteilung	2	4	8
				48

Vollständig bewertete Alternative

Durch den letzten Schritt sind die Punktbewertungen vergleichbar geworden. Daher kann Fritz die Bewertungspunkte zusammenaddieren und kommt für die Alternative „Banana Fruit SA" auf eine Gesamtzahl von 48 Punkten.

Auf diese Weise bewertet Goran Fritz nacheinander alle Entscheidungsalternativen.

	Alternativen	Multiplikator	Entscheidungskriterien: Banana Fruit SA		Auflösung der Abteilung		Spanische Bank		Verkauf der Abteilung	
			Ungew.	Gew.	Ungew.	Gew.	Ungew.	Gew.	Ungew.	Gew.
A	Rentabilität	2	2	4	2	4	2	4	4	8
B	Positionierung	4	4	16	0	0	1	4	0	0
C	Partnerschaftliche Geschäftsbeziehung	2	0	0	2	4	4	8	2	4
D	Erfahrung im Großkundenbereich	5	4	20	0	0	2	10	0	0
E	Auslastung der Großkundenabteilung	2	4	8	0	0	2	4	0	0
				48		**8**		**30**		**12**

Endgültige Bewertung der Alternativen im Vergleich

Die höchste Bewertung erhält am Ende die inzwischen optimierte ursprüngliche Alternative eines strategischen Projekts mit der Banana Fruit SA.

Auf dem zweiten Platz folgt abgeschlagen das Alternativprojekt mit der spanischen Bank. Die Bewertungen für die Auflösung bzw. den Verkauf der Großkundenabteilung müssen dagegen nicht verwundern. Denn die Entscheidungskriterien sind klar auf eine Weiterführung des Segments ausgerichtet.

5.6 Abschluss der Entscheidung

Ist damit die Entscheidung über das strategische Projekt getroffen?

Natürlich könnten wir es uns einfach machen und sagen, die Alternative mit der höchsten Punktzahl gewinnt.

Allerdings gibt es noch zwei Tests, die unsere Entscheidung überstehen muss.

5.6.1 Der Risikotest

Dieser Test besteht in der Beantwortung einer Reihe von Fragen. Ich habe sie der Methodik von Kepner/Tregoe entlehnt.

1. Welche Anforderungen für eine erfolgreiche Umsetzung haben wir bisher nicht berücksichtigt?
2. Welche denkbaren Veränderungen innerhalb unserer Organisation in der Zukunft würden die Entscheidung infrage stellen?
3. Welche denkbaren Veränderungen außerhalb unserer Organisation würden die Entscheidung in der Zukunft nachträglich infrage stellen?
4. Auf welche Weise könnten die Personen, die wir nicht zur Unterstützung der Alternative gewinnen konnten, den Erfolg ihrer Umsetzung gefährden?

Was bedeutet es, wenn wir Antworten finden, die den Erfolg infrage stellen?

Zum einen können wir Gegenmaßnahmen entwickeln, zum anderen könnte es sein, dass sich die überlegene Alternative im Nachhinein als nicht so überragend herausstellt. Wichtig ist dabei, wie wahrscheinlich Sie das Ganze einschätzen und welche Auswirkungen es Ihrer Meinung nach hat. Für die Wahrscheinlichkeit nutzen wir eine grobe Einteilung von „niedrig“ über „mittel“ bis „hoch“. Für die Auswirkungen verfahren wir analog und teilen sie von „schwer“ über „mittel“ bis „leicht“ ein.

Goran Fritz stellt sich die vier Fragen auch und kommt bei Frage 2 auf die mögliche Veränderung, dass der Großkundenbereich wegen anhaltenden Auftragsmangels doch wieder geschlossen werden könnte. Die Wahrscheinlichkeit schätzt er mit „mittel“ ein und die Auswirkungen bezüglich der getroffenen Entscheidung als „niedrig“. Denn in dem Projekt werden die Selbstkosten durch den Kunden getragen. Aus seiner Sicht entsteht daraus kein Handlungsdruck.

Ein weiteres Problem könnte entstehen, wenn die Mitarbeiter der Großkundenabteilung die Komplexität der Anforderungen nicht gestemmt bekommen. Die Wahrscheinlichkeit dafür schätzt der Unternehmer als „mittel“ ein und die Auswirkungen als „schwer“. Dahinter steckt natürlich der Ansatz „viel Feind, viel Ehr“. Wenn die Fritz Business Software GmbH von einem strategischen Projekt profitieren will, dann muss das Projekt auch anspruchsvoll sein. Der Unternehmer kann dieses potenzielle Problem nicht ignorieren. Entweder er fängt es durch eine passende Gegenmaßnahme ab oder, wenn das nicht möglich ist, er entscheidet sich doch für das Projekt mit der spanischen Bank.

Eine passende Lösung ist schnell gefunden. Fritz engagiert einen Projektmentor, der bereits viel Erfahrung mit Projekten dieser Größenordnung und Komplexität gesammelt hat.

5.6.2 Der Bauchtest

Jede Entscheidung ist immer auch vom eigenen Bauchgefühl abhängig. Im Rahmen der Methodik sorgen wir nur dafür, dass die zugrunde liegenden Faktoren offengelegt werden. Wenn wir das erfolgreich getan haben, muss am Ende das Ergebnis auch wieder dem eigenen Bauchgefühl entsprechen. Wenn nicht, dann haben wir etwas falsch gemacht.

Daher forschen wir zum Abschluss unserer Entscheidung noch einmal nach:

- Fühlen wir uns mit der Entscheidung sicher oder eher unsicher?
- Gefällt uns die Entscheidung oder geht uns etwas gegen den Strich?

- Können wir zu 100 % hinter der Entscheidung stehen oder eher nicht?

Wenn wir alle drei Fragen positiv beantworten, ist alles in Ordnung. Wenn nicht, müssen wir jeden einzelnen Schritt der Entscheidung noch einmal überprüfen, denn wir haben offensichtlich einen Fehler gemacht.

Erst wenn diese drei Kontrollfragen zufriedenstellend beantwortet werden können, haben wir für uns selbst eine gute Entscheidung getroffen.

5.7 Zusammenfassung

In diesem Kapitel haben wir alle Höhen und Tiefen eines Entscheiders mitverfolgen können. Vom Beginn an, mit der Zielsetzung, bis zum Ende, der Alternativenbewertung, sollten wir auf Entscheidungsfallen gefasst sein. Eine methodische Vorgehensweise entzieht dabei den meisten Fallen ihre Grundlage.

Allerdings haben wir nicht immer den Komfort, in aller Ruhe und Abgeschiedenheit unsere Entscheidungen treffen zu können, und müssen vielleicht Kompromisse eingehen. Das folgende Kapitel beschäftigt sich daher mit Entscheidungssituationen, in denen wir unter Druck stehen, und zeigt Lösungsmöglichkeiten auf.

6 Mitten im Pulverdampf – Die Entscheidungssituation

In Büchern werden Entscheidungen gerne als abgehobene Tätigkeit gesehen, die in aller Ruhe passiert. In der Praxis ist es leider oft ganz anders. Der Entscheider hat keinen Feldherrenhügel, sondern steht mitten im Pulverdampf. Er kann sich emotional nicht so einfach von den Geschehnissen distanzieren. Daher ist die Entscheidungssituation ein wichtiger Faktor bei Entscheidungen und oft entstehen ihm dadurch Nachteile.

Die unternehmerische Vision ist mitunter so weit weg, dass der Entscheider sich daran gar nicht erinnern kann, gleichzeitig steht er häufig unter dem Druck, schnell eine Entscheidung treffen zu müssen.

In diesem Kapitel beschäftigen wir uns daher mit den unvermeidlichen situativen Faktoren, die unsere Entscheidungen nachteilig beeinflussen können.

6.1 Das Design von Entscheidungssituationen

Als Entscheider erleben wir eine Vielzahl von Entscheidungssituationen. Für jede Entscheidung gibt es immer zwei mögliche bestimmende Einflussfaktoren. Zum einen ist das die Situation, in der sich der Entscheider befindet. Zum anderen sollte das die Vision, also das unternehmerische Zielbild sein.

Generell sollten sich alle Entscheidungen an der unternehmerischen Vision orientieren. Allerdings entstehen die Entscheidungsauslöser immer situativ. Für den Entscheider stellt sich damit die Aufgabe, zu beurteilen, welchem Einfluss er welches Gewicht gibt. Viele Entscheider glauben, dass sie diese Wahl nicht haben.

Im Folgenden zeigen drei unterschiedliche Entscheidungssituationen Einflussfaktoren auf, die uns als Entscheider beeinflussen können.

Existenzielle Entscheidungen sind immer situativ

Ihr Unternehmen ist gerade mitten in einem Wachstumsschub. Da passiert das Unerwartete. Der große Kunde, mit dem Sie gewachsen sind, ist zahlungsunfähig! Ihre Liquidität ist im Keller und Sie haben stapelweise unbezahlte Rechnungen, die in den nächsten Wochen fällig werden.

Das ist mit eine der unangenehmsten Erfahrungen, die ein Unternehmer machen kann. Denn die Krise hat niemand kommen sehen.

Von einem Tag auf den anderen stehen alle Ihre Entscheidungen unter einem immensen Druck.

Wenn wir in einer solchen Situation Entscheidungen zu treffen haben, dann läuft das unter dem Label „Schaden begrenzen und Ausweg suchen". In diesen Momenten unserer Entscheidungsgeschichte ist eindeutig die Situation beherrschend. Wir haben dabei auch keine große Wahl. Denn was nützt es uns, für unsere Entscheidungen die langfristige Vision fest im Blick zu haben, wenn unsere Entscheidung uns kurzfristig gegen die Wand fährt?

Immer dann, wenn unsere Existenz als Unternehmer oder Mensch gefährdet ist, richten wir unser Entscheidungsverhalten an der Situation aus. Angenommen, Sie bleiben selbst im größten Chaos der kühle Rechner, wie sollte dann Ihr Entscheidungsverhalten aussehen?

Wenn Sie es doch schaffen, sich auf einen „inneren" Feldherrenhügel zurückzuziehen, macht es natürlich weiterhin Sinn, dass die unternehmerische Vision Teil Ihrer Entscheidungen ist. Haben Sie zwei Alternativen, die Sie aus der bedrohlichen Situation herausführen, dann werden Sie diejenige bevorzugen, die Sie in Richtung Ihrer langfristigen Zielsetzung bringt.

Frische Erfahrungen beeinflussen unser Entscheidungsverhalten

Ein Werksmeister hat eine Mitarbeiterin im Sinne des Allgemeinen Gleichstellungsgesetzes (AGG) herabgesetzt. Stein des Anstoßes war ein Pin-up-Kalender in seinem Büro. Der sich daraus ergebende Ärger zog sich über Monate hin und hat viel Zeit gekostet. Jetzt sucht das Unternehmen einen neuen Meister über eine Anzeige in der regionalen Tagespresse.

Die Einstellungskriterien stehen bereits fest. Dabei legt die Geschäftsführung einen hohen Wert darauf, dass der neue Meister sich mit dem AGG auskennt.

Einstellungskriterien nach dem Ärger mit dem AGG

Einstellungskriterium	**Gewichtung**
Sensibilitätsschulung für AGG	10
Qualifikation	7
Führungsverhalten	8
Gehaltsvorstellung	4
Teamfähigkeit	6
...	

Eine dermaßen starke Gewichtung des AGG-Aspekts ist vielleicht nicht sinnvoll. Sonst haben wir zwar einen Meister, der das Gesetz gut kennt, dem aber jede Führungsfähigkeit und Qualifikation abgeht. Diese Entscheidung steht also massiv unter dem Einfluss der kürzlich gemachten Erfahrungen.

Das ist zwar in jeder Hinsicht nachvollziehbar, aber für das Unternehmen nicht unbedingt zielführend.

Besonders schmerzhafte Erfahrungen beeinflussen unser Entscheidungsverhalten auch langfristig

Ein Erfinder möchte seine bahnbrechenden Entwicklungen vermarkten und gründet daher ein Unternehmen. Seine Ideen sind so überzeugend, dass sich auch schnell ein Venture-Capital-Geber findet, der mehrere Millionen Euro in das junge Unternehmen investiert.

Damit das Unternehmen mit dem Geld auch wirtschaftlich umgeht, schickt der Investor einen Mitarbeiter, der fortan die Rolle des kaufmännischen Leiters übernimmt. Inzwischen hat der Erfinder weitere Patente entwickelt. Deren Potenzial ist noch größer als bei den Patenten, die sich bereits im Eigentum des Unternehmens befinden.

Mit viel Geduld überredet der kaufmännische Leiter den Erfinder, seine neuen Patente auch in das Unternehmen einzubringen. Kaum ist das geschehen, drängt der Investor unseren Unternehmer aus der Firma. Dazu reichten einige wenige wirksame Formulierungen aus dem Kleingedruckten des Vertrags. Der kaufmännische Leiter ist heute der Geschäftsführer des dank seiner Patente florierenden Unternehmens. Was dem Erfinder bleibt, ist eine kleine Abfindung und die Erfahrung.

Ein Jahr später entwickelt unser Erfinder wieder Bahnbrechendes. Allerdings hat er große Probleme mit der Finanzierung. Denn den Einstieg eines Venture-Capital-Gebers schließt er kategorisch aus.

Hier hat die schlechte Erfahrung mit dem einen Investor zu einer generellen Ablehnung aller Investoren geführt. Das ist natürlich nicht sinnvoll. Stattdessen sollte er seine Erfahrungen nutzen, um beim nächsten Mal bessere Verträge abzuschließen.

6.2 Die Vision – Der Leitstern in dunklen Situationen

Wir haben jetzt drei verschiedene situationsgemachte Einflussfaktoren kennengelernt, die unser Entscheidungsverhalten beeinflussen:

1. existenzielle Bedrohung,
2. aktuelle Erfahrungen,
3. schmerzhafte Erfahrungen der Vergangenheit.

Je häufiger wir es zulassen, dass wir in der Folge fremdgesteuert entscheiden, desto wahrscheinlicher ist es, dass wir als Entscheider wieder in eine unangenehme Entscheidungssituation kommen. Immer dann, wenn wir fremdgesteuert entscheiden, gestalten nicht wir, sondern jemand anderes. Wenn wir dagegen auf der Grundlage unserer unternehmerischen Vision entscheiden, sind wir die Gestalter. Daher sollten wir genau überlegen, welche Entscheidungen wir in brenzligen Situationen treffen.

Eine Dominanz der Situation ist nur in einer existenziell bedrohlichen Lage sinnvoll. Ansonsten ist die eigene Vision der Leitstern für meine Entscheidungen und ich mache mich als Entscheider nicht zum Hampelmann meiner aktuellen, kürzlich gemachten oder langfristig besonders schmerzhaften Erfahrungen.

6.3 Ein Rezept für schwierige Entscheidungssituationen

Es wäre schön, wenn es ein Rezept gäbe, das uns in jeder Situation hilft, der beste Entscheider zu sein. Wenn ich diesen Abschnitt so beginne, dann wissen Sie schon, so ein Rezept gibt es nicht wirklich. Aber es gibt vielleicht eine Art roten

Faden, mittels dessen wir uns im Labyrinth der Entscheidungssituationen zurechtfinden können.

Eine Entscheidungssituation ist durch sechs verschiedene Aspekte geprägt

1. *Die Vergangenheit.* Jede Situation hat naturgemäß eine Vergangenheit. Da wir daran allerdings nichts mehr ändern können, bleibt uns nur das Lernen für die Zukunft.

2. *Die aktuellen Ereignisse.* Das, was passiert, ist selten in unserer Hand, es ist Folge der Vergangenheit. Unser Einfluss darauf ist daher minimal.

3. *Die Interpretation.* Es mag zwar sein, dass unser Einfluss auf die aktuellen Ereignisse begrenzt ist, aber wir können sehr wohl bestimmen, wie wir die Ereignisse interpretieren. In manchen Fällen ist unser Engagement nicht notwendig und trotzdem machen wir es zu unserer eigenen Sache. In anderen Fällen lassen wir uns ohne Not unter Druck setzen.

4. *Der Zeitrahmen.* Wenn wir auf Ereignisse reagieren müssen, spielt der Zeitrahmen eine wichtige Rolle. Zeitmangel schafft Druck und minimiert unsere entscheiderische Gestaltungsmacht.

5. *Die Beteiligten.* Nichts passiert ohne handelnde Personen. Diese sind auch immer unser erster Ansatzpunkt, um Gestaltungsspielräume zu sichern.

6. *Der Gestaltungsspielraum.* Wenn wir noch entscheiden dürfen, haben wir auch Spielräume zum Gestalten. Je mehr Alternativen wir uns dann schaffen können, desto größer werden die Spielräume. Da Situationen immer auch Beteiligte haben, gilt es, gemeinsame Interessen zu schaffen.

Es ist ja schön, zu wissen, welche Aspekte hinter einer Situation stehen. Im nächsten Abschnitt leiten wird daraus ein praktisches Handlungssystem ab.

6.3.1 Situationsanalyse und Handlungsoptionen

6.3.1.1 Die Vergangenheit

Wenn Sie das Gefühl haben, unter Druck zu stehen bzw. dass schlechte Erfahrungen der Vergangenheit auf Sie wirken, sollten Sie sich zunächst ein wenig Übersicht verschaffen. Egal ob kürzliche oder schmerzhafte Erfahrungen von früher Ihre Entscheidungen massiv beeinflussen oder Sie sich in einer stressigen Drucksituation befinden. Der Grund dafür liegt jeweils in der Vergangenheit. Sie können sie nicht ändern, aber Sie können das Richtige daraus lernen.

Unser Erfinder hat zunächst nicht aus dem Ereignis lernen wollen, sondern einfach ein Vorurteil gebildet. Wie wir gesehen haben, ist das nicht hilfreich, weil er dadurch seine Gestaltungsspielräume massiv einschränkt. Letztlich liegt die Ursache für alles immer in den Ursachen, die wir geschaffen haben.

Eingangs des Kapitels haben wir drei situationsgemachte Einflussfaktoren kennengelernt, existenzielle Entscheidungen, frische Erfahrungen und schmerzhafte Erfahrungen. Obwohl die daraus folgenden Entscheidungsprobleme unterschiedlich sind, geht es in erster Linie darum, den Einfluss einer schlechten Vergangenheit auf die zukunftsgerichteten Entscheidungen zu begrenzen.

Wenn wir verstehen, was beispielweise zu einer schmerzhaften Erfahrung geführt hat, dann können wir diese Fehler in der Zukunft vermeiden, ohne diesen ein zu starkes Gewicht in unseren Entscheidungskriterien zu geben. In einer Drucksituation, in der Sie befürchten müssen, Ihre Existenz zu verlieren, ist es besonders wichtig zu wissen, wie es dazu kommen konnte. Damit Sie eine Wiederholung durch Ihre aktuellen Entscheidungen verhindern können.

6.3.1.2 Die aktuellen Ereignisse

Die Analyse der Vergangenheit führt uns direkt zu den aktuellen Ereignissen. Diese spielen die größte Rolle bei den schon erwähnten Entscheidungen unter existenziellem Druck. Diese Ereignisse sind es ja, die für uns entscheidungsauslösend sind. Als Entscheider müssen wir zunächst akzeptieren, dass viele Ereignisse miteinander verkettet sind. Wenn ein wichtiger Lieferant ausfällt und Sie deshalb Ihren Kunden nicht pünktlich beliefern können, wird eines der nächsten Ereignisse das Einfordern der vereinbarten Vertragsstrafe sein. Egal wie sehr Sie sich auch anstrengen, Sie werden die Ereigniskette vorher nicht brechen können, auch wenn es noch gar nicht passiert ist.

Ihre Gestaltungsmacht bezieht sich auf die Zeit nach Beendigung der Ereigniskette. Wenn Sie allerdings die Vertragsstrafe in Ihren Lieferantenverträgen durchgereicht haben, dann werden Sie bereits beim Lieferausfall den Lieferanten Ihrerseits in Regress nehmen.

Aus dem Studium der Vergangenheit können wir entnehmen, welche Ereignisse in der Situation verkettet folgen werden und welche Ereignisse auf uns zukommen, wenn wir nicht handeln. So kann die Unfähigkeit unseres Lieferanten, uns zu beliefern, vieles bedeuten. Möglicherweise können wir unseren Kunden mit der vereinbarten Vertragsstrafe trotzdem beliefern. Es könnte z. B. sein, dass wir die benötigten Materialien auf einem Spot-Markt einkaufen können. Wir könnten auch Waren, die für einen anderen Kunden bestimmt sind, umwidmen, um nicht in die Vertragsstrafe hineinzulaufen.

Das ist zwar nicht schön für unser Kundenverhältnis mit dem nun benachteiligten Kunden, aber Vertragsstrafen fallen häufig empfindlich hoch aus und wer weiß, ob der Lieferant zahlungsfähig bleibt?

6.3.1.3 Die Interpretation

Auf welche Weise wir eine Situation interpretieren, hat einen großen Einfluss darauf, ob wir unter Druck entscheiden müssen oder ob wir unsere Entscheidungen mit Überblick treffen können.

Im Jahr 2006 diskutierten die Fraktionen im Deutschen Bundestag eifrig den Nichtraucherschutz. Ein Verbot des blauen Dunsts in allen Gaststätten sollte her. Nach zwei Monaten Diskussion und einer Gesetzesvorlage die überraschende Wende: Der Bundestag war gar nicht zuständig. Derlei Regelungen können nur die Bundesländer treffen. Ein Schildbürgerstreich?

Der Meinung könnte man sein, nur müsste sich beinahe jeder Entscheider dabei selbst an die Nase fassen. Denn gar nicht so selten versuchen wir Entscheidungen zu treffen, die sich nicht mehr in unserem Gestaltungsraum bewegen. Oft übernehmen wir auch Entscheidungen, die bei einem Mitarbeiter wesentlich besser aufgehoben sind, oder noch schlimmer, es geht uns gar nichts an.

Daher sollten wir uns vor Beginn einer Entscheidung immer drei ganz simple Fragen stellen:

1. Können wir die Entscheidung treffen?
2. Dürfen wir die Entscheidung treffen?
3. Müssen wir die Entscheidung treffen?

Nur wenn wir alle drei Fragen mit einem klaren „Ja“ beantworten, sind wir als Entscheider gefragt und gefordert.

Eine viel größere Rolle spielt allerdings der Druck beim Entscheiden. Am Druck entscheidet sich, ob wir eine Entscheidung überlegt in aller Ruhe treffen oder ob wir unter Stress unsere Entscheidung durch die Situation prägen lassen.

Ist der Druck hausgemacht oder real?

Bevor wir das entscheiden, durchläuft die Situation bei uns drei Wahrnehmungsfilter.

Ist dies eine wichtige oder eine unwichtige Entscheidung?

Dahinter steckt natürlich eine Bewertung Ihrer eigenen Betroffenheit. Wenn Sie sich oder Ihre Interessen nicht betroffen sehen, sind alle daraus entstehenden Konsequenzen nicht wichtig für Sie.

Diese Entscheidungen delegieren wir typischerweise an Personen, für die es eine Rolle spielt. Wenn der sprichwörtliche Reissack in China umgekippt ist, dann sollen auch die Chinesen entscheiden, ob sie ihn aufheben oder nicht.

Wenn die Entscheidung dagegen wichtig für Sie ist, hat der Druck die erste Hürde genommen, denn Sie sind in jedem Fall an den Konsequenzen der Entscheidung interessiert.

Die nächste Frage, die unseren Wahrnehmungsfilter durchläuft, ist dann:

Ist die Situation angenehm oder unangenehm?

Stellen Sie sich vor, ganz unerwartet kommt ein großes Unternehmen auf Sie zu und gibt Ihnen einen Großauftrag. Sie müssen allerdings innerhalb von zwei Monaten lieferfähig sein. In aller Schnelle stellen Sie Mitarbeiter ein und gewinnen dringend benötigte Kooperationspartner. Sie stehen unter Druck, aber er ist positiv für Sie.

Anders sieht es aus, wenn wir unerwartet einen Großauftrag verlieren und plötzlich ungenutzte Kapazitäten haben, die täglich Geld kosten. Dieser Druck ist unangenehm.

Die letzte Frage, mit der sich unser Wahrnehmungsfilter beschäftigt, ist die entscheidende:

Wie massiv sind die Konsequenzen für uns?

Unbestreitbar sind alle Entscheidungssituationen, die in dieses Raster fallen, sehr wichtig. Deshalb muss der Entscheider seine Wahl mit Bedacht treffen. Wenn die schlimmste Konsequenz der Verlust von Geld ist, dann ist das sicher schlimm. Aber danach geht es weiter. In solchen Entscheidungen sollte die eigene unternehmerische Vision immer im Vordergrund stehen. Die Situation und ihre unmittelbare Auswirkung sind dann Nebenbedingungen.

Ganz anders sieht der Fall aus, wenn die Konsequenzen aus der Entscheidungssituation Ihre Existenz infrage stellen. Dann dreht sich das Ganze um. Im Vordergrund steht die Bewältigung der Situation, aber wir sollten dabei trotzdem nicht unser Ziel völlig aus den Augen verlieren.

6.3.1.4 Der Zeitrahmen

Gute Entscheidungen brauchen Zeit. Wenn wir attraktive Alternativen schöpfen wollen und uns die größtmögliche Unterstützung für die Umsetzung unserer Entscheidungen sichern wollen, geht das nicht von heute auf morgen. Das heißt nicht, dass Entscheidungen sich über Jahre hinziehen müssen, aber wir sollten einen angemessenen Zeitrahmen dafür zur Verfügung haben.

Wenn uns eine Situation in ihren Bann zieht, hängt das häufig mit einem zu eng gesteckten Zeitrahmen zusammen, bis zu dem wir eine Entscheidung getroffen haben müssen.

Anhand von drei unterschiedlichen Situationstypen möchte ich Ihnen das Problem verdeutlichen.

Verschleppte Entscheidungen

Vor einiger Zeit hat sich Unternehmer Benkert nach einer gebrauchten Maschinenanlage umgesehen, mit der er eine Lücke in seinem Angebot schließen möchte. Zu seinem Glück fand er diverse Alternativen auf dem freien Markt. Danach war das Tagesgeschäft eine Zeit lang wichtiger, er hat daher bisher noch keine Entscheidung darüber getroffen. Wie aus heiterem Himmel bietet sich ihm ein lukrativer Auftrag an, für den er dringend die gesuchte Maschinenanlage benötigt.

Nur leider sind die von ihm näher ins Auge gefassten Alternativen nicht mehr verfügbar. Einzig zwei Angebote mit Anlagen, die seine Ansprüche nicht wirklich erfüllen, sind noch verfügbar.

Durch sein Zögern hat Benkert den Zeitrahmen für seine Entscheidung nahezu auf null gesetzt und sich selbst in Zugzwang gebracht.

Verpflichtung

Armin Franz ist ein Accountmanager für eine große Werbeagentur. Als ein Kunde bei ihm den Vorschlag für das neue Budget nachfragt, sagt er zu, dieses innerhalb einer Woche zu liefern. Unglücklicherweise sind große Teile des Budgets von Fremdfirmen abhängig, die noch nicht vollständig feststehen und mit denen auch noch die Verrechnungspreise ausgehandelt werden müssen. Innerhalb dieser Woche muss Franz neben dem normalen Tagesgeschäft die Gespräche mit den Fremdfirmen führen, Preise aushandeln und Entscheidungen treffen, mit wem das Projekt umgesetzt werden soll.

Accountmanager Franz ist die Verpflichtung völlig unnötig eingegangen, denn der Kunden hätte bei entsprechenden Hintergrundinformationen bestimmt mehr Zeit dafür eingeräumt. Nur nachdem Franz sich verpflichtet hat, rechnet der Kunde intern zu diesem Termin mit dem Budgetvorschlag als Entscheidungsgrundlage.

Unvorhersehbare Ereignisse

Bauträger Justus Mehlig arbeitet mit einem stadtbekannten Architekten an einem großen Mehrfamilienhaus. Viele Interessenten kommen nur, weil Sie gerne in einem Entwurf des Stararchitekten leben möchten.

Dann geschieht von einem Tag auf den anderen das Undenkbare. Der Architekt verunglückt tödlich bei einer Kletterpartie in den Alpen. Unglücklicherweise fehlt den Entwürfen noch das letzte Finish. Mehlig braucht schnellstens einen glaubhaften Ersatz, der ähnliche Starqualitäten als Architekt hat und bereit ist, den Entwürfen des Verunglückten den letzten Schliff zu geben.

Das Bauträgergeschäft läuft immer mit sehr engen Zeitplänen. Daher ist der Unternehmer hier in einer prekären Situation, die ihm wenig Zeit zum Handeln lässt. Der Unfall seines Architekten war nicht vorhersehbar, daher konnte er sich dagegen auch nicht absichern.

Von diesen drei Ursachen für einen kurz gesteckten Zeitrahmen ist nur eine nicht vom Entscheider im Vorfeld kontrollierbar. Ich halte das für eine sehr wichtige Feststellung. Denn Entscheidungen mit einem kurz gesteckten Zeitrahmen führen dazu, dass generell weniger Alternativen zu Verfügung stehen. Wir brauchen Zeit, um sie zu schaffen, und manchmal müssen wir auch warten können, dass eine wichtige Alternative überhaupt zur Verfügung steht. Wie oft geschieht es, dass ein Manager, den wir gerne in unserem Unternehmen sehen würden, noch durch einen Vertrag mehrere Monate gebunden ist?

Wenn der Zeitrahmen extrem kurz ist, haben wir so weder die Möglichkeit, gute Alternativen zu schaffen, noch darüber nachzudenken, wer von einer bestimmten Alternative betroffen sein könnte. Wir müssen uns also mit einem Schnellverfahren zufriedengeben.

Wenn ein knapper Zeitrahmen so negativ ist, stellen wir uns natürlich die Frage, ob wir den Zeitrahmen nicht vielleicht gestalten können?

Den Zeitrahmen bei einer Fehlinterpretation erweitern

Am einfachsten ist es, wenn der enge Zeitrahmen aufgrund einer Fehlinterpretation entstanden ist. Angenommen Sie sind Manager in einem Unternehmen und Ihr Vorgesetzter übergibt Ihnen eine Aufgabe, die er bisher verschleppt hat. Sie sollen innerhalb von zwei Tagen eine Entscheidung treffen. Immer wenn ein Termin in einer Delegation eine Rolle spielt, ist die wichtigste Frage: „Warum?" Es stellt sich heraus, dass der Termin mit einem der Lieferanten vor Ewigkeiten abgesprochen wurde. Ein Telefongespräch mit dem Lieferanten fördert zutage, dass er den Termin längst vergessen hat und auch nicht mehr mit der Entscheidung rechnete.

Den Zeitrahmen durch den Kauf von Zeit erweitern

Schlechte Entscheidungen können desaströse Konsequenzen haben. Daher kann es sinnvoll sein, sich die Zeit von anderen Beteiligten zu kaufen. So können wir mit Vertragspartnern eine Kostenübernahme vereinbaren, wenn sie durch die Verlängerung unseres Entscheidungszeitraums Geld verlieren.

Wenn das nicht geht, gibt es immer noch eine Möglichkeit. Wir können Zeit durch das Engagement von Spezialisten kaufen. Unternehmensberater sind in die Entscheidungen ihrer Auftraggeber involviert und kennen daher die zur Verfügung stehenden Alternativen in ihren Spezialgebieten besonders gut. So können wir die Zeit kaufen, die wir normalerweise in die Recherche nach attraktiven Alternativen investiert hätten.

6.3.1.5 Beteiligte

Situationen entstehen aus den Aktionen ihrer Beteiligten. Insofern sind diese auch der Schlüssel für die Veränderung der Situation. Daher kann es nicht schaden, sich ein Bild von ihnen zu machen, um später die richtigen Maßnahmen einzuleiten.

Welche Rolle nehmen die Beteiligten ein?

Wenn ich hier von einer Rolle spreche, beziehe das nur auf die jeweilige Situation. Als Entscheider sollten wir uns darüber im Klaren sein, wofür der andere steht. Die einzelnen Aspekte, die eine Rolle kennzeichnen, soll ein kleines Beispiel zeigen.

Jakob Hansen ärgert sich über seinen Konkurrenten Rheinstein. Eigentlich floriert sein eigenes Unternehmen. Denn die Marktnachfrage hat stark zugenommen. In der vergangenen konjunkturellen Schwächephase sind allerdings einige Lieferanten für Zwischenprodukte aus dem Markt geschieden. Rheinstein hat die Knappheit vorhergesehen und daher die Produktion der nächsten zwei Jahre von Hansens Lieferanten aufgekauft. Dieser beliefert jetzt exklusiv den Betrieb des Konkurrenten.

Hansens Unternehmen ist gegenüber Rheinsteins Betrieb ein Zwerg und hat daher nicht die gleichen Möglichkeiten wie der Konkurrent.

In dem Beispiel gibt es drei Akteure, Hansen, Rheinstein und den Lieferanten. Durch den Aufkauf der Zweijahresproduktion des Lieferanten hat Rheinstein Unternehmer Hansen zum Betroffenen gemacht. Eine Rollenbewertung der Akteure soll die Situation klarer machen.

Rollenbewertung der Akteure – Teil 1

Akteure	Hansen	Rheinstein	Lieferant
Aktion	Keine	Kauft Zweijahresproduktion	Verkauft seine Produkte
Position	Unterstützer	Gegner	Neutraler
Proaktivität	Passiv	Aktiv	Passiv

Der erste Teil der Rollenbewertung zeigt Hansen nichts Neues. Allerdings ist auch klar, dass der Lieferant nichts gegen ihn hat. Er verkauft lediglich seine Produkte.

Rollenbewertung der Akteure – Teil 2

Akteure	Hansen	Rheinstein	Lieferant
Interessen	Gemeinsam	Unterschied-lich	Gemeinsam
Motiv	Sachorientiert	Sachorientiert	Sachorientiert
Vergangen-heit	–	Konkurrent	Geschäfts-beziehung
Bedeutung	Hoch	Keine	Mittel
Ansatzpunkte	–	Vielleicht	Ja
Einfluss	–	Keinen	Gering

Im Gegenteil, der Lieferant möchte, dass es langfristig möglichst viele Abnehmer für seine Produkte gibt. So kann Hansen auf ein gemeinsames Interesse mit dem Lieferanten bauen.

Rheinstein ist im eigenen Interesse tätig geworden. Er wollte seine Versorgungskette angesichts der drohenden Knappheit des Zwischenprodukts sichern. Sein Motiv ist daher nicht persönlich, aber es ist unwahrscheinlich, dass Hansen Unterstützung von dieser Seite bekommt, wenn er Lösungsalternativen schaffen will.

Sachliche Motive haben gegenüber persönlichen Motiven immer den Vorteil, dass wir sie ändern können, wenn es uns gelingt, einen größeren Nutzen für den Beteiligten aufzuzeigen, sollte er in unserem Sinne handeln.

Für Hansen hat der Zusammenbruch seiner Versorgung eine sehr hohe Bedeutung. Rheinstein wird den kleinen Konkurrenten kaum wahrnehmen, deshalb hat es für ihn keinerlei Bedeutung. Das kann ein Vorteil sein, da er sich dann vielleicht nicht gegen eine Lösung im Sinne des kleinen Konkurrenten sperren wird.

Der Lieferant wird sich möglicherweise wegen seiner zukünftigen Abnehmer Gedanken machen müssen und der Sache daher eine mittlere Bedeutung beimessen.

So ergeben sich kleine Ansatzpunkte für Gespräche mit Rheinstein und größere Ansatzpunkte für ein Gespräch mit dem ehemaligen Lieferanten. Vielleicht kann dieser einen Konkurrenten empfehlen oder für Hansens Belieferung sporadisch eine dritte Schicht arbeiten lassen?

Die Analyse der Rolle der einzelnen Beteiligten zeigt dem Entscheider auf, welche Handlungsstrategien sinnvoll sind. Je geringer der Zeitrahmen für ihn ausfällt, desto mehr wird er sich auf erstklassige Chancen konzentrieren. Wenn dagegen mehr Zeit zur Verfügung steht, kann er auch die anderen Optionen nutzen. So könnte Hansen z. B. Rheinstein bitten, ihm einen kleinen Teil der aufgekauften Produktion für einen guten Preis zu verkaufen. Mehr als ablehnen kann der große Konkurrent ja nicht.

6.3.1.6 Gestaltungsspielraum

Als Entscheider brauchen wir Gestaltungsspielräume, ansonsten gibt es nichts zu entscheiden. So geht es z. B. einem Unternehmer, dessen Unternehmen in Konkurs geht. Ihm bleibt nichts anderes übrig, als das Weitere dem Konkursverwalter zu überlassen.

Gestaltungsspielräume geben die Anzahl der Möglichkeiten wieder, Alternativen zu schaffen und frei darüber zu entscheiden.

Bei unseren Gestaltungsspielräumen neigen wir neben der Überschätzung derselben häufig auch zur Unterschätzung unserer eigenen Möglichkeiten. Gerade deshalb ist es aus meiner Sicht so wichtig, die Entscheidungssituation als Ganzes zu analysieren.

Wenn ich in meinen Entscheidungen die Gestaltungsspielräume unterschätze, kostet mich das schnell meine unternehmerischen Chancen.

Nehmen wir nur das Beispiel von Jakob Hansen aus dem letzten Abschnitt. Hansen kann aufgrund der geringen Größe seines Betriebs natürlich nicht die gesamte Jahresproduktion seines Lieferanten aufkaufen. Allerdings hätte er sich vor Rheinsteins Deal die langfristige Versorgung mittels eines langfristigen Mengenabrufvertrags sichern können. Wenn wir unsere Gestaltungsspielräume nicht selbst nutzen, dann machen das andere, wie wir an dem Rheinstein-Beispiel gut sehen können.

Der Einfluss einer Abhängigkeit auf die Gestaltungsspielräume

Je mehr wir von anderen abhängig sind, desto geringer sind unsere Gestaltungsspielräume. Denn wir müssen Rücksicht darauf nehmen.

Abhängigkeit kann auch ein Sichverantwortlichfühlen sein. Wenn Sie einen Betrieb hier in Deutschland aufgebaut haben und seit Jahren gut mir ihren Mitarbeitern zusammenarbeiten, dann fühlen Sie sich diesen gegenüber möglicherweise verantwortlich. Technisch könnten Sie Ihren Betrieb nach Polen verlagern, um dort Lohnvorteile zu nutzen. Aus Verantwortung gegenüber Ihren Mitarbeitern werden Sie das möglicherweise nicht als eine reelle Alternative wahrnehmen.

Gerd Huber hat ein Autohaus im Namen einer deutschen Automarke. Der in die Jahre gekommene Verkaufsraum soll auf dringenden Rat des Autokonzerns neu gestaltet werden. Allerdings hat Huber keinerlei eigenen Einfluss auf das zukünftige Aussehen. Das ist alles bereits durch die Vertragsbedingungen mit dem Autokonzern festgelegt. Sein Gestaltungsspielraum bezieht sich lediglich auf den Bereich der Finanzierung.

In diesem Fall macht der Autokonzern durch das entsprechende Vertragsdesign seine Händler abhängig. Als Markenhändler genießt Huber zwar Privilegien gegenüber den freien Autohäusern, erkauft diese aber durch eine massive Einschränkung seiner Gestaltungsspielräume.

Sollten für Sie als Entscheider die Gestaltungsspielräume sehr klein sein, können Sie allein aufgrund Ihrer beschränkten Möglichkeiten keine guten Entscheidungen treffen. Daher stellt sich dann die Frage, ob Sie die Entscheidung nicht an jemanden delegieren, der mehr Gestaltungsmacht hat.

Wie soll das in der Praxis aussehen?

Stellen Sie sich vor, Sie gründen ein neues Unternehmen. Ihre finanziellen Mittel sind begrenzt. Damit Ihr Unternehmen durchstarten kann, brauchen Sie eine Finanzierung von 1,5 Millionen Euro. Die Banken winken ab und die öffentlichen Fördertöpfe sind nur mit einem privaten Lead-Investor erreichbar.

Ihre Möglichkeiten sind daher darauf reduziert, einen Investor zu gewinnen. Sie delegieren damit die Entscheidung, ob Ihr Unternehmen starten kann, auf einen der finanzstarken Investoren, mit denen Sie Ihre Gespräche führen.

6.4 Das Schnellentscheidungsverfahren

Zum Schluss dieses Kapitels möchte ich Ihnen noch eine Vorgehensweise an die Hand geben, mit der Sie selbst unter Zeitdruck gut strukturiert entscheiden können.

Dazu habe ich eine vereinfachte Vorgehensweise mit standardisierten Entscheidungskriterien, die ich bereits im Voraus gewichtet habe:

Der Prozess

1. Vorab: Ein Blick auf meine unternehmerische Vision und meine persönliche Mission, um sicherzustellen, dass mein Fokus auf dem liegt, was ich wirklich will.

2. Ziel der Entscheidung?
3. Frage: Was ist der Entscheidungsauslöser?
4. Welche Alternativen habe ich für diese Entscheidung?
5. Bewertung mittels meiner Entscheidungskriterien.

Meine Entscheidungskriterien

Alternativen							
Entscheidungskriterien	**Gewicht**	**A**		**B**		**C**	
		J	N	J	N	J	N
Löst diese Alternative mein Problem?							
Unterstützt diese Alternative meine unternehmerische Vision?							
Unterstützt diese Alternative meine persönliche Mission?							
Steigert diese Alternative meinen Einfluss?							
Verdiene ich durch diese Alternative mehr Geld?							
Gewinne ich durch diese Alternative mehr Zeit für das Wesentliche?							
Entwickle ich mich oder mein Unternehmen mit dieser Alternative weiter?							
Hat diese Alternative eine positive Öffentlichkeitswirksamkeit?							
Bringt diese Alternative mich beim Networking voran?							
Erleichtert diese Alternative meine tägliche Arbeit?							

Alternativen							
Entscheidungskriterien	**Gewicht**	**A**		**B**		**C**	
		J	N	J	N	J	N
Reduziert diese Alternative Reibungspunkte mit anderen Menschen?							
Macht diese Alternative mir Freude?							
Ist diese Alternative kosteneffizient?							
Sichert diese Alternative die Unterstützung für mein Unternehmen?							

Wichtig dabei: Ich habe bereits ein vorgefertigtes Excel-Formular mit dieser Entscheidungskriterien-Checkliste (Ja/Nein) und meinen persönlichen Gewichtungen. Daher kann ich meine Entscheidungen ziemlich schnell treffen und vor allen Dingen dokumentieren. Denn nichts ist schlimmer, als wenn Sie eine Entscheidung treffen und später nicht mehr wissen, wie Sie darauf gekommen sind.

Die beiden Pole für „Ja" oder „Nein" werden für mich immer durch die verfügbaren Alternativen bestimmt. Das heißt z. B., wenn eine Alternative mich fünf Stunden Arbeit kostet und die andere zehn Stunden, dann geht das „Ja" für das Kriterium „mehr Zeit für das Wesentliche" vom Minimalwert bis zum Mittelwert „7,5 Stunden".

Alle die Entscheidung betreffenden Dokumente habe ich in meinem Rechner und linke sie zur Info mit in das Excel-Sheet.

Natürlich sichere ich zum Schluss meine Entscheidung noch ab, indem ich auf meinen Bauch höre. Wenn ich mich mit der Entscheidung nicht gut fühlen kann, dann gibt es bei der Einschätzung der Alternativen noch Fehler.

Das gleiche Verfahren setze ich auch für viele geringfügige Entscheidungen ein.

6.5 Zusammenfassung

Ohne Frage sind Entscheidungen immer wieder stark durch die Situation geprägt, in der sie gefällt werden müssen. Als Entscheider können wir uns selten ganz frei davon fühlen.

Im vorigen Abschnitt habe ich Ihnen die verschiedenen Aspekte näher gebracht, die eine Entscheidungssituation prägen können. Die eigentliche Analyse geht ganz schnell. Etwas mehr Zeit dürften die Handlungsoptionen einnehmen, die Sie für sich daraus ableiten.

Zusammengefasst haben Sie in den Bereichen „Ereignisse“, „persönliche Interpretation“, „Zeitrahmen“, „Beteiligte“ und „Gestaltungsspielraum“ Möglichkeiten, auf die Situation einzuwirken.

Sollten Sie dennoch einmal unter Zeitdruck entscheiden müssen, ist das ein ideales Einsatzgebiet für unser Schnellentscheidungsverfahren.

7 Manager sind anders

Unter den Entscheidern sind Manager die Hochleistungssportler. Nicht weil sie so gut trainiert sind, sondern weil die Anforderungen so hoch sind.

Selbstständige und Unternehmer können für sich selbst entscheiden. Sie sind niemandem Rechenschaft schuldig außer sich selbst. Ich habe dieses Buch geschrieben, weil es selbst unter so vorteilhaften Bedingungen, wie wir sie als Selbstständige und Unternehmer erleben, leicht passieren kann, dass wir in eine Entscheidungsfalle laufen.

Für Manager ist das Spiel eine Stufe schwieriger, weil sie ihre Entscheidungen gegenüber einem Vorgesetzten, im Zweifelsfall sogar gegenüber dem Topmanagement rechtfertigen müssen.

7.1 Die Situation des Managers

Paul Bernhard ist Produktmanager in einem großen deutschen Unternehmen. Er untersteht direkt dem Marketingleiter. Alle paar Wochen kommt sein vor Ideen strotzender Chef zu ihm und macht seinem Unmut Luft, inwiefern Bernhard ihn wieder enttäuscht hat. Obwohl diese Gespräche mit schöner Regelmäßigkeit stattfinden, ist dem Produktmanager immer noch nicht klar, was sein Chef eigentlich von ihm will. Mal sind ihm die Marketingpläne zu spießig, ein anderes Mal gehe das Produkt in der Marketingsoße unter, das nächste Mal soll er nicht so verschwenderisch mit seinem Budget planen.

Da er kaum einen Schritt tun kann, ohne von dem umtriebigen Marketingchef kontrolliert zu werden, erreichen nur wenige seiner Planungen die Realisierung. Daher hat das nächste Gespräch zwischen den beiden die mangelnde Effizienz Bernhards zum Inhalt. Nach jedem Gespräch vereinbaren sie lösungsorientierte Aufgaben, die das Produktmanagement umgehend umsetzen soll.

Die Maßnahmen erscheinen Paul Bernhard nicht unbedingt logisch. Daher hat er auch große Schwierigkeiten, seine Mitarbeiter dafür zu gewinnen. Überreden ist wohl das bessere Wort dafür. Bernhard überredet seine Mitarbeiter, Maßnahmen in die Wege zu leiten, von denen weder er noch seine Mitarbeiter überzeugt sind. Alle wissen, dass spätestens nach dem nächsten Gespräch mit dem Marketingleiter wieder alles falsch war und rückgängig gemacht werden wird.

Unglücklicherweise trifft Bernhard auch keine guten Entscheidungen. Denn ihm fehlt der Einblick, wofür das Ganze gut sein soll. Die Entscheidung, welche Medien für Anzeigen und PR-Maßnahmen angegangen und welche Dienstleister eingeschaltet werden, brauchen einen klaren Fokus. Weil ihm dieser Fokus fehlt, fragt Bernhard auch häufig bei seinem Chef nach. Der zum einen deshalb ungehalten reagiert, weil sein Mitarbeiter nicht selbstständig arbeiten kann, und zum anderen, weil er das Gefühl hat, dass wieder alles aus dem Ruder läuft.

In diesem Beispiel ist keiner der Beteiligten mit der Situation zufrieden, geschweige denn glücklich. Viele Energien gehen in Reibungsverlusten verloren und der ganzen Abteilung fehlt die Richtung.

Auch wenn dieser Fall ein wenig extrem erscheint, so ist er doch beileibe kein Einzelfall. Das Topmanagement hat häufig die Befürchtung, dass im Linienmanagement nicht im Sinne der Führung gehandelt wird und Entscheidungen getroffen werden.

Daher versucht die Unternehmensführung, ständig dem Mittelmanagement hinterherzukontrollieren. Aufgrund der starken Kontrolle treffen die Manager ihre Entscheidungen teilweise wider besseres Wissen. Denn die Kontrolle nimmt die Verantwortung von den Linienmanagern.

Als Fachmanager am richtigen Platz haben sie häufig einen besseren Überblick über die Details, setzen dieses Wissen aber nicht um. Aufgrund der offenkundigen Fehlentscheidungen ihrer Manager fühlt sich die Geschäftsführung bestätigt und setzt die Manager weiter unter Druck.

Ursache dafür ist häufig eine unklare, im besten Fall nebulöse Vorstellung des Topmanagements, wie die Ziele des Unternehmens umgesetzt werden sollen. Was mir selbst nicht klar ist, kann ich dann auch nicht klar kommunizieren.

Es fehlt also allen Beteiligten das klare, gemeinsame Zielbild. Ohne das wird der Linienmanager immer wieder wegen Kleinigkeiten nachfragen müssen, denn er kann nicht entscheiden, was das Richtige ist.

7.2 Die Sandwichstrategie

Aus Sicht eines Managers macht es natürlich keinen Sinn, darüber zu lamentieren, dass die Unternehmensführung sich kein genaues Bild von dem gemacht hat, was sie erreichen will. Die Unternehmensführung würde das auch vehement bestreiten. Denn natürlich gibt es eine genaue Vorstellung, welche Zahlen die einzelnen Bereiche und Abteilungen des Unternehmens erreichen sollen.

Nicht ganz zufällig enthalten die für die Öffentlichkeit formulierten Unternehmensvisionen immer den Hinweis darauf, wo sich das Unternehmen im Verhältnis zu seinen Wettbewerbern positioniert sehen möchte. Legende sind Sprüche, wie: „Wir sind die Nummer eins auf unserem Markt", „Wir gehören auf allen Weltmärkten zu den Top drei Unternehmen in unserer Branche."

Wo es in der unternehmerischen Vision schon an Genauigkeit fehlt, wird die Unternehmensführung keine klareren Vorstellungen haben.

Wie es so schön heißt: Viele Wege führen nach Rom. Die Frage ist nur, ob der gewählte Weg dem Verantwortlichen in der Unternehmensführung gefällt.

Damit wir den richtigen Weg wählen, lohnt ein Blick auf die Sandwichstrategie. Sie sind die Salamischeibe zwischen den beiden Brothälften „Topmanagement“ und „Mitarbeiter“. Damit das Sandwich schmeckt, müssen Sie das verbindende Element zwischen den beiden Hälften sein.

7.2.1 Was kann ein Manager tun?

Schritt 1: Das Gespräch mit dem Vorgesetzten

Wenn ein Unternehmer seine Entscheidung trifft, wird er für sich selbst Entscheidungsklarheit schaffen, also herausfinden, was er in dieser Entscheidungssituation wirklich will.

Der Manager kann das zwar auch machen, aber er setzt sich dem Risiko aus, dass der von ihm favorisierte Weg zum Ziel auf wenig Gegenliebe bei seinen Vorgesetzten stößt.

Daher brauchen wir wieder unsere drei Kontrollelemente:

- gewünschte Ergebnisse,
- Status-quo-Ergebnisse,
- unerwünschte Ergebnisse.

Wie Sie sich vielleicht erinnern werden, stellen die Kontrollelemente die Ausgestaltung unseres zu erreichenden Ziels dar. Mit anderen Worten, wenn Sie bei Ihrem Vorgesetzten diese drei Themenkomplexe abfragen können, wissen Sie sehr genau, was dieser sich vorstellt.

Allerdings hat man die Entscheidung nicht von ungefähr an Sie delegiert. Ihre Fachkompetenz ist gefragt und es kann durchaus sein, dass Sie in einem Gespräch auch die Vorstellungen Ihres Chefs gerade rücken müssen, z. B. was sinnvoll ist und was sich zwar schön anhört, aber für das Unternehmen keinen Sinn macht.

Als versierter Entscheider holen Sie sich natürlich vorher schon die Unterstützung, die Sie von oben für die Umsetzung benötigen werden. Wenn Sie hier nicht zum Zuge kommen, haben Sie spätestens ein Problem, sobald Sie Ihre Mitarbeiter für den von Ihnen gewählten Weg gewinnen wollen.

Es ist also nicht nur Ihre Aufgabe, die Kontrollelemente abzufragen, sondern auch in einem konstruktiven Dialog mit Ihrem Chef weiterzuentwickeln. Innerhalb des Entscheidungsprozesses ist dieser Schritt der schwerste. Denn Sie haben nur ein gemeinsames Interesse mit Ihrem Gesprächspartner:

Sie wollen Ihre Entscheidungen in seinem Sinne treffen, damit er Ihnen nicht hinterherkontrollieren muss oder schlimmer noch vor vollendeten Tatsachen bemerkt, wie Sie ihn so falsch verstehen konnten.

Wenn Sie das erste Mal so ein Gespräch führen, dann können Sie sicher sein, dass Ihr Vorgesetzter positiv überrascht sein wird. Das müssen Sie für sich nutzen, um vorab den Sinn des Ganzen zu klären und in ihm die Bereitschaft zu schaffen, sich auf Ihre Fachkenntnis einzulassen.

Wenn Sie das erfolgreich gemeistert haben, wird Ihr Vorgesetzter dieses Gespräch in den meisten Fällen von selbst suchen, da die Vorteile für ihn als Führungskraft auf der Hand liegen.

Allerdings ist auch ein wenig Vorsicht angebracht. Denn der Inhalt dieses Gesprächs gehört eigentlich zu den Grundregeln der Delegation, die aber leider nur zu selten beherzigt werden.

In Ihrem Gespräch sollten Sie unbedingt immer im Blick behalten, dass die Zielsetzung und ihre Ausgestaltung auch für ihre Mitarbeiter nachvollziehbar sein müssen. Sonst erleben Sie Reibungsverluste in der Umsetzung.

Die Argumentation: „Es ist der Herzenswunsch unseres Chefs“, zieht vermutlich nur ein- oder zweimal.

Jeder Mensch möchte in seiner Arbeit Sinn erleben. Nur dann wird er sich auch mit seiner ganzen Persönlichkeit in seine Aufgabe einbringen.

Angenommen, Sie haben tatsächlich die Kontrollelemente einer Entscheidung mit Ihrem Chef erarbeitet. Dann sind Sie noch lange nicht fertig. Denn Sie müssen auch noch herausfinden, welche davon ihm besonders wichtig sind. Also eine Art Gewichtung, bevor Sie Entscheidungskriterien gebildet haben.

Diese „Herzpunkte" Ihres Chefs werden Sie später bei der Gewichtung Ihrer eigenen Entscheidungskriterien einfließen lassen.

Warum bilden wir nicht gleich zusammen mit dem Chef die Entscheidungskriterien?

Da Sie ja nicht nur Entscheider, sondern auch Umsetzer der getroffenen Entscheidung sind, werden Sie später noch eigene Kontrollelemente hinzufügen, die der Entscheidung Ihre Persönlichkeit aufdrücken.

Erst im Anschluss daran bilden Sie die Entscheidungskriterien. Wenn Ihr Chef nicht gerade einer meiner Kunden ist oder dieses Buch gelesen hat, wird es ihm fremd sein, aus den verschiedenen Kontrollelementen heraus Entscheidungskriterien abzuleiten.

Für ihn sind die Kontrollelemente wahrscheinlich bereits die Entscheidungskriterien. Das sollte kein Problem sein, da Sie ja in seinem Auftrag die Entscheidung treffen werden.

Eine kleine Warnung: Versuchen Sie niemals Ihrem Chef zu erklären, wie man bessere Entscheidungen trifft! Es gibt wenige Themen, mit denen man so effektvoll Schiffbruch erleiden kann, wie mit diesem!

Schritt 2: Alternativen vorstellen

Wenn es nicht gerade um Standardentscheidungen geht, macht es Sinn, die zur Verfügung stehenden Entscheidungsalternativen mit Ihrem Vorgesetzten zu besprechen. Vermeiden Sie es dabei, Vorteile und Nachteile der verschiedenen Alternativen zu besprechen. Wie wir wissen, führt uns das direkt in eine Entscheidungsfalle (siehe Vorteil-Nachteil-Falle). Wenn Sie eine Einschätzung liefern müssen, dann bezüglich der mit Ihrem Chef erarbeiteten Kontrollelemente.

Im Regelfall verschaffen Sie ihm so auch noch ein Erfolgsgefühl, denn mit dem unverbrauchten Blick des Unbeteiligten wird er Ihnen auf Anhieb ein oder zwei weitere Alternativen beisteuern können.

Schritt 3: Die Entscheidung transparent machen

Wenn Sie Ihre Entscheidung getroffen haben, erstellen Sie einen Bericht, in dem Sie die drei Alternativen vorstellen, die aus Ihrer Sicht das meiste Potenzial versprechen. Im Anschluss erklären Sie, wieso die von Ihnen gewählte Alternative die beste Wahl für das Unternehmen ist.

Da Sie für die Sicherung der größtmöglichen Unterstützung für die Umsetzung ohnehin einen Umsetzungsplan erstellen müssen, fügen Sie diesen bei.

Über diesen Bericht führen Sie dann noch ein Abschlussgespräch mit Ihrem Vorgesetzten und Sie können sich sicher sein, dass Sie ab jetzt wesentlich weniger Probleme mit Ihren Entscheidungen im Firmenumfeld haben werden als zuvor.

7.3 Zusammenfassung

Bei Entscheidungen sind nicht alle Menschen gleich. Denn Manager entscheiden an der Stelle eines Vorgesetzten, eines Unternehmers oder einfach eines Gesellschafters. Um in deren Sinne handeln und entscheiden zu können, müssen Sie wissen, welche Wertvorstellungen die jeweilige Person hat. Gleichzeitig wollen Sie Ihre Mitarbeiter als Unterstützer gewinnen. Dazu haben wir in diesem Kapitel die Sandwichstrategie kennengelernt, die Ihnen beides ermöglicht.

8 Methode oder nicht Methode?

Wann lohnt es sich, ein Entscheidungsverfahren durchzuführen? Mit dieser Frage sieht sich jeder konfrontiert, der ein Buch über Entscheidungsmethoden in der Hand hält. Zum einen wollen wir gute Entscheidungen treffen, zum anderen ist unser Tagesgeschäft so bewegt, dass nur die allerwenigsten Entscheidungen in den Genuss einer Vorzugsbehandlung kommen können.

Ich habe diese Frage lange Zeit klassisch beantwortet. Immer wenn die Entscheidung wichtig genug war, sollte der Weg zu ihr methodisch aufbereitet sein. War die Thematik dagegen eher unwichtig, dann reichte das schnelle Aus-der-Hüfte-Schießen. Je mehr ich mich allerdings damit beschäftigt habe, desto klarer wurde mir, dass eine differenzierte Sichtweise dem Entscheider viel mehr bringen kann.

Lassen Sie uns dennoch zuerst einen Blick auf den klassischen Weg werfen.

8.1 Der klassische Weg

Die alles entscheidende Frage für das klassische Vorgehen ist: Wann ist ein Entscheidungsproblem für mich ausreichend wichtig?

Wenn Sie jetzt eine eindeutige Antwort von mir erwarten, dann muss ich Sie enttäuschen. Tatsächlich ist das von Entscheider zu Entscheider unterschiedlich. Denn je nachdem, wie weit Sie in Ihrer Funktion schon gekommen sind, beschäftigen Sie sich mit Entscheidungen, die werthaltige Konsequenzen haben oder weniger werthaltige Konsequenzen.

Als Unternehmensgründer mögen Sie einen Betrag von 1 000 Euro für wichtig halten. Als Geschäftsführer eines Unternehmens, das im Jahr 25 Millionen Euro Umsatz erzielt, vielleicht nicht. So konnte es passieren, dass der damalige Deutsche-Bank-Chef Hilmar Kopper den Millionenverlust in der Kreditsache Jürgen Schneider als „Peanuts“ bezeichnen konnte, während ein kleiner Kreditsachbearbeiter über solche Beträge niemals allein entscheiden darf. Mit anderen Worten, jeder Entscheider ist in sein eigenes Koordinatensystem eingebunden, das festlegt, was wichtig ist und was nicht.

Immer dann, wenn wir uns auf die richtigen Dinge konzentrieren wollen, kommt der italienische Ökonom Vilfredo Pareto zu Wort. Sein allseits bekanntes Paretoprinzip besagt, dass 80 % eines Ergebnisses bereits durch 20 % des Arbeitsaufwandes erzeugt werden. Davon abgeleitet entstand die in der Betriebswirtschaft häufig eingesetzte ABC-Analyse. Diese lässt sich auch für Entscheidungen einsetzen:

- A-Entscheidungen: 20 % der Entscheidungen erzeugen 80 % des Ergebnisses.
- B-Entscheidungen: 30 % der Entscheidungen erzeugen 15 % des Ergebnisses.
- C-Entscheidungen: 50 % der Entscheidungen erzeugen nur 5 % des Ergebnisses.

In einem großen Unternehmen wird sich der Geschäftsführer also nur mit A-Entscheidungen beschäftigen, die in ihrer Konsequenz mehr als eine Million Euro verursachen. Alle Entscheidungen, die unter dieser Schwelle liegen, trifft er ohne methodische Unterstützung. Ein Teamleiter im gleichen Unternehmen dagegen definiert seine A-Entscheidungen bereits bei einer Schwelle von 5 000 Euro.

Kann das richtig sein?

Natürlich nicht! Statt sie ohne Entscheidungsmethoden zu bearbeiten, werden B- und C-Entscheidungen von ganz oben nach unten durchdelegiert. Der Geschäftsführer reicht also seine persönlichen B- und C-Entscheidungen an die nächste Managementebene weiter. Dort sind die gleichen Entscheidungen durch den anderen Wertmaßstab der Mitarbeiter im A- und B-Bereich angesiedelt. Auch diese Manager delegieren ihre B- und C-Entscheidungen wieder eine Ebene tiefer und so weiter, bis sie den Teamleiter auf der untersten Ebene erreichen. Er delegiert seine Entscheidungen nicht mehr weiter und trifft seine B- und C-Entscheidungen ohne Entscheidungsmethodik.

Diese Vorgehensweise könnte kurzfristig gesehen sehr effizient sein. Denn sie geht zeitschonend mit dem einzelnen Manager um und gleichzeitig wird ein Höchstmaß an Entscheidungen mithilfe von Entscheidungsmethoden getroffen.

Allerdings gibt es auch Schönheitsfehler. Denn viele Entscheidungen lassen sich gar nicht delegieren. Insbesondere in sich abgeschlossene Entscheidungen, wie z. B. Vertragsverhandlungen mit einem Schlüssellieferanten, bleiben mit allen ihren auszuhandelnden wichtigen und weniger wichtigen Bedingungen bei dem zuständigen Entscheider.

8.1.1 Langfristige Effektivität und Effizienz

Effektiv sein bedeutet, die richtigen Dinge zu machen. Effizient sein bedeutet, die Dinge richtig zu machen. Beides ist wichtig, doch was bringt es Ihnen, wenn Sie die falschen Dinge richtig machen?

Entscheiden ist eine Erfahrungsfähigkeit. Sie können mit einer guten Methodik vieles verbessern. Nur wenn zwei Entscheider eine gute Methodik anwenden, wird derjenige die besseren Entscheidungen treffen, der über mehr Erfahrung verfügt.

Sind ältere Entscheider besser?

Nicht notwendigerweise, denn es gibt einen Kniff, der Ihnen hilft, mehr aus Ihrer Erfahrung zu machen.

Im Allgemeinen tendieren wir dazu, das tägliche Einerlei als Grundrauschen abzutun und uns auf die besonderen Ereignisse zu konzentrieren.

Ein Manager trifft vielleicht täglich Entscheidungen „blind“, die im Einzelfall nur wenige hundert Euro umfassen. Über den Tag summiert sich das auf 3000 Euro. Allerdings gibt es einmal im Jahr eine Entscheidung über eine Einzelinvestition in Höhe von bis zu 40000 Euro, die er natürlich nicht allein trifft.

Wegen der schieren Höhe des Betrags bringt er sich bei dieser Entscheidung viel mehr ein als bei seinem täglichen Kleinkram. Denn er muss seine Entscheidung gegenüber anderen vertreten können.

So kommt es, dass wir die wichtigen Entscheidungen sehr sorgfältig dokumentieren. Wenn es später schiefgeht, dann können wir zumindest zurückverfolgen, wo wir in unserer Einschätzung falsch gelegen haben, und daraus lernen.

Stellen wir uns einmal vor, unser Manager ist zehn Jahre im Beruf. In den ersten Jahren durfte er nur kleinere Entscheidungen treffen. Aber seit fünf Jahren traut man ihm mehr zu und so darf er eben auch über größere Dinge mitentscheiden. Mit anderen Worten, er hat vielleicht fünfmal eine gut dokumentierte Entscheidung in seinem Berufsleben getroffen und vermutlich um die 20000 Entscheidungen „blind“, die er niemals dokumentiert hat und aus denen er daher auch nichts lernen konnte.

Ganz davon abgesehen, dass die Bedeutung einer Entscheidung sich nicht immer nur mit Geld bewerten lässt, geht für unseren Manager eine Riesenchance verloren.

Stellen Sie sich vor, was Sie aus 20000 Einzelentscheidungen lernen könnten. Was wäre, wenn Sie jede Entscheidung so treffen würden, dass Sie später immer zurückverfolgen könnten, woran es jeweils gelegen hat?

Jetzt werden Sie vielleicht sagen, dass Ihr Alltag es nicht zulässt, jede Entscheidung zu dokumentieren. Erfahrungsgemäß sind es aber gerade die vielen kleinen Fehlentscheidungen, die uns am Ende viel Zeit kosten. Daher würde ich dieses Argument nicht akzeptieren. Zumal Sie nicht wirklich viel notieren müssen, um eine Entscheidung zu dokumentieren.

Meine Empfehlung zur Dokumentation Ihrer Entscheidungen

Dokumentation
Ziel der Entscheidung Entscheidungsauslöser (Problem/Chance) Ihre Entscheidungskriterien (gewichtet) Alternativen Entscheidung und kurze Begründung

Das Ganze kostet uns gerade einmal zehn Minuten! Aber stellen Sie sich vor, wie viel mehr Sie aus Ihren Entscheidungen lernen können.

In dem Fall haben Sie selbst für kleine B-Entscheidungen eine Entscheidungsmethodik, die Ihnen durch die Dokumentation auferlegt wird.

8.2 Eine differenzierte Handlungsempfehlung

Die wenigsten Entscheider machen sich bewusst, dass ihre Entscheidungen und die Erfahrungen daraus sie verändern. Entscheiden hat sehr viel mit der Selbsterkenntnis des Entscheiders zu tun. Daher treffen wir mit der Zeit unsere Entscheidungen anders als zu Beginn unserer Karriere. Zum großen Teil trauen wir uns dann vermehrt, unsere Wertvorstellungen einzubringen, zum Teil wissen wir auch viel besser, was wir erreichen wollen und was wir auf jeden Fall vermeiden wollen.

Der Aspekt „Erfahrung sammeln" ist daher für jeden Entscheider wichtig.

Somit bildet die Notwendigkeit, Entscheidungen zumindest minimal zu dokumentieren, die unterste Ebene einer differenzierten Vorgehensweise.

Diese untere Ebene ist der Grundstock, von dem aus wir aufbauen. Damit kommen wir natürlich wieder zu unserer Anfangsfrage.

Wann setzen wir wie viel Methode ein?

Es gibt zwei verschiedene Aspekte, die dabei eine Rolle spielen.

1. *Die zur Verfügung stehende Zeit*
   Aus Kapitel 6 über die Entscheidungssituation wissen wir, dass Zeitdruck das Entscheidungsverhalten verändern muss, da wir für viele methodische Entscheidungsanteile Zeit brauchen. Wenn diese nicht zur Verfügung steht, müssen wir Prioritäten setzen. Tatsächlich ist dieser Aspekt so dominant, dass er eine eigene Vorgehensweise verlangt.

2. *Bedeutung der Entscheidung*
   Jede Entscheidung hat Konsequenzen. Ich sehe immer wieder, dass Unternehmen dies allein an Geldwerten festmachen wollen. Leider funktioniert das häufig nicht. Denn während ich bei einer Investition eine Aussage über erwartete Kosten und Erträge machen kann, fällt das bei der Entscheidung über den Verhaltenskodex im Unternehmen ein wenig schwerer. Letztere Entscheidung ist sehr wichtig für den zukünftigen Erfolg bzw. für die Umsetzung unserer unternehmerischen Vision, aber wir können es nicht beziffern. Hier spielen so unterschiedliche Aspekte wie Mission, Vision, Existenz und Verantwortung für andere eine Rolle.

8.2.1 Stufen der Entscheidungsmethodik

Im Folgenden stelle ich ein Stufenmodell für Entscheidungen vor. Jede Stufe bedeutet einen klar umrissenen Arbeits- und Entscheidungsaufwand. Je nachdem, wie viel Zeit ich zur Verfügung habe und welche Anforderungen sich ergeben, sollte ich eine passende Stufe zur Anwendung bringen.

In dem folgenden Modell enthält die nächsthöhere Stufe jeweils alle Arbeitsschritte der darunter liegenden Stufen.

Eskalationsstufenmodell für Entscheidungen

Stufe 1a	Einfache Dokumentation der Entscheidung
Stufe 1b	Schnellentscheidungsverfahren, wie in Kapitel 6 beschrieben
Stufe 2	Erstellung eines Entscheidungskompasses (Entscheidungsklarheit) und die Entscheidung auf dieser Grundlage treffen
Stufe 3	Bedarfslücke der Bestandsalternativen bestimmen und entscheiden
Stufe 4	Weitere Alternativen schaffen
Stufe 5	Verfügbare Alternativen optimieren
Stufe 6	Eine Entscheidung mit allen Schikanen

Die folgende Übersicht müssen wir uns erarbeiten. Die Darstellung enthält auf der linken Seite eine Restriktion, mit der jeder Entscheider zurechtkommen muss – die zur Verfügung stehende Zeit. An der Matrix können wir ablesen, wie viel Methodik wir aufgrund der eingeschränkten Zeit einsetzen können. Wenn wir beispielsweise „sofort" eine Entscheidung treffen müssen, bleibt uns nur das Schnellentscheidungsverfahren, das wir bereits in Kapitel 6 kennengelernt haben. Wenn wir dagegen einen ganzen Tag Zeit haben, dann sind wir sogar in der Lage, bis zur Entscheidungsstufe 4 zu gehen und eigene neue Alternativen zu entwickeln.

Rechts davon stehen die Anforderungen in Form von „Mission/Vision“, „Existenz“ und „Verantwortung“ für andere. Je nachdem, welche Anforderungen in dem einzelnen Feld existieren, empfiehlt die Matrix über die eingezeichneten Checkboxen eine passende Entscheidungsstufe. Dabei zählt immer die höchste vorgeschlagene Stufe. Wenn z. B. weder meine Vision noch meine Mission betroffen ist und auch meine Existenz nicht, wäre grundsätzlich Entscheidungsstufe 1a der angemessene Arbeitsaufwand. Wenn aber gleichzeitig meine Entscheidung die Existenz von anderen gefährdet, wie z. B. betriebsbedingte Entlassungen, ist Entscheidungsstufe 6 angemessen.

	Restriktion					Anforderung											
	Zeit					Mission/Vision				Existenz				Verantwortung			
	Sofort	1 Stunde	1 Tag	1 Woche	> 1 Monat	Nicht betroffen	Mittelbar beroffen	Direkt betroffen	Gefährdet	Nicht betroffen	Mittelbar betroffen	Direkt betroffen	Gefährdet	Keine	Mittelbar	Direkt	Existenzgefährdend
Stufe 1a	⊘					☑				☑				☑			
Stufe 1b	☑																
Stufe 2	⊘	☑															
Stufe 3	⊘	⊘					☑				☑				☑		
Stufe 4	⊘	⊘	☑														
Stufe 5	⊘	⊘	⊘	☑				☑				☑				☑	
Stufe 6	⊘	⊘	⊘	⊘	☑				☑				☑				☑

Legende

⊘ Restriktion verhindert diese Stufe ☑ Empfohlene Stufe

Auswahlmatrix: Wie viel Methode ist angemessen, wie viel ist möglich?

Allerdings dürfen wir dabei nicht die Restriktion vergessen. Unabhängig davon, welche Stufe durch die Anforderungen angemessen ist. Wenn nicht genügend Zeit vorhanden ist, müssen wir uns mit einer niedrigeren Entscheidungsstufe begnügen. Angenommen, bei dem Beispiel von eben haben wir für unsere Entscheidung lediglich eine Woche Zeit. Dann wird es höchstwahrscheinlich nicht möglich sein, sich die Unterstützung für die Umsetzung jeder möglichen Alternative zu sichern. Wir können daher nur „Stufe 5“ umsetzen.

Wahrscheinlich fragen Sie sich jetzt, was mit der so beliebten Geldbewertung ist. Diese hat für die meisten Entscheider doch den größten Einfluss auf die Frage, welche Bedeutung eine Entscheidung hat.

Für jeden Entscheider werden dabei andere Werte eine Rolle spielen. Daher lade ich Sie ein, sich hierfür selbst eine Matrix aufzustellen.

	Anforderung					
	Geld					
Stufe 1a	☑					
Stufe 1b						
Stufe 2		☑				
Stufe 3			☑			
Stufe 4				☑		
Stufe 5					☑	
Stufe 6						☑

Ihr Vorgehensschema für unterschiedlich „wertige“ Entscheidungen

Mit dem Entscheidungsstufenmodell und der Auswahlmatrix sollten Sie sich die eingangs gestellte Frage jetzt selbst beantworten können.

8.3 Zusammenfassung

Entscheidungsmethoden gibt es wie Sand am Meer. Da dieses Buch von einem Praktiker für Praktiker geschrieben wurde, haben wir uns in diesem Kapitel mit der Frage auseinandergesetzt, wie viel Methode für welche Art von Entscheidung angemessen ist.

Dabei hilft uns eine Matrix, die sich zum einen an der Bedeutung einer Entscheidung orientiert und zum anderen die durch die verfügbare Zeit gesetzte Restriktion berücksichtigt.

9 Der Entscheidungskompass

Spätestens seit Kapitel 3 „Rezept für gute Entscheidungen“ kennen Sie den Entscheidungskompass. Wer seinen Entscheidungskompass erarbeitet hat, kennt seinen Bedarf in einer Entscheidungssituation sehr genau.

Neben der abstrakten Methode habe ich für meine Kunden ein kleines Arbeitskartenset entwickelt, das mich seither überall hin begleitet. Als ich den Entscheidungskompass im Carl Hanser Verlag präsentierte, war sofort klar, dass er in dieses Buch kommt. Auf den letzten Seiten finden Sie daher eine Version zum Ausschneiden und Ausprobieren. Wenn Sie es ein wenig schicker mögen, können Sie auch ein vollständiges Set in Farbe mit genug Arbeitskarten für 60 Entscheidungen zum Selbstkostenpreis von fünf Euro inklusive Versand bestellen. Dazu gehen Sie lediglich auf http://www.entscheidungskompass.de.

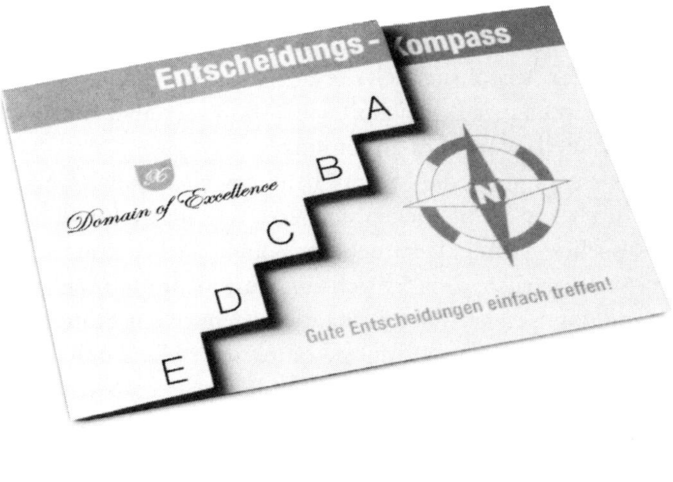

9.1 Mit dem Entscheidungskompass arbeiten

Der Entscheidungskompass besteht aus zwei Arbeitskarten mit Vorder- und Rückseite sowie der Umschlagkarte, die als Anleitung und zur Aufbewahrung dient.

Die einzelnen Kartenseiten sind nummeriert. Diese aufgedruckten Nummern geben die Arbeitsreihenfolge wieder.

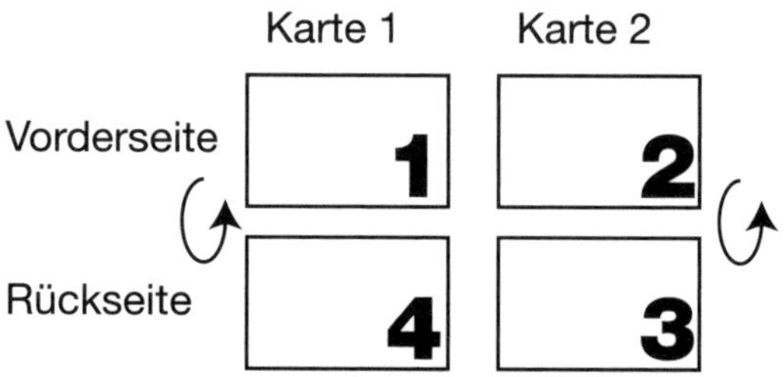

Nummerierungsschema der Arbeitskarten

Wahrscheinlich werden Sie das aber gar nicht brauchen, da Sie die Arbeitsfelder bereits aus Kapitel 3 kennen. Dort habe ich in aller Ausführlichkeit die einzelnen Fragestellungen geklärt. Ein kleiner Beispielfall wiederholt hier aber noch einmal schnell, worauf es ankommt.

Angenommen, die 15 Entscheidungsfallen haben Sie aufgerüttelt und Sie überlegen sich jetzt, wie Sie die Inhalte dieses Buches in Ihrem Unternehmen publik machen können. Sie wissen natürlich, dass Sie sich zunächst nicht mit möglichen Handlungsalternativen auseinandersetzen sollten. Stattdessen nehmen Sie den Entscheidungskompass zur Hand und tragen das Thema Ihrer Entscheidung ein, damit Sie im Nachhinein Ihre Entscheidungsunterlage auch wiederfinden können. Das Thema Ihrer Entscheidung ist „Entscheidungsfallen PR“. Denn Sie möchten die potenziellen Entscheidungsfallen in Ihrem Unternehmen bekannt machen.

Das Ziel der Entscheidung: „Entscheidungsfallen in meinem Unternehmen bekannt machen".

Der Auslöser für diese Entscheidung war die Lektüre dieses Buches. Durch Ihre inspirierende Frage wollen Sie, dass möglichst alle Entscheider in Ihrem Unternehmen diese 15 Entscheidungsfallen kennen. Auf der Kartenseite 1 sieht das dann folgendermaßen aus:

Entscheidungsthema: **Entscheidungsfallen PR**

Zielsetzung **Entscheidungsfallen in meinem Unternehmen bekannt machen**

Entscheidungsauslöser (Chance/Problem)

Das Entscheiderbuch hat mir die Augen geöffnet

Inspirierende Frage: „Wie erreiche ich, dass ..."

möglichst alle Entscheider in meinem Unternehmen diese 15 Entscheidungsfallen kennen?

1

Arbeitskarte Seite 1 – beschriftet

Mit der nächsten Kartenseite 2 kommen wir zu den drei Kontrollelementen, die wir im Rahmen dieses Buches immer wieder eingesetzt haben.

Als „gewünschte Ergebnisse" tragen Sie ein, dass jeder Entscheider in Ihrem Unternehmen die 15 Entscheidungsfallen kennen soll und diese entsprechend berücksichtigt werden. Sie möchten auch, dass alle Mitarbeiter im Sinne des Topmanagements handeln und entscheiden. Dazu sollte allen Entscheidern auch die unternehmerische Vision bekannt sein.

Status-quo-Ergebnisse sehen Sie einmal darin, dass für Entscheidungen nicht mehr Zeit aufgewandt werden sollte als bisher und dass der bestehende Teamgeist nicht gefährdet werden darf.

Entscheidungsthema: Entscheidungsfallen PR

Gewünschte Ergebnisse:

Jeder Entscheider kennt die 15 Entscheidungsfallen
Entscheidungsfallen werden bei allen Entscheidungen berücksichtigt
Mitarbeiter entscheiden im Sinne des Topmanagements
Vision ist allen Entscheidern bekannt

Status-quo-Ergebnisse:

Aufgewandte Zeit für Entscheidungen bleibt gleich
Teamgeist bleibt erhalten

2 2

Arbeitskarte Seite 2 – beschriftet

Die nächste Arbeitskartenseite beschäftigt sich mit den Aspekten, die Sie mit Ihrer Entscheidung unbedingt vermeiden wollen, den unerwünschten Ergebnissen.

Sie wissen natürlich auch, dass der eine oder andere empfindlich reagieren könnte, wenn man ihm unter die Nase reibt, dass er ein heißer Kandidat für eine der Entscheidungsfallen ist. Niemand hört gerne, dass er keine guten Entscheidungen trifft. Daher möchten Sie unbedingt vermeiden, dass Ihre Initiative eventuell als belehrend empfunden werden könnte.

Ein weiterer Punkt ist natürlich das Thema Entscheidungsfreude. Manche Entscheider sitzen vor einer Entscheidung wie das Kaninchen vor der Schlange. Wenn Sie das Wissen um die Entscheidungsfallen in Ihr Unternehmen bringen, wollen Sie daher vermeiden, Ihre Mitarbeiter zu verunsichern.

Ein letzter Punkt wird gerne vernachlässigt. Wenn etwas von außen kommt, dann wird es in vielen traditionsreichen

Unternehmen gerne abgelehnt. Das darf hier natürlich auch nicht passieren!

Im nächsten Arbeitsschritt machen Sie sich Gedanken über mögliche Ausschlusskriterien. Da die von Ihnen erarbeiteten Ergebnisse in den drei Kontrollelementen nicht messbar sind, verzichten Sie darauf. Ihre Arbeitskarte sieht dann so aus:

Unerwünschte Ergebnisse:

Initiative wird als Belehrung wahrgenommen
Entscheider im Unternehmen sind verunsichert
Entscheidungsmethodik wird abgelehnt, weil sie von außen kommt

Ausschlusskriterien:

Keine Ausschlusskriterien

Arbeitskarte Seite 3 – beschriftet

Damit sind wir bereits fast fertig. Für einen vollständigen Entscheidungskompass müssen wir im folgenden Arbeitsschritt unsere Entscheidungskriterien aus den drei Kontrollelementen herleiten und gewichten.

Erinnern wir uns, zu unseren Entscheidungskriterien kommen wir, indem wir Gruppen ähnlicher Kontrollelemente bilden und dafür jeweils einen aussagekräftigen Oberbegriff finden. Also machen Sie das auch:

Kontrollelemente werden zu Entscheidungskriterien

Gruppe 1: Wissen über Entscheidungsfallen wird eingesetzt
Jeder Entscheider kennt die 15 Entscheidungsfallen
Entscheidungsfallen werden bei allen Entscheidungen berücksichtigt

Gruppe 2: Umsetzung der unternehmerischen Vision
Vision ist allen Entscheidern bekannt
Mitarbeiter entscheiden im Sinne des Topmanagements

Gruppe 3: Höhere Entscheidungsvirtuosität
Aufgewandte Zeit für Entscheidungen bleibt gleich
Keine Verunsicherung der Entscheider im Unternehmen

Gruppe 4: Teamgeist
Teamgeist bleibt erhalten

Gruppe 5: Akzeptanz
Initiative darf nicht als Belehrung wahrgenommen werden
Entscheidungsmethodik wird akzeptiert, obwohl sie von außen kommt

Nachdem Sie sich Ihre Entscheidungskriterien aus den Kontrollelementen erarbeitet haben, bleibt lediglich ein letzter Schritt zu tun. Die einzelnen Kriterien müssen zueinander gewichtet werden. Der Entscheidungskompass sieht dafür einen paarweisen Vergleich der Entscheidungskriterien vor. Auf den Vergleichsfeldern ist jeweils eingetragen, welche der von A bis E nummerierten Kriterien miteinander verglichen werden sollen. Nach jedem Vergleich tragen Sie den Buchstaben des Gewinners in das Feld ein. Nachdem Sie alle Vergleichsfelder ausgefüllt haben, zählen Sie, wie oft jeweils die einzelnen Buchstaben aufgeführt sind, und tragen die Punktzahl als Gewicht der jeweiligen Entscheidungskriterien ein.

Entscheidungs – Kriterien						
GEWICHTUNG		VERGLEICHSFELDER				IHRE KRITERIEN
A	2	E	D	A	A	Teamgeist
B	2	E	B	B	Akzeptanz	
C	0	E	D	Höhere Entscheidungsvirtuosität		
D	3	D	Umsetzung der unternehmerischen Vision			
E	3	Wissen über Entscheidungsfallen wird eingesetzt				

Arbeitskarte Seite 4 – beschriftet

9.2 Zusammenfassung

Wenn Sie schnell sind, dann haben Sie Ihren persönlichen Entscheidungskompass für diese Entscheidung innerhalb von knapp zehn Minuten erarbeitet. Der ausgearbeitete Entscheidungskompass gibt Ihren Bedarf innerhalb einer Entscheidung wieder. Darauf können Sie im nächsten Schritt aufbauen und attraktive Alternativen schaffen.

Allerdings können Sie mit diesem Werkzeug auch einfach wichtige Gespräche und Verhandlungen vorbereiten oder ihre Aufgaben im Zeitmanagement priorisieren.

Überall dort, wo Sie in einer Situation wissen müssen, was Sie genau wollen, ist der Entscheidungskompass das ideale Werkzeug. Ich wünsche Ihnen viel Erfolg damit!

10 Checkliste

Im Laufe dieses Buches haben wir 15 verschiedene Entscheidungsfallen kennengelernt. Jede Entscheidungsfalle hat ihre eigenen Merkmale. Damit Sie bei Ihren eigenen Entscheidungen keines davon übersehen, finden Sie hier eine Checkliste. Allerdings ist nicht jeder Treffer gleich eine Entscheidungsfalle. Wenn Sie jedoch merken, dass Sie mehrere Merkmale einer Entscheidungsfalle angekreuzt haben, dann können Sie im Kapitel 4 noch einmal nachlesen, ob Sie tatsächlich die Latte gerissen haben.

10.1 Zielsetzung

Hier finden Sie alle Merkmale von Entscheidungsfallen, die sich mit der Zielsetzung beschäftigen.

Merkmale von Entscheidungsfallen bezüglich des Entscheidungsziels

Merkmal	Entscheidungsfalle	Check
Der Entscheidung fehlt das klar formulierte Ziel.	Wahllosfalle	
Das Ziel und das zu lösende Problem der Entscheidung sind deckungsgleich.	Verwechslungsfalle	
Das Ziel der Entscheidung hat einen sehr kurzfristigen Zeithorizont.	Verwechslungsfalle	
Der Preis ist das Hauptthema von Verhandlungen mit den Anbietern.	Akzeptanzfalle	

10.2 Entscheidungssituation

Hier finden Sie alle Merkmale von Entscheidungsfallen, die sich mit der Entscheidungssituation beschäftigen.

Merkmale von Entscheidungsfallen bezüglich der Entscheidungssituation

Merkmal	Entscheidungsfalle	Check
Es gibt Treiber, die Druck auf den Entscheider ausüben.	Treibjagdfalle	
Der Entscheider steht unter Zeitdruck.	Treibjagdfalle	
Der Entscheider steht unter existenziellem Druck.	Treibjagdfalle	
Lange Entscheidungszyklen.	Schneckenfalle	
Der Entscheider hat seine Entscheidung länger als einen Monat nicht aktiv verfolgt.	Schneckenfalle	
Die Kontrolle liegt nicht beim Entscheider, sondern bei der Situation.	Bärenfalle	

10.3 Entscheidungsauslöser

Merkmale von Entscheidungsfallen bezüglich des Entscheidungsauslösers

Merkmal	Entscheidungsfalle	Check
Der Entscheidungsauslöser ist ein spontanes Ereignis.	Wahllosfalle	

10.4 Entscheidungskriterien

Merkmale von Entscheidungsfallen bezüglich der Entscheidungskriterien

Merkmal	Entscheidungsfalle	Check
Entscheidungskriterien werden nicht bewusst ausgewählt.	Vorteil-Nachteil-Falle	
Der Entscheider leitet seinen Bedarf (Entscheidungskriterien) vom Angebot (Alternativen) ab.	Vorteil-Nachteil-Falle	
Der Entscheider beschäftigt sich mit den Alternativen, bevor er seine Entscheidungskriterien (Bedarf) erarbeitet hat.	Angebotsfalle	
Die Entscheidungskriterien werden nicht vom Bedarf abgeleitet.	Angebotsfalle	
Alle Entscheidungskriterien werden durch die verfügbaren Alternativen abgedeckt.	Angebotsfalle	
Einige Entscheidungskriterien sind zueinander sehr ähnlich.	Elefantenfalle	
Die Entscheidungskriterien sind nicht unabhängig voneinander.	Elefantenfalle	
Es gibt nur messbare Entscheidungskriterien.	Faktenfalle	
Zwischen Zielsetzung und Entscheidungskriterien existiert nur ein geringer Zusammenhang.	Faktenfalle	

Merkmal	Entscheidungsfalle	Check
Der Entscheider hat eine negative Einstellung gegenüber weichen Faktoren bei der Bildung von Entscheidungskriterien.	Faktenfalle	
Die Gewichtungen der Entscheidungskriterien enthalten weder den niedrigsten noch den höchsten möglichen Wert.	Randfalle	
Es gibt keine bedarfsbezogenen, sondern nur problembezogene Entscheidungskriterien.	Treibjagdfalle	
Der Entscheider scheut die Transparenz seiner Entscheidungskriterien.	Enigmafalle	
Dritte kennen nur einen Teil der Anforderungen des Entscheiders.	Enigmafalle	
Bei der Gewichtung der Entscheidungskriterien stehen existenzielle Aspekte im Vordergrund.	Entweder-oder-Falle	
Die Zielsetzung der Entscheidung wird durch die Gewichtung nicht wiedergegeben.	Entweder-oder-Falle	

10.5 Entscheidungsalternativen

Merkmale von Entscheidungsfallen bezüglich der Entscheidungsalternativen

Merkmal	Entscheidungsfalle	Check
Es findet keine Alternativeninnovation statt.	Vorteil-Nachteil-Falle, Schneckenfalle, Bärenfalle	
Es gibt nur eine Entscheidungsalternative.	Wahllosfalle	
Die Alternativen sind hoch standardisiert und nicht auf das Unternehmen zugeschnitten.	Akzeptanzfalle	
Die Alternativen decken den Bedarf des Unternehmens nur unvollständig ab. Es läuft auf einen Kompromiss hinaus.	Akzeptanzfalle, Enigmafalle	
Es gibt nur unattraktive Entscheidungsalternativen.	Schneckenfalle, Bärenfalle	
Der Status quo wird nicht als Entscheidungsalternative betrachtet.	Vorwärtsfalle	

10.6 Entscheidung

Merkmale von Entscheidungsfallen bezüglich der Entscheidung und ihrer Ergebnisse

Merkmal	Entscheidungsfalle	Check
Die Bewertungen der Alternativen beruhen nicht auf gesichertem Wissen.	Infofalle	
Der Entscheider versäumt es, sich über die Alternativen im Rahmen der Entscheidungskriterien zu informieren.	Infofalle	
Die eigene Intuition spricht gegen das Entscheidungsergebnis.	Elefantenfalle	

Anleitung — Entscheidungs - Kompass

Mit dem Entscheidungskompass finden Sie heraus, was Sie wirklich wollen.

1 Entscheidungsthema, Ziel und Entscheidungsauslöser, sowie inspirierende Frage festlegen 2 Was sind gewünschte Ergebnisse aus Ihrer Entscheidung? Was ist heute (status quo) schon gut? 3 Was wollen Sie unbedingt vermeiden? Was sind Ausschlusskriterien?

4 Entscheidungskriterien ableiten. Gewichtung der Kriterien durch paarweisen Vergleich miteinander.

Ausführliche Beschreibung unter:
www.entscheidungskarte.de

Gute Entscheidungen einfach treffen!

Entscheidungsthema:	Unerwünschte Ergebnisse:
Zielsetzung	
Entscheidungsauslöser (Chance/Problem)	Ausschlusskriterien:
Inspirierende Frage: „Wie erreiche ich, dass ...“	

Unternehmerische Vision / Persönliche Mission	Zielsetzung der Entscheidung	Entscheidungs-auslöser

KONTROLL-ELEMENTE	PRÄFERENZEN	ENTSCHEIDUNGSWEG
Gewünschte Ergebnisse	Entscheidungs-kriterien	Entscheidungs-klarheit
Status quo Ergebnisse	Gewichtung	Attraktive Alternativen
Unerwünschte Ergebnisse		Größtmögliche Unterstützung

Entscheidungs -

Domain of Excellence

A

B

C

D

E

Entscheidungsthema:

Gewünschte Ergebnisse:

Status quo Ergebnisse:

2 2

Entscheidungs - Kriterien

	GEWICHTUNG	VERGLEICHSFELDER				IHRE KRITERIEN
A		A E	A D	A C	A B	
B		B E	B D	B C		
C		C E	C D			
D		D E				
E						

Punktzahl

4